中国历史文化名人传

二拍惊奇

凌濛初传

刘标玖　著

作家出版社

中国历史文化名人传

组委会名单

主任：李　冰
委员：何建明　葛笑政

编委会名单

主任：何建明
委员：郑欣淼　李炳银　何西来　张　陵　张水舟　黄宾堂　张亚丽

文史组专家成员（按姓氏笔划为序）

王春瑜　王曾瑜　孙　郁　刘彦君　李　浩　何西来　郑欣淼
陶文鹏　党圣元　袁行霈　郭启宏　黄留珠　董乃斌

文学组专家成员（按姓氏笔划为序）

王必胜　白　烨　田珍颖　刘　茵　张　陵　张水舟　张亚丽
李炳银　贺绍俊　黄宾堂　程步涛

出版说明

中华民族五千年文明史中，涌现了一大批杰出的文化巨匠，他们如璀璨的群星，闪耀着思想和智慧的光芒。系统和本正地记录他们的人生轨迹与文化成就，无疑是一件十分有必要的事。为此，中国作家协会于2012年初作出决定，用五年左右时间，集中文学界和文化界的精兵强将，创作出版《中国历史文化名人传》大型丛书。这是一项重大的国家文化出版工程，它对形象化地诠释和反映中华民族文化的基本精神，继承发扬传统文化的精髓，对公民的历史文化普及和建设社会主义文化强国都具有重要而深远的意义。

这项原创的纪实体文学工程，预计出版120部左右。编委会与各方专家反复会商，遴选出在中国文化发展史上产生过重大影响的120余位历史文化名人。在作者选择上，我们采取专家推荐、主动约请及社会选拔的方式，选择有文史功底、有创作实绩并有较大社会影响，能胜任繁重的实地采访、文献查阅及长篇创作任务，擅长传记文学创作的作家。创作的总体要求是，必须在尊重史实基础上进行文学艺术创作，力求生动传神，追求本质的真实，塑造出饱满的人物形象，具有引人入胜的故事性和可读性；反对戏说、颠覆和凭空捏造，严禁抄袭；作家对传主要有客观的价值判断和对人物精神概括与提升的独到心得，要有新颖的艺术表现形式；新传水平应当高于已有同一人物的传记作品。

为了保证丛书的高品质，我们聘请了学有专长、卓有成就的史学和文学专家，对书稿的文史真伪、价值取向、人物刻画和文学表现等方面总体把关，并建立了严格的论证机制，从传主的选择、作者的认定、写作大纲论证、书稿专项审定直至编辑、出版等，层层论证把关，力图使丛书经得起时间的检验，从而达到传承中华文明和弘扬杰出文化人物精神之目的。丛书的封面设计，以中国历史长河为概念，取层层历史文化积淀与源远流长的宏大意象，采用各个历史时期最具代表性的文化符号与雅致温润的色条进行表达，意蕴深厚，庄重大气。内文的版式设计也尽可能做到精致、别具美感。

　　中华民族文化博大精深，这百位文化名人就是杰出代表。他们的灿烂人生就是中华文明历史的缩影；他们的思想智慧、精神气脉深深融入我们民族的血液中，成为代代相袭的中华魂魄。在实现"中国梦"的历史进程中，必定成为我们再出发的精神动力。

　　感谢关心、支持我们工作的中央有关部门和各级领导及专家们，更要感谢作者们呕心沥血的创作。由于该丛书工程浩大，人数众多，时间绵延较长，疏漏在所难免，期待各界有识之士提出宝贵的建设性意见，我们会努力做得更好。

《中国历史文化名人传》丛书编委会

2013 年 11 月

凌濛初

目录

引言

凌濛初之『奇』

"即空观主人者，其人奇，其文奇，其遇亦奇。因取其抑塞磊落之才，出绪余以为传奇，又降而为演义，此《拍案惊奇》之所以两刻也。"这是"睡乡居士"写在《二刻拍案惊奇小引》中的句子。

睡乡居士不知何许人，但他的这段话，可以算是对凌濛初人生经历及小说创作的绝妙评价。

凌濛初的人生充满坎坷和挫折，感情上也有不少艳遇和争议，传奇色彩很浓，可谓"奇人"一个；他的创作以"二拍"著名，可以说代表了明代拟话本创作的最高成就，其中的作品反映了中国十七世纪普通百姓的生活，描述了众多奇人异事，堪称两本"奇书"。

说凌濛初是个"奇人"，当然有很多"非同寻常"之处。

凌濛初出身于官宦世家，聪敏过人，曾因对出妙联被老师称为"奇才"。他十二岁就考取了"秀才"，十八岁又补"廪膳生"，单凭这一点，他不仅在当时当地备受瞩目，即使放在更长的时段更大的范围，那也是堪称"神童"。要知道，历史上能在少年考中秀才的，都不是一般人，比他早的著名神童刘伯温也是十二岁考中秀才，他同时代的神童袁崇焕中秀才时已经十四岁，比他晚的左宗棠也是十四岁。即使能在青年时考中秀才，也是很不容易的，号称"千年完人"的曾国藩，还是考了七次、到二十三岁才考中秀才，而《儒林外史》中的范进五十四岁才在"提学"的照顾下入了学，成为秀才。

凌濛初出生时，他的父亲凌迪知已经五十二岁。他刚刚成年，父亲就去世了，母亲和兄长也都相继去世。因此，弱冠之年，他就挑起了家庭的重担，并与王穉登、朱国祯、冯梦祯、潘之恒等前辈名人交游。他曾在父亲的带领下拜访过著名理学家、户部尚书耿定向，被耿定向"目为天下士"，遂声名大振；他曾上书国子监祭酒刘曰宁，进一步提升了名气，"一时公卿无不知有凌十九者"。

凌濛初感情丰富，也像当时的很多文人一样喜欢"狎妓"，曾与几个妓女亲密接触，并为之写了词曲。在苏州结识的一位妓女追他到南京，不久又被人逼迫离开南京，给他留下了无尽的痛苦和思念，特意为之写了套曲《南吕宫·梁州新郎·惜别》；在南京认识了秦淮妓，一起度过了一段欢歌调笑、诗酒风流的生活，可此妓暴病而亡，又让他很感伤，写出了套曲《南吕宫·香遍满·伤逝》；漫游古都洛阳时，他结识了河阳姬，并让其放弃了青楼的热闹生活，来到南京与他团圆，他因作套曲《南北合套·新水令·夜窗话旧》。这几位妓女都是让他很动情的，又各有特殊性，他才写下了怀念的作品，也才让更多人知悉。他在苏州、南京和北京经常与朋友们一起出入青楼，或许与更多的妓女有交往，只是没有相关记载而已。

凌濛初热衷科举，先后参加了五次乡试，从杭州考到南京，又从南京考到北京，考场换了好几个，却每次都只中"副贡"。年轻时第一次考中"副榜贡生"，那还算不容易，可以直接入国子监读书；六十岁最后一次参加乡试，仍是"副榜贡生"，那就是很失败了。在北京参加完第四次乡试后，他写了《绝交举子书》，发誓再也不参加科举考试了，甚至还发狠说，准备找个地方隐居。可到了花甲之年，他已经以副贡资格谒选了上海县丞，还去参加了一次考试。他对科举如此痴迷，"功名"之心就不是一般地严重了，比《范进中举》中的范进有过之而无不及。

凌濛初虽然科举无名，但总算通过谒选做了官。先是在"经济强县"上海做县丞，又升迁到"民风强悍"的徐州做通判，在每个岗位都尽职尽责，取得了不菲的政绩。他代理过八个月的上海县知县，办理漕运，输粟入都，都圆满完成任务，还根据切身体验，写成了《北输前赋》《北输后赋》；他管理过海防事务，发现当地盐政积弊甚多，就创立了"井字法"，使盐的产量和税收"锱铢无爽"，盐政为之一清。提升为徐州通判后，他分署房村，治理黄河，在沿岸构筑防波堤，有效地阻挡了洪水；他奉命参与镇压农民起义，献《剿寇十策》，官军先行其中五策就连挫对手，望风而降者不计其数；他为了彻底解决农民起义的问题，提出了招抚的建议，并自告奋勇，单骑赶往起义军大营，劝说起义军首领投降，并成功让对方接受了招抚。可是，由于他的领导出尔反尔，农民起义军再度反抗，并直接侵扰他所在的房村。他率众坚守，心力交瘁，绝食吐血，临死还让人扶着与对方对话，让他们不要伤害城中的百姓，最后呕血而逝。

凌濛初以决绝的方式，试图实现他济世救民的抱负和杀身成仁的志节。可是，他为之鞠躬尽瘁的大明王朝，也在他去世后的几个月分崩离析，他的壮举并没得到官方甚至民众的认可。他的领导兼朋友何腾蛟给他写了"文辞播宇宙，比眉山而多武略；忠义贯日月，媲睢阳更著蜚声"的祭联，他的后辈却发出了"一种丹心堪报国，可怜谁识两忠臣"的慨叹，这不能不说是一种令人唏嘘的讽刺，或者说是一个让人惋惜的悲剧。

凌濛初一生著述颇多，小说、散曲、杂剧、文学评论等领域都有涉及，可以说是一位多才高产的作家。据众多专家的不完全统计，他著有戏曲杂剧《虬髯翁》《颠倒姻缘》《北红拂》《蓦忽姻缘》《穴地报仇》《宋公明闹元宵》《刘伯伦》《祢正平》《桃花庄》等十二种，传奇《衫襟记》《合剑记》《雪荷记》，诗文《国门集》《国门乙集》《鸡讲斋诗文》等。学术研究方面，他有经学著作《诗逆》《孔门两弟子言诗翼》《诗经人物考》《圣门传诗嫡冢》，史学著作《左传合鲭》《战国策概》《十六国春秋删正》《倪思史汉异同补评》等，曲学著作《西厢记五本解证》《谭曲杂札》《红袖曲谱》《燕筑讴》等。另外，他还选编了散曲集《南音三籁》，诗文集《合评选诗》《陶韦合集》《禅喜集评》等。他曾把自己的五种剧作寄给著名戏曲家汤显祖，并收到了汤显祖的回信，受到了由衷的赞扬和高度的评价；他的作品曾得到过冯梦龙的赏识，并直言"初成天资高朗，下笔便俊，词曲其一斑也"；主编《盛明杂剧》的沈泰盛赞他的作品："初成诸剧，真堪伯仲周藩，非复近时词家可比"，说他的杂剧可与明初著名戏曲家周宪王的作品相媲美；一个叫汪杺的批评家更是给了他"愈俗愈雅，愈拙愈巧，置之胜国诸剧中，不让关白"的评价，认为他的作品不亚于元曲的泰斗关汉卿、白朴……这些评价，虽然有溢美的成分，但也不是随便的恭维式的点赞，可以从一个侧面佐证凌濛初的创作功力，以及主流文化圈对他的认可。

著书立说之外，凌濛初还刻书印书，也就是做"出版商"。他先后刊行各类书籍二十余部近两百卷，包括《世说新语》八卷、《琵琶记》四卷、《虞初志》七卷、《选诗》七卷、《李于麟唐诗广选》七卷、《陶靖节集》八卷、《王摩诘诗集》七卷、《孟东野诗集》十卷、《苏老泉文集》十三卷、《东坡禅喜集》十四卷、《东坡书传》二十卷、《苏长公小品》四卷等。他不仅编纂刻印了这么多书，还努力钻研印刷技术，大力推行套版印刷，提高印刷质量。他刻书点笔工致，刀法精妙入微，印书用最好的纸和墨，印成的书籍字迹清晰，黑而有光。另外，他刻的书大多是名人名家评点本，而且注重选择好的底本，再配上插图，使书的内容和印刷质量并驾齐驱，广受读者欢迎及好评。因此，"凌刻本"在当时风靡一时，后世也推崇备至，著名文学家、评论家、考古学家郑振铎曾高度评价凌濛初的套版印刷："凌濛初所刻更佳，往往附有插图，精绝一世，为中国雕版印刷史上黄金时代的最高作品之一。"

凌濛初做了这么多事，写了这么多书，交了这么多朋友，戏曲杂剧还受到了很高的评价，可是，真正让他青史留名的，却是他本人视为"绪余"、当时的主流文化圈保持缄默的《拍案惊奇》和《二刻拍案惊奇》。这可能是他自己没有预料到的，也是他这个"奇人"最让人"出其不意"的"奇事"。

说"二拍"是传奇，或者说是"奇书"，更有诸多原因。

凌濛初用"拍案惊奇"做书名，本身就说明了他对"奇"的刻意追求。在《拍案惊奇·序》中，他曾专门就"奇"发表了自己的见解："耳目之内，日用起居"，也同样存在"奇"，包蕴令人不可理喻的"谲诡幻怪"之美；在《拍案惊奇·凡例》中，他又指出："事类多近人情日用，不甚及鬼怪虚诞。正以画犬马难，画鬼魅易，不欲为其易而不足征耳。亦有一二涉于神鬼幽冥，要是切近可信，与一味驾空说谎，必无是事者不同。"这些见解或说明，也起到了渲染"奇"的作用，使读者没读小说就有了"猎奇"的心理，读着小说便"拍案"而"惊奇"了。

"二拍"塑造的人物大多具有传奇色彩，甚至可以说每卷每话都有"奇人"：《转运汉遇巧洞庭红　波斯胡指破鼍龙壳》中的文若虚，《叠居奇程客得助　三救厄海神显灵》中的程宰，《刘东山夸技顺城门　十八兄奇踪村酒肆》中的刘东山、十八兄，《程元玉店肆代偿钱　十一娘云岗纵谭侠》中的韦十一娘、程元玉，《青楼市探人踪　红花场假鬼闹》中的杨金宪、纪老三，《乌将军一饭必酬　陈大郎三人重会》中的乌将军、王生，《酒下酒赵尼媪迷花　机中机贾秀才报怨》中的静乐院主慧澄、贾秀才，《神偷寄兴一枝梅　侠盗惯行三昧戏》中的懒龙，《西山观设箓度亡魂　开封府备棺追活命》中的道士黄妙修、府尹李杰，《进香客莽看金刚经　出狱僧巧完法会分》中的柳太守，《王渔翁舍镜崇三宝　白水僧盗物丧双生》中的浑耀，《贾廉访赝行府牒　商功父阴摄江巡》中的贾廉访，《韩秀才乘乱聘娇妻　吴太守怜才主姻簿》中的试官梁士范，《田舍翁时时经理　牧童儿夜夜尊荣》中的掌文衡，《许察院感梦擒僧　王氏子因风获盗》中的吴帅、王林，《赵县君乔送黄柑　吴宣教干偿白镪》中的吴宣教，《吕使君情媾宦家妻　吴太守义配儒门女》中的吕使君、史生，《赵六老舐犊丧残生　张知县诛枭成铁案》中的张晋，《伪汉裔夺妾山中　假将军还妹江上》中的汪秀才，《华阴道独逢异客　江陵郡三拆仙书》中的江陵副使李君，《同窗友认假作真　女秀才移花接木》中的闻蜚娥，《李公佐巧解梦中言　谢小娥智擒船上盗》中的谢小娥、申春、申兰，《沈将仕三千买笑钱　王朝议一夜迷魂阵》中的郑十歌与李三郎，《李将军错认舅　刘氏女诡从夫》中的刘翠翠，《莽儿郎惊散新莺燕　龙梅香认合玉蟾蜍》中的杨素梅，《姚滴珠避羞惹羞　郑月娥将错就错》中的汪锡……凌濛初塑造的这些人物中，有文人，有官吏，有商人，有僧道，还有侠客、盗贼、妓女、骗子，他们虽然身份不同，年龄不同，男女有别，善恶有别，但有一个共同特点，就是与众不同，跟正常人不一样。从这个角度来说，两刻"拍案惊奇"，简直就是两本"奇人传"。

通过这些"奇人"，凌濛初写出了很多奇事、奇物、奇情、奇境，既有神魔小说的曼衍虚诞、光怪陆离之奇，又有世情小说的悲欢离合、人情冷暖之奇，还将牛鬼蛇神与人情世态打成一片，使其相映成趣，更贴近市井小民的现实生活与情感心理，显示独有的传奇特色。从情节细节看，他不满足于叙述平凡的生活琐事，总是煞费苦心、千方百计地将发端于现实的故事传奇化，以期造成"奇巧""奇幻""奇异""奇诧"等艺术效果，向读者展示一个神奇的艺术世界。

另外，"二拍"的成书、流传也极富传奇色彩。从《拍案惊奇》序言里可以知道，凌濛初是由于看到冯梦龙所编纂的"三言"行世颇捷，才在"肆中人"怂恿下写《拍案惊奇》；刚开始写时，他能找到的宋元旧本中的小说，都已经被冯梦龙"搜括殆尽"，剩下的只是"沟中之断芜，略不足陈"的东西，所以他只好"取古今来杂碎事，可新听睹、佐谈谐者，演而畅之"，才终于成书。"二拍"问世后，先是特别畅销，后又被禁毁，转而被部分选入《今古奇观》得以流传，再后越来越受欢迎，如今在文学史上有了如此重要的地位，也可以称"奇"。

在如今的古典文学史书中，凌濛初的"二拍"与冯梦龙的"三言"齐名，都是中国古代白话短篇小说的巅峰之作。而且，专家们一致认为，"三言"是冯梦龙编纂的，"二拍"却大多是凌濛初独立再创作的。"二拍"的有些内容虽也取材旧籍，但赋予了旧材料新的生命，并提供了更为成熟与定型化的美学形态与审美特征，这有本质的不同；"二拍"撷取的内容更贴近普通百姓的生活，反映了中国十七世纪正在崛起的城镇居民阶层的普遍要求与思想情感，从中折射出特定历史阶段的社会风貌，表现了反抗封建礼教、争取个性自由的时代精神，有一定的现实意义。

奇，意味着非同寻常，出人意料，能给人以新鲜、陌生、独特、罕见、怪异、神秘等诸种审美感受，满足人们与生俱来的好奇心和求知欲。

凌濛初的一生曲折坎坷，极富传奇色彩；他的作品写尽奇人奇事，几经禁毁仍生生不息，怎一个"奇"字了得。

为了更全面地洞悉凌濛初的人生轨迹，更好地理解他的作品，体会他的思想感情，我们有必要窥探一番他的童年、少年乃至青年，走进他的家族，走近他的亲朋好友，以及生他养他的家乡。

第一章 古镇书香

1. 父母的掌上明珠

万历八年（1580）的五月初七日，一个阳光明媚的日子，浙江湖州府乌程县东晟舍铺（今属浙江省湖州市织里镇）的一座深宅大院里，洋溢着喜庆的气氛。女主人蒋氏顺产男婴，男主人凌迪知激动兴奋，全家上下自然都笑逐颜开。这个刚刚诞生的婴儿，就是日后名垂青史的文学家、"二拍"的作者凌濛初。

凌濛初的诞生和常人没有什么不同，最起码没有特殊的记载。但他的到来对父亲凌迪知来说，却有着非同一般的意义。

这年，凌迪知已经年过半百，虚岁五十有二，虽不能说白发苍苍，却也已是一脸老态。他曾经做过工部郎中、定州府同知、大名府通判、常州府同知等官，后因清廉忠直，被免职赋闲，心情可想而知。更让他伤心欲绝的，是两个儿子和原配夫人的相继去世。二儿子润初逝于隆庆四年（1570），年仅二十岁；大儿子湛初逝于万历二年（1574），年仅二十五岁；夫人包氏在连续丧子的打击下，也一病不起，于万历三年（1575）撒手人寰。接连的打击让他身心俱疲，看着仅剩的三儿子涵初那羸弱的身体，他深为家族的命运而忧虑。

"不孝有三，无后为大。"从小接受传统思想教育的凌迪知对传宗接代非常看重。他知道自己的身体状况，但还是在"知天命"之年续了弦，娶回了年方二十的蒋家千金、鹤庆知府同乡蒋子岳的女儿。这个年纪再娶，他当然是为了再生个一男半女，最好再生个儿子。夫人怀孕后，他一直高度关注，不仅让全家人照顾好孕妇，还举行了隆重的"催生"礼。

"催生"礼是乌程的一种礼俗，在孕妇怀孕八九个月的时候，确定催生日，胎儿的外婆带领女方亲戚送去婴儿需用的衣服、鞋袜、被褥、尿布及营养品等。外婆还要准备一节芦管放在衣包里，寓意是"催（吹）生"。那天，凌迪知大摆宴席，款待岳母一行，气氛隆重而热烈，小濛初还没出生就成为庆贺和祝福的对象。

凌濛初出生后，凌迪知又在家里摆了三朝、八朝、十二朝酒。这些都是乌程的风俗，三朝是祭祖，告知祖上本宅添丁，香火延续，让祖上保佑婴儿平安。八朝、十二朝都是宴请亲戚，亲朋好友全都请到，能来的都来了，大家都为凌迪知老来得子高兴，都为他们父子送上祝福。

满月那天，凌迪知请来晟舍最好的理发师傅，为凌濛初理发，称为"剃满月头"。蒋氏把剃下的头发用红纸包好，用红线扎牢，挂在小濛初睡觉的床底下。理完发，蒋氏抱着儿子，凌迪知为他们母子撑着伞，在村子里走了一圈。这也是乌程的习俗，意思是孩子可以出门了，可以见阳光了。回到家，蒋氏做了"剃头圆子"，分送给左邻右舍及亲朋好友家，请他们的孩子吃。这个风俗讲究，孩子们吃了"剃头圆子"，以后会与刚刚满月的婴儿友好。

出了满月，蒋氏带着小濛初回了一趟娘家，也就是凌濛初的外婆家，并在那里住了一段时间。

蒋氏也是湖州府乌程县人，娘家在湖州东南十八里的菱湖镇。顾名思义，这是一个盛产菱的地方，还有一个用来种菱的湖。那个湖很大，秀美壮观，有风吹过时，经常荡漾起波涛，每年秋季更是"丛丛菱叶随波起，朵朵菱花背日开"，因此，菱湖又名"秀溪"或"凌波塘"。

据《菱湖志》载，唐宝历年间（825—827），湖州刺史崔元亮"察土，宜知郡城南上肥泽，水势平缓，多淤泥，独宜菱。因深种备荒，咸赖足食。今沿其业，如法以种，盈池遍泽，无不成熟。菱称果中洁品，惟此乡最佳且多，故曰菱湖"。菱湖不但种菱，还在湖中养鱼，是当时全国著名的养鱼基地。"水市早开，渔歌夜发""鱼多论斗卖"，还改装木船成活水船，将鲜活的鱼运往苏州、杭州、松江、常州等地……

蒋氏回到娘家吃"满月饭"，自然是享用了很多美味的菱和鱼，小濛初也享用了带有"菱香"和"鱼香"的乳汁。他们在菱湖住了十几天，临走时，外婆按风俗"送外孙"，送了小濛初三笆斗的米粉圆子，一个笆斗里是红色的圆子，另一个笆斗里是青色的，还有一个笆斗里是白色的，圆子很大。外婆还送了他银项链、银手镯和银脚镯各一对，其他亲戚也送了些礼物，表达对他健康富贵、幸福吉祥的美好祝愿。

在父母的呵护下，小濛初一天天长大，健康而苗壮。"二三抬头笑认妈，四五翻身辨声佳，六七会坐学咿呀，八九学爬十叫爸。"刚到一周岁，他已经能摇摇晃晃地自己走路了。

小濛初周岁生日时，凌迪知又在家里大摆宴席，请亲戚朋友来喝"周岁酒"。在这场宴会上，小濛初有一个重要"节目"，那就是"抓周"。家里人把书籍、毛笔、算盘、银子、铜钱等放在桌子上，让小濛初来抓。小濛初先去摸书，又去摸银子，后来看算盘好玩，还拨弄了两下，惹得大家都笑了，纷纷赞他将来会成为一个"全才"。

这年，凌迪知已经五十三岁，头上的白发越来越多，身体也越来越显老态。因此，他虽然仍坚持著书刻书，却把更多的精力放在对小濛初的培养上。恰好夫人蒋氏又怀了孕，他就尽量多带孩子，也算享受天伦之乐。他经常带着小濛初在且适园里玩耍，有时也去他家藏书的凤笙阁，让小濛初见识书的世界，感受书香。他还经常给小濛初讲他的人生故事，讲家族其他人的成长经历，潜移默化地给孩子灌输做人的道理。

凌氏家族在当地算是名门望族，历代都有读书做官的，可以说"文章德业，代有闻人"。凌家有着良好的风气、风格与风尚，世代秉承"讲原则，重正气，尊老爱幼，谦虚谨慎，克勤克俭，严格自律"等优良传统，这为小濛初的健康成长奠定了坚实的基础。

2. 淳厚家风

凌濛初的父亲凌迪知出生于嘉靖八年（1529），字稚哲，号绎泉，嘉靖三十四年（1555）乙卯科举人，嘉靖三十五年（1556）丙辰科进士，与著名理学家耿定向是同年。

做官之初，他被任命为工部郎中。当时，朝廷计划举办一次盛大的斋醮科仪，需要兴建都坛、皇坛、度人坛、三官坛、报恩坛、救苦坛、济幽坛、青玄坛等十座"醮坛"，工程量很大。最困难的是，兴建十坛约计需琉璃瓦三百万张，一年半载很难备齐，但嘉靖帝只给了三个月的期限。大家都知道，皇帝金口玉言，令下立办，如果三个月完不成任务，很可能会受罚甚至获罪。凌迪知四处采购，但一个月过去，买到的琉璃瓦不到一半，差距很大。在采购过程中，他听说有个大太监已经储存了不少琉璃瓦，便悄悄调查，并上报了朝廷。太监把琉璃瓦全部拿出来，凌迪知凑够了三百万张，提前完成了任务。

凌迪知初战告捷，但付出的代价也很大，遭受损失的太监对他恨之入骨。当时的太监有一定的权势，又在皇帝身边工作，得罪了他们很难在京城立足。果然，太监很快就施计陷害，对他造谣中伤，把他贬出了京城。凌迪知被贬秩二等，补定州府同知兼晋宁知县，后来又改任大名府通判署开州事。在晋宁和开州，他大力推行"一条鞭法"，把全县的田赋、徭役以及其他杂征总为一条，合并征收银两，按亩折算缴纳，大大简化了征收手续。实行这种办法，使没有土地的农民可以解除劳役负担，有土地的农民能够用较多的时间耕种土地，对于发展农业生产起了一定作用。后来，"一条鞭法"不断得到推广，御史庞尚鹏在浙江推行，应天巡抚海瑞在苏州试用，到了万历初年，首辅张居正通过大规模清丈，在全国范围内大力推动，进展比较迅速。"遂及天下，为国朝世世良法。"（朱国祯《缮部绎泉公行状》）

嘉靖四十四年（1565），凌迪知升任常州府同知。在常州，他理枉辨冤，擒杀巨猾，铲除黠盗，老百姓拍手称快，但不可避免地触及了同事乃至领导的利益，受到非议和排挤，最后只好罢官回家。

凌迪知回家时，他的父亲（凌濛初的祖父）凌约言微笑着去路上迎接，并说出了颇有深意的一番话。朱国祯在《缮部绎泉公行状》中有如下记载：

> 子失官固当，吾不能教汝诣，汝又信心落拓不反顾。吾向者令全椒，桑榆故人以巡江至，宛转待之，尚惧不免。汝以郎官谪州郡佐，数行己意。吾闻汝与某某交，与某某锋钜者绝，疑之必且被杀。今幸善归，家有田数十顷，书万卷，吾饰吾凤笙阁待也。

凌约言这番话的本意是安慰儿子，却也说出了凌迪知的性格和风骨，而这在官场上是吃不开的。他对儿子的所作所为非常理解，因为他自己也是这样的人，始终坚守心中的道德准则，不逢迎献媚，更不做愧对朝廷、家族乃至亲朋好友的事。

凌约言生于弘治十七年（1504），字季然，号藻泉，又号空庵、多病道人。嘉靖十九年（1540）"应天乡试"中举，任过南直隶全椒县（今安徽省全椒县）知县、承天府沔阳州（今湖北省仙桃市）知州、南直隶庐州府（今安徽省合肥市）同知，最高职务是南京刑部的员外郎。后因丁艰回到湖州老家，服阕后没再赴调，等于是弃官不做了。

凌约言少年时很聪明，颇受他父亲的朋友——进士施侃的赏识，教了他很多学问。施侃还把家里丰富的藏书拿出来供他阅读研究，使他能够在继承家学的基础上，广泛涉猎，网罗百家，一时文名甚高。礼部尚书董份在《比部藻泉公墓志铭》中写道："尽出陈示，引与其父所尝校论者，发难扬榷……其文一出而海内称诵之。"（清同治《晟舍镇志》卷五《人物》）

初入仕途时，凌约言在全椒知县任上廉洁奉公，除弊济民，不仅使境内经济发展、老百姓安居乐业，还平乱治暴，很好地维持了社会治安。当时，"贼"师尚诏起窥南都，大郡皆作鸟兽散，而他却誓众死守，募勇操练，致使威名大振。董份在《比部藻泉公墓志铭》中写道："由是弦歌洽而颂声起，数荐闻于朝，为诸郡县最。"

沔阳有个叫胡廷璧的"渠魁"，聚众作乱，为害一方，官府多年不敢兴兵征讨。凌约言任知州后，下决心为民除害。经多方调研，他想出了一个奇妙的计策，一举抓获了胡廷璧，百姓无不拍手称快。沔阳东南临长江，北临汉江，还有东荆河、通顺河、通州河等，河湖密布，加之夏季雨量充沛，经常发洪水，凌约言把防洪治水当作头等大事，并亲自带领民众修建了一条防水堤。大水暴涨时，防水堤起到了极大的作用，庄稼基本没受损失，百姓亲切地把这条防水堤命名为"凌公堤"。

在庐州府任同知时，他又积极配合知府工作，取得了很大的政绩。他曾受命处理盐务和花石事，以身作则，刚正不阿，一举肃清了多年的弊病。董份在《比部藻泉公墓志铭》中这样写道："躬节省，却供饷为诸吏先，而亲勤劳，按行诸徒。由是吏不敢欺，而徒众争奋，石就绪矣……"《古今万姓统谱》卷五十六也有记载：

> 尝受檄清理鹾务，宿弊为洗。采三殿花石，以身先州邑吏而设法委曲处之，甫三月报完，诏赉金帛加等。有居闲而橐金于茶及酒者，发之，按如律，豪猾惴惴。受事，有势权求郡县赂不得，辄加辱，公独义形于色，其人愧，反加礼焉。尝曰：即以请，非义干进，虽斫头陷胸，弗为也。

不仅政绩突出，凌约言在文化上也颇有建树。他学识渊博，著述丰厚，在当时的文化界很有影响。他著有《史记评钞》《凤笙阁简钞》《椒沔集》《朱批〈选赋〉》《汉书评钞》《病稿偶录》等（《晟舍镇志》卷六《著述》），尤其对《史记》的研究精辟独到。据凌稚隆所刻《史记评林》中介绍，他在评论司马迁的文章风格时说："子长之文豪如老将，用兵纵骋不可羁。"在评论项羽之勇猛时写道："羽杀会稽守，则一府慑伏，莫敢起；羽杀宋义，诸侯皆慑伏，莫敢支吾；羽救巨鹿，诸侯莫敢纵兵；已破秦军，诸侯膝行而前莫敢仰视，势愈张而人愈惧，下四'莫敢'字，而羽当时勇猛宛然可想见也。"他在刑部的同事、位居明代"后七子"之首的王世贞很喜欢他的诗文，评论说："独推史迁氏，非阳浮慕之，要有以心得者。晚乃多病，不数为诗，其传者三百余章，皆有唐人风致。论诗十法，凿乎其言也。"《凤笙阁简钞》是他的书信集，王世贞作的序，序中把他和另三位著名的书信名家相提并论："余友人济南李攀龙、歙县汪道昆、吴都俞允文皆以尺牍名，今并凌公四矣。"

在晟舍老家，凌约言发现乡亲们业余文化生活不够丰富，也缺乏活动场所，就决定自己出资，为乡亲们建造一座可以观赏玩乐的楼阁，类似今天的文化活动中心。他把楼址选在了离他家不远的盘珠漾，把楼名定为五凤楼，并亲自进行了设计。他筹措了一大笔银两，派人买来高档木料、砖瓦、石板等建筑材料，请来当地能工巧匠，在漾中央的风水墩上开始动工。此楼设计独特，结构精巧，建造工艺别具一格，尤其是楼角、门窗等处雕塑了许多形态各异、栩栩如生的凤凰，姿态优美，欲凌空翱翔。为了方便观光游玩，他还特意筑了一条九曲桥，从盘珠漾岸边直通漾中心的风水墩，曲径通幽，优雅别致，一时轰动邻近村镇。落成后，他亲自题写了"五凤楼"的大幅匾额，挂在楼阁中央，还请来丝竹管弦乐班在其中弹唱演出，引得百姓交口称赞。可惜的是，他得罪了途经晟舍的海宁知县，被诬告以皇家宫殿的建造形式私建"五凤楼"，欺君罔上。听说朝廷要派人来查，他没有别的办法，只得忍痛拆除。拆楼时，他动员百姓一起拆，每拆一块砖头就赏给五个铜钿。一时间，风水墩上人声鼎沸，很快就将一幢"五凤楼"拆得一干二净，不留痕迹。相连的九曲桥也一起拆了，他甚至派人潜到河中，把支撑九曲桥的木桩锯断。如今，遇到天旱水少时，盘珠漾里仍能看到露出水面的九曲桥木桩头，能摸到沉没在河底的大条石。

远离官场后，凌约言对儒释道都有研究，兼收并蓄。起初，他很注意养生修道，每天诵读《老子·专气致柔章》，后来又参禅悟道，自称净因居士。

隆庆五年（1571），凌约言在晟舍去世，享年六十八岁。礼部尚书董份为他作墓志铭，王世贞之弟王世懋、文徵明次子文嘉为他作诔文，著名治黄专家、他的姻亲潘季驯为他写了挽诗。潘季驯的挽诗收于清代同治时期编撰的《晟舍镇志》卷五《人物》——

赐老先朝副相家，
时名君独擅才华。
卅年长抱文园病，
一梦翻成国士嗟。
英气化为华表鹤，
精光散作赤诚霞。
敢云似舅郎君好，
为喜绳绳寄五车。

凌濛初出生前九年，祖父凌约言就去世了，他自然没能见到祖父。但是，家族上下到处弥漫着祖父的气息，父亲更是经常提及，让幼年的小濛初对祖父奉若神明，并对他以后的人生产生了较大的影响。祖父建造的凤笙阁藏书数万卷，也为他及其他凌氏后人的治学提供了坚实的基础。

凌濛初的曾祖父名叫凌震，生于成化七年（1471），正德年间以廪贡谒选湖广黔阳县学训导。他上任后一个多月，便受到了中丞黄铁桥和提学许少华的器重，让他做了宝山书院的提督。他到书院后，严格管理，奖惩分明，书院的风气大为好转，学生的成绩也大幅提升。对此，清同治《湖州府志》卷七五有记载："严立科条，劝能惩惰，日与讲劚，一时士类改观。"在他的精心管理和教育下，书院培养出了一大批人才，不少学生在科举中成功及第，也有很多学生成为当地的文化名流。嘉靖三年（1524），凌震以"年老力衰"为理由辞了官，在家静修自养。

十一年后的嘉靖十四年（1535），因脾胃之疾去世，工部尚书、有"江东三才子"之一的刘麟为他作《凌学博练溪公墓志铭》。

凌震虽然在科举方面没有成功，但文才出众，名气不小，清同治《晟舍镇志》卷五《人物·凌震传》中写道："有修才，诗文缜密清壮，钩索富闻。"刘麟在《凌学博练溪公墓志铭》中说："一时名士，未识面辄已诵其篇什。"他不仅擅长古文，诗歌写得也很好，所作有《练溪集》四卷，包括《文集》两卷、《诗集》两卷，文章含蓄缜密，诗歌清高悲壮。他还很重视道德修养，刘麟在《凌学博练溪公墓志铭》中曾引述他的话："学道不在多言，只人伦日用之间，尽我心焉……君子、小人在实与不实之间而已。"

再往上溯，凌震的父亲凌敷只做了个八品官，因与晟舍闵家的闵朝瑛关系很好，入赘到闵家，成为晟舍凌氏的始祖。凌震的祖父凌晏如曾任都察院右佥都御史，官居正四品，但为官清廉，家庭甚至是贫困的。对此，《晟舍镇志》卷六《杂记》有记载："凌怡云（敷），练市人，佥都御史晏如子，幼极贫。闵庄懿公相识于京师，甚器之，归而白于梅隐伯，赘为婿，为凌氏迁晟舍始祖。"

至于凌氏的远祖，大概要追溯到周朝。凌姓出自姬姓，是周文王姬昌的后裔。文王第九子康叔封于卫，其庶子有在周朝担任掌冰室之官者，称为凌人，遂以官为姓。光绪甲辰重修《凌氏宗谱》（以下简称光绪谱）中有记载："我凌氏受姓之始，实出自卫康叔，支子为周凌人，子孙遂以官为姓。"湖州凌氏的远祖，可以上溯到三国时期的凌操与凌统，他们父子原来是琅琊莒（今山东莒县、莒直南县）人，都是东吴的骁将，随孙策父子征战到了浙江余杭，定居下来。凌操作战时常奋勇当先，孙权封其为破贼校尉，凌统更是为东吴立下了赫赫战功，被孙权拜为车骑将军。到了唐代，凌家出了个著名人物叫凌准，是"永贞革新"事件被贬的著名"八司马"之一，官至殿中侍御史，著《后汉春秋》二十万言，还著有《六经解围》《邠志》《仪礼注》等书。"唐宋八大家"之一的柳宗元是凌准的好朋友，凌准去世后，柳宗元写下了《哭连州凌员外司马》一诗和《故连州员外司马凌君权厝志》一文，盛赞凌准的气节与才学。此后,凌氏历朝历代都有著名人物,比如宋代的凌景夏与凌哲、元代的凌时中与凌懋翁等。郑龙采为凌濛初写的《别驾初成公墓志铭》中,有详细的记述——

> 粤稽姓始,上右(古)朱襄氏之苗裔,为周凌人,因以官为氏。自三国至元季,伐(代)有闻人:仕吴者曰操,曰统,为车骑将军;仕唐者曰准,为度支尚书;仕宋者曰景夏,为平章,曰哲,为华文阁待制;仕元者曰时中,为秘书监少监,时中生懋翁,为翰林直学士。世居吴兴安吉。懋翁之孙均德,始自安吉迁归安。均德生贤,洪武戊辰中式,仕至应天府治中,以直言忤旨,谪居均州。宣庙时,以隆平侯张信荐,御制《招隐歌》,遣行人轺軨召还,命为大司马、都掌院,皆不受。上高其志,书"赐老堂"三字褒之,命如子晏如官,驰驿还乡。晏如起家中书,为吏科给事,随驾北征,累官至都察院右佥都御史,掌院事;历事三朝,所建明甚多。

凌氏家族"代有闻人",家风淳厚,对小濛初的成长有着重要的意义。它既是一种耳濡目染、潜移默化的教育,也是对他行为规范的指导,更是陶冶他道德情操的一种无形而潜在的力量。一个家庭或家族的家风,是家族长辈身体力行、言传身教用以约束和规范家庭成员的一种风尚和作风,是一种经过长期熏陶磨练而形成的自然而然的行为模式,不断地继承和发展,使整个家族有了一种灵魂和底蕴,潜移默化地影响着家庭中的每一个成员。凌濛初屡试不第,短暂为官也做得风生水起,最后以身殉职,也是继承了这种优良传统。

凌濛初的曾祖父、祖父和父亲都当过官,又都主动选择了离开官场,殊途而同归。他们做官的时候都励精图治,竭力为百姓做好事,却与官场的"尔虞我诈、曲意逢迎"格格不入,体现出良好的道德修养和作风传承。著名诗人陆游有首名为《示子孙》的诗歌,正好可以为凌家几代人的弃官行为写照:"为贫出仕退为农,二百年来世世同。富贵苟求终近祸，汝曹切勿坠家风。"凌氏家族的很多人都博览群书，勤于著述，其中有不少传世之作。这种家族的文化底蕴，对凌濛初后来从事戏剧和小说创作，也有着重要的启示作用。

凌家不但是官宦世家，刻书经商也很有名，凌濛初的祖父和父亲都是刻书家，家族中还有不少人从事刻书业。于是，刻书坊成为小濛初经常光顾的地方。

3. 徜徉在书香里

凌濛初的家在晟舍古镇的谨一圩，位于镇西的盘珠漾附近。旁边有一个四合院形式的院子，就是凌家的刻书坊。院子里有三排横屋，把院子分成了前、中、后三个厅，四周都是围屋，前面是个高大的门楼。这些房子的山墙都是青砖砌成的，具有防火功能，俗称"风火屋"，适合大批量藏书。房子的隔扇和窗棂上都刻有精美的图案，照墙上饰有精美的砖雕，到处都弥漫着浓厚的文化气息。

走进刻书坊，扑面而来的就是纸张和油墨的味道，一种独特的"香"。印书的纸是用竹纤维制成的"毛边纸"，墨是用松烟加胶料制成的，都是"纯天然，无公害"，味道自然是"香"的。凌迪知要刻书印书，便经常带着小濛初出入刻书坊，使小濛初自幼就与书为伴，并在耳濡目染中看书爱书，与书结下了不解之缘。后来，凌濛初本人也投身刻书业，并致力于推动雕版印刷工艺，使晟舍古镇发展成为全国的雕版印书中心之一，在中国印刷史上书写了令人炫目的一页。

父亲凌迪知辞官回乡时，只有三十八岁，正是年富力强的年纪。在祖父凌约言的支持下，凌迪知把大部分时间和精力用来著书立说，大概也是追求传统的"三不朽"。不再做官"立德""立功"，那就把重心放在"立言"上。《晟舍镇志》卷六《著述》引郑芝畦《湖录》中说："公致仕，闭户著书，梨人枣人，终岁满户下。"他先后编撰了《古今万姓统谱》一百五十卷，《历代帝王姓系统谱》六卷，《氏族博考》十四卷，

《史汉评林》一百三十卷，《增定荆川史纂》十四卷，《大学衍义补英华》十八卷，《文林绮绣》五十九卷，《皇名经世类苑》四十六卷，《国朝名公瀚藻》五十卷，《学海清澜》一千卷。到他七十二岁去世时，《学海清澜》还没有完成，后来由凌濛初续完。

当时，凌家的刻书业已经起步，凌迪知和弟弟凌稚隆都参与了刻书。他特别重视刻书的质量，经常与刻书界知名人士交流经验，共同提高。他还主动联系"明代后七子"中的王世贞、徐中行等文化名流，商讨刻书的内容和形式，从而使凌家的刻书得到了更广泛的认可，大大提高了知名度。后来，凌濛初的两个哥哥凌湛初和凌润初也跟着父亲刻书，凌家的刻书业一步步发展壮大。朱国祯在《缮部绎泉公行状》中有如下描述：

> 长子湛初、次子润初颖甚，先生益发舒，与元美（王世贞）、子与（徐中行）两家，时议论校刻秦汉诸书，义例纲领，一经裁定，井井可观。于是凌氏书布天下，千麾所指多及其庐。

当时，凌家的书坊雇用了许多刻工。据记载，仅万历三年（1575）刻《国朝名世类苑》，就用刻工十五人。

凌迪知一生刻书无数，流传于世的主要有以下几种:《国朝名公瀚藻》五十二卷，《古今万姓统谱》一百四十六卷（附《氏族博考》十四卷），《皇名经世类苑》四十六卷和《文林绮绣》五种五十九卷（万历五年刊）。

凌氏家族中，比较有名的刻书家还要算凌濛初的叔叔凌稚隆。他原名遇知，字以栋，号磊泉，官至鸿胪寺序班，也是一个笃志好学、满腹经纶之士。《晟舍镇志》卷五《人物》引《湖录》曰:"（稚隆）无它嗜，独爱典籍，雌黄铅椠，未曾一日去手，晚年辑《三才统志》，呕血数升，不少辍。"他刻的书主要有:《史记评林》一百三十卷（万历四年刊）、

《史记纂》二十四卷（万历七年刊）、《汉书评林》一百卷（万历九年刊）、《五车韵瑞》一百六十卷、《春秋左传评注测义》七十卷（万历十五年刊）和《吕氏春秋》二十六卷（万历十七年刊）（引自杜信孚《明代版刻综录》卷四，江苏广陵古籍刻印社 1983 年版）。其中的《史记评林》《汉书评林》都是由当时的著名文学家茅坤作序，刻印精良，发行全国，在当时算是畅销书。

茅坤在《史记评林·序》中写道："兹编也，殆亦渡海之筏也。而后之读其书，想见其至，当必有如古人所称'湘灵鼓瑟于秋江之上，曲终而人不见'者。"茅坤的评价很高，却不是溢美之词，可以算中肯的评价。凌稚隆刻的《史记评林》是一部历代评论和阐发《史记》的集大成之作，不仅网罗了评论《史记》的专著，如宋倪思的《班马异同》、杨慎的《史记题评》、柯维骐的《史记考要》、茅坤的《史记钞》、王维桢的《史记评钞》等，而且对历代名家单篇之作也广泛采录，可以说是辑集了中国历代名家对《史记》所载史事的见解。不仅如此，凌稚隆对《史记》援引史书的记事简略处，还依据原书进行了增补；又引证百家之书对《史记》记事进行印证和阐发，另外对《史记》文义、段义、字义等也进行了注释；刊刻形式是每页下部刊刻《史记》原文和裴骃、司马贞、张守节等三家的注解，上部刊刻编者的评论文字，上下对应，一目了然，方便读者阅读理解。由于这本书对学习和研究《史记》的作用很大，至今仍有出版社影印出版，天津古籍出版社就在 1998 年出版了凌稚隆的《史记评林》。

茅坤对凌稚隆的刻书推崇备至，他在《汉书评林·序》中评价说：

> 凌太学曩抱先大夫藻泉公所手次诸家读《史记》者之评，属予序而梓之，已盛行于世矣。世之缙绅先生嘉其梓之工，与其所采诸家者之评，或稍稍概于心也，复促之并梓《汉书》为一编。工既竣，复来属予序之。

《五车韵瑞》是凌稚隆编纂刊刻的大型辞书，它与凌迪知编纂刊刻的《古今万姓统谱》一样，在当时也广为流传。清康熙年间刊刻的影响颇大的《佩文韵府》，就是在《五车韵瑞》的基础上增补而成。可见，凌稚隆对中国文化的贡献是很大的，《晟舍镇志》卷八《艺文》载有范应期作的《凌磊泉传》。

晟舍的书香，并不单纯是刻书坊传出的香气，还有源远流长而又丰润厚重的人文底蕴，更有活脱空灵而又逸响深邃的地域文化。

晟舍在湖州城东三十里，太湖以南二十里，曾经是个人烟稀少、芦苇遍野的地方。唐朝中期的太尉兼中书令、三镇节度使李晟在这里驻兵，于是得名"晟舍"。那以后，钦、黄、顾、叶、李诸姓陆续迁来，这里的人烟才渐渐增多起来。金兵侵犯中原，宋室南渡，闵氏从北方的山东迁来定居，人丁比较兴旺。到了明朝初年，马氏和凌氏先后迁来居住，晟舍才像它的名字一样越来越旺盛。到了明朝中期，晟舍的闵、凌二氏在科举考试中频频中第，人才辈出，名气越来越大。据同治《晟舍镇志》统计，小小的晟舍居然出了五位尚书、三十一名进士、七十六个举人（包括武举四人），贡生则达到了上百人。这些人物大多出自闵家和凌家，其中闵家出了四位尚书（闵珪、闵如霖、闵洪学、闵梦得），凌家的凌义渠也官至大理寺卿、赠刑部尚书；闵家出了二十名进士，凌家出了八名进士；闵家出了五十二个举人，凌家出了十五个举人。晟舍读书仕宦的风气非常浓厚，对凌濛初影响至深，后来他五次参加科举，虽屡战屡败，却始终锲而不舍。

凌濛初虽然没见过闵珪（字朝瑛），但他对晟舍镇走出的第一位尚书并不陌生，因为这个名字不断地被提及，父亲还多次给他讲过闵朝瑛的故事。闵朝瑛是天顺年间的进士，成化年间任江西副使，后来又任广东按察使，以右佥都御史巡抚江西，后来提升为右副都御史，巡抚顺天。再后入为刑部右侍郎，进右都御史，总督两广军务，因讨贼有功，又升任南京刑部尚书，召为左都御史，加封太子太保。他在朝廷掌管司法大权，恪尽职守，公正廉明，每案都能依法裁处。《明史》（卷一百八十三列传七十一）记载了一件具体事：

闵珪久为法官，议狱皆会情比律，归于仁恕。宣府妖人李道明聚众烧香，巡抚刘聪信千户黄珍言，株连数十家，谓道明将引北寇攻宣府。及逮讯无验，闵珪乃止坐李道明一人，余悉得释，而抵黄珍罪，刘聪亦下狱贬官。

帝之亲鞫吴一贯也，将置大辟，闵珪进曰："一贯推案不实，罪当徒。"帝不允，闵珪执如初。帝怒，戴珊从旁解之。帝乃霁威，令更拟。闵珪终以原拟上，帝不悦，召语刘大夏。对曰："刑官执法乃其职，未可深罪。"帝默然久之，曰："朕亦知珪老成不易得，但此事太执耳。"卒如珪议。

年近古稀时，闵朝瑛的身体越来越差，就告老还乡，回了晟舍。在家又住了十多年，八十二岁时在晟舍病逝，明武宗加封他为太保，谥庄懿公。

闵如霖是闵珪的从孙，嘉靖十一年（1532）进士，官至南京礼部尚书，赠太子太保。他的才名盛极一时，著有《午塘集》十六卷，尤其善于写诗，是以诗登科中举的少数人之一。中进士后，被选为翰林院庶吉士，又授翰林院编修，任经筵展书官校录，奉命纂修宋史，后又任会试同考、右春坊右中允兼修撰、廷试掌卷。嘉靖二十二年（1543）主持应天府乡试，次年又主持武举试。嘉靖三十年（1551），升任太常寺卿，掌管国子监祭酒事，次年又升礼部右侍郎兼翰林院学士。嘉靖三十四年（1555）改任吏部左侍郎，兼詹事府詹事，赐仙鹤朝服，次年升南京礼部尚书。嘉靖三十六年（1557）上疏乞归。告老归乡（晟舍）后，逢倭变，倡议募民平倭，地方得以安全。

闵洪学和闵梦得都是闵如霖的曾孙，凌濛初小时候也见过这两个人，但当时他们还没考中功名，后来同年考中进士，先后任吏部尚书和兵部尚书。

除了科举做官，闵氏当时也有很多人从事刻书业，闵珪的玄孙闵一范、闵振业、闵振声等都是重要代表。后来，闵氏套印最著名的代表人物闵齐伋、闵齐华，都是闵一范的儿子，而闵梦得是闵一范的长子，也一直襄助两个弟弟刻书。于是，闵氏套版也渐渐兴盛起来了，和凌氏套版一起，为湖州刻书走向全国发挥了重要作用。近代著名的藏书家、作家、编译家周越然在《书谈·套印书》中曾谈及晟舍凌、闵两家的刻书："两家当日，席丰履厚，其贤者伏居乡里，不问世事。诵诗读书之余，专以刻书相竞。"

凌濛初出身于书香门第，又成长于书香弥漫的氛围里，耳濡目染中，他自小就对书产生了浓厚的兴趣，很小的时候就在父亲、叔叔的指导下读书。到了七岁，该上学的年龄了，凌迪知把他送到了镇上的一家私塾。

4. 十二游泮宫

开学的第一天，按照当地的风俗，舅舅给他买来了书包，内有文房四宝，还送了一套衣服和一把雨伞。雨伞是油纸的，上面画着小动物，很漂亮，小濛初很喜欢。舅舅和父亲一起把他送到学堂。

中午回到家，母亲特意做了鲫鱼和虾给他吃，据说可以讨"记性好"和"弯弯顺"的彩头。

就这样，凌濛初的求学生涯开始了。这时，他尽管只有七岁，但和同龄人比起来，已经算"腹有诗书"，学习起来便得心应手，甚至可以和私塾先生切磋交流。

湖州有个流传很广的民间传说，详细记述了他和私塾先生对对联的故事——

私塾先生是个落第的老秀才，虽然自己科举不顺，但学识可以说渊博，尤其在对联方面很有造诣。有一次，他给学生们上对联课，阐述完对联的基本理论和操作方法，又介绍了古今的很多趣联，让孩子们产生了浓厚的兴趣。最后，先生有意考考大家，便出了个上联让学生们对。

先生的上联是：雪压竹竿头着地。

学生们一个个苦思冥想，仰头看着屋顶发呆，都对不上来。只有小濛初口里念念有词，似乎有了答案。

先生问："凌濛初，你对出来了吗？"

小濛初站起身，虚心地说："先生，我确实对出一个，但不知合不合要求。"

"说来听听。"

"我的下联是：风吹荷叶背朝天。先生您看好不好？"

先生手捻胡须，踱着方步，吟道："雪压竹竿头着地，风吹荷叶背朝天——好！平仄相合，音调和谐，词性相对，位置相同，很好的下联。"先生说着，便有意再考考凌濛初，便说："我还有一个上联，你再对对试试？"

"请先生出联。"

先生想起刚才弟子们琢磨对联时的样子，便有了上联："懒弟子仰面数椽，一二三四五六七八九十。"

这个上联包含了十个数字，不容易对，把小濛初也难住了。他也像其他同学一样，仰头看屋顶，数起了屋椽……

先生笑着说："对不出来吧？学无止境，以后要虚心读书，不能偷懒。"

"请先生告诉我们下联吧！"小濛初要求道。

"现在不告诉你们。以后你们学问提高了，自然会对出来的。"

小濛初有些沮丧，不经意地把目光投向窗外。大街上，恰巧有一个算命的盲人从他的视野里走过，不由让他眼前一亮。他兴奋地站起来，对先生说："我有下联了！"

"说说看。"

"瞎先生低头算命，甲乙丙丁戊己庚辛壬癸。"

先生摇头晃脑地吟诵一遍，表情换作了惊喜，连声道："妙！妙！妙！"

小濛初见先生喝彩，大着胆子说："先生，我出个对联给您对对，行吗？"

先生点头同意，小濛初便出了个上联："六和塔七层，四圆八方。"

先生对不出来，也仰头数起了屋椽。琢磨了好一会，搜索枯肠还是对不出，只好举起手摇了摇。

小濛初惊喜地叫道："先生对出来了！"

先生惭愧地嗫嚅道："此联出得巧妙，我也对不出来，你有下联吗？"

小濛初接嘴道："先生刚才摇手，不就是您对的下联吗？"

先生眼前一亮："何以见得？"

"您对的是'一只手五指，三长两短'，不是吗？"

先生一屁股坐在椅子上，感慨地说："我再出个上联，'眉先生，须后生，先生不及后生长'。"

小濛初飞快地答道："我对'眼珠子，鼻孔子，珠（诸）子反在孔子上'。"

先生腾地从椅子上站起来，拍案叫道："奇才，奇才，真是个奇才。幼时出口不凡，长大必成大器。"

……

这虽然是个民间传说，可也从侧面说明一些问题，最起码可以反映出当地民众对凌濛初的喜爱，愿意听到幼时的凌濛初天资聪颖、勤奋好学的传说，并一直在流传。

凌濛初早年读书时，凌家的家境还不错，可以为他提供充裕的物质条件。而且，父亲凌迪知年事已高，又连续遭受了丧子之痛，对晚年得到的这个儿子十分钟爱，期望很高，培养自然是不遗余力。

这时的凌迪知除了编书刻书，还经常辅导两个年幼的儿子读书，偶尔也带凌濛初和他的弟弟在附近转一转。

　　凌迪知带孩子们去的，都是当地有点名气的地方，尤其是历代文人喜欢并赞美的地方。

　　荻塘近在咫尺，凌迪知经常带着孩子们来玩，看运河里行驶的各种船只，听纤夫们唱着号子拉船。他还教孩子们背诗，背文人们写荻塘的诗。"荻塘帆影"是湖州府的胜景之一，历代文人墨客留下过不少诗词歌赋。

　　于是，凌濛初学会了"落日车遥遥，客心在归路。细草暗回塘，春泉萦古渡。遗踪叹芜没，远道悲去住。寂寞荻花空，行人别无数"。这是唐代诗僧、湖州本府人皎然的诗，题目是《奉同颜使君真卿送李侍御萼赋得荻塘路》。还学会了宋代德清人沈与求的《舟过荻塘》："野航春入荻芽塘，远意相传接渺茫。落日一篙桃叶浪，薰风十里藕花香。河回遽失青山曲，菱老难容碧草芳。村北村南歌自答，悬知岁事到金穰。"宋代华亭人卫宗武的《过荻塘》："烟火人村盛，川途客夜稠。荻塘三百里，禹甸几千畴。绵络庐相接，膏腴稼倍收。经从少至老，复此系扁舟。"宋代吴江人孙锐的《荻塘柳影》："日出烟销春昼迟，柳条无力万丝垂。韶光新染鹅黄色，偏爱东风款款吹。"

　　凌濛初并不理解这些诗的意思，但也背得滚瓜烂熟，荻塘和运河也便更深地刻在了他的记忆里。

　　晟舍离太湖也不远，凌迪知偶尔也带孩子们去看。

　　小濛初站在太湖边上，看那么大一片水，很惊讶也很喜欢。小时候的这种经历，对开阔他的视野、陶冶他的心胸有很大的作用。

　　凌迪知又把许多写太湖的诗教给孩子们，其中很多是著名诗人的作品。北宋文学家范仲淹写过一首《太湖》，小濛初很喜欢，吟了几遍就会背了："有浪即山高，无风还练静。秋宵谁与明，月华三万顷。"

　　小濛初还喜欢另外一首《太湖》："茫茫复茫茫，中有山苍苍。大哉夫差国，坐断天一方。"这是宋代文人姜夔写的，诗意简捷，好读好背。

　　凌迪知还教了他们苏东坡的《赠孙莘老七绝》："天目山前绿浸裙，碧澜堂上看衔舻。作堤捍水非吾事，闲送苕溪入太湖。"元代吴中人杨基的《题太湖》："天帝何时遣六丁，凿开混沌见双青。湖通南北澄冰鉴，山断东西列画屏。掩雨龙归霄汉暝，网鱼船过水云腥。乘风欲往终吾老，用里先生在洞庭。"还有元代诸暨人杨维桢的《戴山望太湖》："大戴先生读书处，削峰平地割蓬邱。窪樽仙酒醉东老，山居右篆题沧州。东庭西庭月色白，大雷小雷龙气浮。划然长啸下山去，阿施共载鸥夷舟。"

这几首诗小濛初不太理解，却对杨维桢这首诗很感兴趣，主要是对其中的"戴山""大戴""东庭西庭""大雷小雷"等词好奇，便问父亲。

凌迪知给他解释：戴山是离这里不远的一座山，大戴是一个人，东庭和西庭是湖里的山，小雷和大雷也是湖里的山。站在戴山上视野好，可以看到更大的太湖，以及太湖里的山。

小濛初听父亲一说，更好奇了，便央求也去戴山看看，到山上看湖。

凌迪知答应着，便带他去了戴山。

在路上，凌濛初便给小濛初讲了戴山的故事。他说，戴山原名九龙山，周围有九只"兜"靠着山，看起来像九条银龙。晋代有个叫戴逵的学者，在这里隐居读书，后人才称其为"戴山"。山上有一座塔，据传是著名的"算命先生"刘伯温主持建成的。朱元璋登基后，军师刘伯温来过戴山，看了这里的地势风水后，认为是一片风水极佳的圣地，有可能出"龙"，也就是帝王或圣人。刘伯温为了维护大明王朝，不想让这里出帝王，就在山顶建了一座七层宝塔，像一把鱼叉，戳在戴山顶上，就此破了风水。

小濛初听得津津有味，也对戴山更感兴趣了。

站在戴山上，小濛初鸟瞰太湖，感觉确实看得更远更广，朦胧中还可以看到水里的山，真是美极了。

凌迪知不失时机地为儿子讲这里的文化，告诉小濛初古人也为戴山写过诗。明初著名诗人、号称"十才子"之一的张羽在戴山写了很多诗，其中流传较广的有三首，分别是《咏戴山》："谯国有高士，寄志在丝琴。一闻王门召，破琴绝其音。传昔居斯山，井灶邈难寻。至今草木闲，清风肃虚襟。予家依古迹，结屋当东林。择里所得安，怀贤思难任。浮屠巧眩世，庙廊冠其岑。台殿纷青红，仅足供登临。谁能拘茅宇，频藻荐所钦。相望孺子庙，千古同此心。"另外一首是《春初游戴山》："云罗横四海，田野无遗英。尚赖二三子，共怡山水情。煦煦新阳动，寥寥天宇清。昔人称四美，兹晨遂成并。前登高丘阻，遥睇澄湖明。凭林招远风，松桧自成声。俯仰天地间，微躯良不轻。安能自羁束，坐使众累萦。处贱足为贵，抱素讵非荣。逍遥解神虑，庶以适吾生。"还有一首是《秋日登戴山佛阁》："风物澄明宿霭收，登山欲尽更登楼。一行白雁投南下，百道清溪向北流。野嶂云归初歇雨，湖田稼熟始知秋。空门寂寂无尘事，骋望端能散客愁。"张羽的朋友、明初"吴中四杰"之一的徐贲也写过一首《登戴山》："平田渺空旷，孤岗忽高峙。新松荫其巅，白石缭其趾。初登若嵘绝，稍上乃如砥。严风荡高寒，微月中霄起。亭亭日暮侧，肃肃征鸿驶。南招天目云，北览具区水。比来局羁绊，游遨喜兹始。同心良可重，欢言得佳士。非惟外累遗，沉忧亦成委。薄暮聊旋归，余兴会留此。"

这几首诗比较长，凌迪知都背不全，后来查了资料才教给儿子。没想到，小濛初很快又背了下来。

此后，凌濛初又多次来戴山，写下了《戴山记》《戴山诗》等多篇作品，第四次落第后曾想来此隐居，逝世时还念念不忘这里，留下遗嘱，让后人把他安葬在这里。

在父母老师的教导和他自身的努力下，凌濛初成长很快，可以说少年得志。万历十九年（1591），他年仅十二岁，就一举考入了县学，成了当时县学里最年轻的秀才。

如果说凌濛初小时候的一些故事出自民间，没有准确的记载，那么，另一个故事就更有说服力了。早在他少年时，一位任过户部尚书的高人见了他，竟然做了一个大胆的预言。

5. 户部尚书的预言

这位尚书叫耿定向，字在伦，湖北黄安人。他曾经任过江西提学御史、大理右寺丞、衡州推官、右副都御史等官职，弹劾过吏部尚书吴鹏的女婿董份，讥讽过擅权的高拱，并因之被贬。他为官清廉，政绩卓著，还是当时著名的理学家、文学家。他晚年辞官后，居住在天台山，并在那里创设了书院，讲学授徒，潜心学问。著有《冰玉堂语录》《硕辅宝鉴要览》《耿子庸言》《先进遗风》《耿天台文集》等。

凌濛初得以见到耿定向，是因为父亲凌迪知。凌迪知和耿定向是同年的进士，性格又比较相投，一直是很好的朋友。耿定向辞官后，凌迪知专程去天台山拜访耿定向，特意带上了他。

凌濛初跟着父亲拜访耿定向，大概在万历二十四年（1596），也就是他十七岁的时候。这年凌迪知已是六十八岁高龄，虽然身体还不错，但在"人过七十古来稀"的古语面前，他不得不开始考虑身后事。于是，带着即将参加科考的儿子见见老朋友，请老朋友指教一番，成了他最大的心愿之一。

凌濛初与耿定向的见面，史书上没有详细记载，但可以想象，少年凌濛初得到了耿定向的赏识，从而有"目为天下士"的佳话。

耿定向这年已经七十二岁，过了古稀之年，而且在官场混迹一生，阅人无数。他一见凌濛初就给予很高的评价，并预测凌濛初会成为名闻天下的"士"，可能是在交流中发现了凌濛初的非凡才能。

这里先来解释一下"士"的含义。

子贡曾向孔子提出"何如斯可谓之士矣"的问题。孔子回答说："切切偲偲，怡怡如也，可谓士矣。行己有耻，使于四方，不辱君命，可谓士矣。"（《论语·子路》）

孟子对士的要求与孔子大致相同。王子垫问孟子曰："士何事？"孟子曰："尚志。"又说："士穷不失义，达不离道。穷不失义，故士得己焉；达不离道，故民不失望焉。"又说："无恒产而有恒心者，唯士为能。"

荀子对士的要求重在遵从礼仪。《修身》讲："好法而行，士也。"这里的法指礼法。荀子认为士的天职是正身，"彼正身之士，舍贵而为贱，舍富而为贫，舍佚而为劳，颜色黎黑，而不失其所，是以天下之纪不息，文章不废也"！其他诸子也把士与道义紧密连结在一起。

孔子的解释既表明了"士"的官吏身分，也指出了作为一名"士"的最基本条件和责任：一是要"行己有耻"，即要以道德上的羞耻心来规范自己的行为，二是要"使于四方，不辱君命"，即在才能上要能完成国君所交给的任务。前者是对士的道德品质方面的要求，后者则是对士的实际办事能力方面的要求。而这两方面的统一，则是一名合格的士，也就是一名完美的儒者形象。

诸子对士的论述可概括为：第一，士以学习和道德修养为己任；第二，有远大的志向和抱负；第三，以出仕作为自己的前途，仕则忠于职守。

从凌濛初后来的人生轨迹可以看出，耿定向的这个预测基本准确。

美国著名哲学家、教育家、人类行为学家约翰·杜威曾说："人类本质里最深远的驱策力就是希望具有重要性。"耿定向的鼓励像一个火种，点燃了凌濛初心中的憧憬和希望，也给了凌濛初满满的自信和极大的动力。

由此，我们似乎可以说，这个预测给了少年凌濛初莫大的鼓励，对他后来发奋读书、矢志科举起了巨大的引导作用，乃至于他科举不成著书立说，做官之后鞠躬尽瘁，真正成为可以称之为"士"的文人和官员。

自信是一个人做事成功的基础，而鼓励是获得自信的有效途径。作为长辈或老师，请不要小看鼓励，不要吝啬鼓励，以饱满的精神、欣赏的眼光、鼓励的话语对待年轻人，必能起到"随风潜入夜，润物细无声"的重要作用。

凌迪知早年为官，坚持原则，公道正派，口碑极佳，人缘不错，故交游甚广。他带着凌濛初去见耿定向，并不是谋求同窗好友照顾，而是让凌濛初向前辈请教。如果寻求照顾提携，他不必去找已经退隐的耿定向，眼前就有一位更佳人选。

这个人叫陈应芳，当时是太仆少卿督浙江学政，可以说大权在握，只要凌迪知相求，对儿子参加科考肯定会有所帮助。而且，凌迪知不仅和他父亲陈汲是同年的进士，还在他最困难的时候帮助过他。陈汲去世时，没给陈应芳留下多少家业，而陈应芳当时还没做官，家境可以用"贫寒"来形容，甚至连办丧事都捉襟见肘。凌迪知尽力帮他，不仅掏钱，还积极帮他处理父亲的后事，可以说有恩于他。

当时，亲朋好友都劝凌迪知去见见陈应芳，为凌濛初"铺铺路"。凌迪知不仅断然拒绝，还刻意避开陈应芳，怕给他添麻烦，一时传为佳话。

凌迪知不带儿子去见在职有实权的官员，只让儿子接触满腹经纶的文人墨客，对凌濛初的学习和成长至关重要。他用自己的行动告诉儿子，成功必须靠自己的努力，靠自己的真才实学，而不能靠父辈的关系。

从天台山回到晟舍不久，凌濛初又见到了一个叫王稺登的前辈。

王稺登，字伯谷，号松坛道士、松坛道人、半偈长者、青羊君、广长庵主、广长閤主、长生馆主、解嘲客卿等，长洲（今江苏省苏州）人，生于江阴（今江苏江阴），后移居苏州。四岁能属对，六岁善擘窠大字，十岁能诗，不仅以诗文、戏剧名扬江南，还以高风亮节闻名吴郡。他著述甚丰，主要有《王百谷集》《晋陵集》《金阊集》《弈史》《丹青志》《吴社编》《燕市集》《客越志》《竹箭编》《谋野集》等。他与父亲凌迪知关系很好，在他所著的《竹箭编》中，关于凌迪知的诗就有两首:《答凌使君》《凌使君且适园》；所著《清苕集》中有一首:《重游且适园怀故凌使君稚哲》；所著《谋野集》卷一，还收有书札《与凌使君》。

父亲与他相识很早，是父亲在常州任同知时认识的。父亲搜捕一名犯人，而那名犯人藏匿在王稺登家，于是两人尴尬地相遇。然而，他俩一见如故，便常有往来，并成为知己密友。

万历二十四年（1596）的一天，王稺登特意来晟舍拜会凌迪知，两人晤于且适园。

且适园是凌迪知辞官回乡后一手建成的，一草一木都凝聚了他的心血，尤其是园中的一尊"美女照镜石"，是他的至爱。"美女照镜石"高丈余，集瘦、皱、漏、透、清、拙、奇、秀、险、幽一体，玲珑剔透，美丽无比，据说是宋徽宗遗石，价值连城。石上有一个小孔，恰似美女晨起抚镜，故名"美女照镜石"。特别是明月东升时，奇石的影子落在碧清的深潭中，就似一位脉脉含情的美女，临池梳妆打扮，光彩照人。

"美女照镜石"原在常州，凌迪知在常州为官时，就特别喜欢它。每逢公事劳顿，他就到石前观赏休息，调节精神，视"美女照镜石"为"知己"。罢官回乡后，他仍忘不了这尊与他朝夕相伴的奇石，屡屡提及，魂牵梦萦。常州的几个朋友得知后，用大船悄悄地将"美女照镜石"运到晟舍，送给他当作纪念。他特别激动，把"美女照镜石"置于且适园内，放在小白石山的圆形池潭旁。圆形的池潭面积约半亩，原名花园潭，周围用太湖石垒砌，筑有阴沟与盘珠漾相通，使潭水清澈，与漾水保持平衡，也能保证池水的活性。美女照镜石运来后，花园潭就改叫镜园潭，成了这尊"美女"的家。

凌迪知带着王穉登参观且适园，瞻仰"美女照镜石"，两人都回忆起在常州的旧事，并交流相互关心的时事和见闻，欢声笑语，其乐融融。

就是这次会面后，王穉登写下了名为《凌使君且适园》的诗："肯将缨冕易丘樊，适志优游五亩园。辞禄宁须六百石，著书何但五千言。黄花过雨增寒色，绿水当门寡世喧。垂老未忘龚渤海，王生憔悴不须论。"在诗中，他写了凌迪知退隐归乡后建了个小园子，风景不错，很清静，夸赞了主人的为官政绩，也写到了主人归隐后的著述情怀。

凌濛初参与了这次会见，得以在且适园见到王穉登。在请教交流过程中，他谈吐不凡，王穉登对他大加赞赏。

后来，王穉登又多次游历湖州（参见王穉登《清苔集》卷下《湖州三度对雪》一诗，《四库禁毁书丛刊》本），也再来过且适园，与凌濛初多次会面，并为凌濛初的作品写过序。

6. 增补为廪膳生

前辈的鼓励和赏识，对凌濛初的成长进步起到了巨大的作用，他不仅更有信心，也更加努力了。

也就在这年，十七岁的凌濛初参加了院试。当时的童生试包括县试、府试和院试三个阶段。院试由各省学政主持，学政又名提督学院，故称这级考试为院试。院试合格者称生员，然后分别分往府、州、县学学习。生员分三等，有廪生、增生、附生。由官府供给膳食的称廪膳生员，简称廪生；定员以外增加的称增广生员，简称增生；于廪生、增生外再增名额，附于诸生之末，称为附学生员，简称附生。

考取生员，是功名的起点。各府、州、县学中的生员选拔出来为贡生，可以直接进入国子监成为监生。

经过考试，凌濛初获得一等前列，取得了廪生的名义。廪膳生员可以由国家供给膳食，也有了参加乡试的资格，他埋头读书，准备去杭州参加乡试。

万历二十五年（1597），凌濛初十八岁了。他长成了一个健壮的小伙子，"豪爽俊逸，倜傥风流"，又有官宦世家的背景，婚姻大事自然不用操心。虽然找不到记载，但我认为，他与沈氏结婚，大概在此前后。好女十八嫁，沈氏这年也是十八岁，也可以考虑婚嫁的问题了。

沈氏的父亲，是同郡进士沈子来。沈子来出生于嘉靖二十五年（1546），字汝修，同郡菱湖镇竹溪人，万历庚辰科同进士第四十五名，初授句容知县，又调广平知县，升刑部主事，出任梧州知府，又改宝庆知府，升湖广副使，最后担任贵州兵备副使。

竹溪沈氏也是名门望族，诗书树业，耕读传家，蕴涵深厚，人才辈出，与凌家算是门当户对。沈子来的哥哥沈子木，嘉靖三十八年（1559）进士，其子儆炌、孙胤培等祖孙三世都中了进士，位列九卿。沈子来的直系后裔，后来又有三世连续中进士的。这一点，凌家都相形见绌。

沈氏生于万历庚辰五月初一，与凌濛初同岁，还是同月出生，只差了六天，可以说是天作之合。

凌濛初考中廪膳生员后，凌迪知高兴之余，也自然把儿子的婚姻大事放在第一位。这时，凌濛初的洞房花烛可能就点亮了。

凭什么推断凌濛初这时结的婚呢？据《凌氏宗谱》中"凌濛初"一

条记载，凌濛初有五个女儿，其中前三个是沈氏所生：一适庠生武康骆宏璧，一适仁和冯延生，一适庠生海宁徐尔宏，而据冯梦祯所著《快雪堂集》卷五十九《快雪堂日记》记载，他是万历三十年（1602）十一月八日来为孙子冯延生提亲的。也就是说，此前凌濛初与沈氏已经生过两个女儿，而且这时二女儿可能也不是刚刚出生，那他与沈氏结婚最起码应该在四五年前。

结婚这天，按照当地的风俗，凌濛初家的正屋中间，摆上了一张桌子，供有喜糕，放着一对蜡烛。桌前放一梯子，横档上放红布袱，梯子前面放一张包裹红布的椅子，备一对"合子"，放入糕、圆子、粽子、水菱、长生果、甘蔗、发芽蚕豆等，其谐音"高中团圆，灵结果子"。

一大早，凌濛初先在家里"上头"。蜡烛点燃后，他行礼毕坐在椅子上，双脚踏住合子。鞭炮声响起来，请来的乐队开始奏乐，主持人把准备好的冠帽取出，从梯子横档往上穿绕几档，意为"节节高"，然后戴在他的头上，再请他吃"合子"里的圆子等。在这个过程中，家人好友、亲戚邻居都来祝贺，不时传出喝彩声，气氛热烈而喜庆。

上午，凌濛初和舅舅、姑父等一起，去菱湖沈家迎亲，他们称之为"讨新娘子"。舅舅和姑父等长辈必须同去，碰有事情须由他们拍板作主，还有不少弟兄朋友随同前往，大家说说笑笑的，很热闹。到了沈家，他们也燃起鞭炮迎接，凌濛初在鞭炮声中递上礼帖和各种礼金包，岳父家招待他们"坐茶"，同来的弟兄朋友则开始搬嫁妆。新娘吃完"嫁饭"，拜别父母，由新娘的舅舅抱上花轿，凌濛初则在一旁对着轿子门行礼，俗称"拜轿"。新娘上了轿，便启轿上路。

花轿迎到凌濛初家，妆花妈妈搀新娘出轿，凌濛初的嫂子们一起迎接。然后，凌濛初的舅舅抱新娘进堂屋，请新娘洗脸，凌迪知和夫人才出来见面。接着就是最重要的拜堂仪式，也就是"拜天地"。请来的乐队开始奏乐，司仪主持仪式，凌濛初和沈氏规规矩矩地拜堂。拜完堂，凌濛初用红绸牵着沈氏，一起"入洞房"。

婚礼仪式结束后，喜宴正式开始。宾客满座，酒好菜丰，凌濛初和沈氏一起，依次给宾朋敬酒，给小朋友们散发喜糖。

吃完饭，凌濛初便陪着沈氏回娘家，俗称"回门"，他的弟弟和几个堂兄弟一起前往，带着喜糕等礼品。到了岳父家，差不多已经是晚饭时间，岳父家已经摆好"回门酒"，再次开吃，再次敬酒，饭后连夜赶回家。

凌濛初和沈氏"回门"归来，闹洞房的小弟兄姐妹们已经在新房里等着了。新房里备好了酒菜，弟兄姐妹们边吃边玩，有唱歌的，有跳舞的，也有表演其他节目的，新娘子不间断地为大家发糖，闹到将近半夜才散去。

结婚的这一天，凌濛初和沈氏从早忙到晚，也够劳累的。可接下来的洞房花烛夜，乃人生四大喜之一，两位新人也在憧憬和羞涩中享受了欢愉和激情，从而走入人生新的阶段。

凌濛初新婚燕尔，春风得意。可是，福无双至、祸不单行，父亲和哥哥却先后病倒了……

7. 乡试中副贡

万历二十八年（1600）春节后不久，凌迪知病倒了。他已进入古稀之年，知道自己来日无多，最大的愿望就是死前能看到儿子举业有成，重振家风。正好这年逢庚子乡试年，便吩咐凌濛初去杭州应试。

这年凌濛初已经二十一岁，过了弱冠的年纪，他在哥哥凌涵初的陪同下，来到了杭州，第一次走进了乡试的考场。

明朝的科举考试分为三级：乡试——由南、北直隶和各布政使司主办的地方考试，地点在南、北京府和各布政使司所在地（省城），每三年一次，逢子、卯、午、酉年的八月举行，又称秋闱、乡闱，考中者成为举人。会试——由礼部主持的全国考试，又称礼闱，在乡试的第二年于京师举行，由乡试中式的举人参加。殿试——由皇帝主考，又称廷试，是最高级的考试。录取名次分为一、二、三甲，一甲只有三个人，依次为状元、榜眼、探花，赐进士及第；二甲若干人，赐进士出身；三甲若干人，赐同进士出身。

主持乡试的有主考二人，同考四人，提调一人，此外还有负责受卷、弥封、誊录、对读、巡绰监门、搜检怀挟的官员。考试分三场，第一场试"四书"义三道、经义四道，第二场试论一道、判语五条、诏诰表内科一道，第三场试经史策五道。入场要经过严格的搜查，不许挟带。入场后，每一名考生由一名号军监视，防止作弊。黄昏时交卷，如果没有作完，给蜡烛三支，烛尽还没有完卷，就要被扶出考场。

这年夏天，凌濛初来到了杭州，找了个客栈住下，有针对性地读书备考。八月九日，他走进了考场，参加第一场考试。十二日和十五日又考了第二、三场。

明代乡试考的是八股文，以"四书""五经"中的文句做题目，只能依照题义阐述其中的义理。措词要用古人语气，即所谓代圣贤立言。结构有一定程式，字数有一定限制，句法要求对偶。八股文也称制义、制艺、时文、时艺、八比文、四书文。八股文即用八个排偶组成的文章，一般分为六段。以首句破题，两句承题，然后阐述为什么，谓之起源……这种八股文并不好写，初次参加乡试的凌濛初没有经验，发挥得不是很理想。

成绩出来后，凌濛初没能中举，但成绩还算不错，在录取名额外被列入了备取，也就是中了"副榜贡生"，简称"副贡"。副榜贡生可以入国子监读书，等于列入了重点培养对象，这对初次参加乡试的他来说，已经很不容易。

因此，凌濛初在读书科举的初始阶段，可以说是比较顺利，成绩也还算不错。然而，对于高龄重病且望子成龙的凌迪知来说，这个结果却是有些失望的。

看着父亲的病情越来越重，凌濛初的心里很难受，但生老病死是自然规律，他也没有办法。他唯一能做的，就是刻苦读书，让弥留之际的父亲能够看到希望。

屋漏偏逢连阴雨。就在这时，哥哥凌涵初也病倒了，他不得不接手家事，挑起家庭日常生活和发展振兴的重担。

第二章

天将降大任

1. 挑起家庭大梁

天越来越冷了。西北风带着湿气，从太湖的上空频频吹来，沿着纵横交错的河道，吹进晟舍的大街小巷。

风从盘珠漾上吹过，吹进凌家的且适园，绕"美女照镜石"盘旋，仿佛在找寻什么。凌濛初穿着厚厚的衣服，站在镜园潭边，任冷风拂面，以平复焦躁的心情。

父亲凌迪知的病情越来越重，医生下了"病危通知"，他在悲伤之余，也为眼下家里的混乱局面而忧虑。

眼前这座且适园是父亲一手建成的，一草一木都凝聚了父亲的心血，尤其是这座"美女照镜石"，是父亲的至爱。父亲身体好时，每天都要在园里转一转，在"美女照镜石"前驻足观赏，或者跟它对话，但如今已很久没能起床了。

信步走出园子，走向自家的刻书坊。这条路已经无数次走过，但经常是走在父亲身后，这次只能踽踽独行。父亲已经刊刻了《古今万姓统谱》《历代帝王姓系统谱》《史记评林》等著作，《学海清澜》正在辑录中，以当下父亲的病情，很可能完不成……这项工程很大，要继续辑录完成，也不是件容易的事。

到了刻书坊，看到哥哥涵初正和工人们一起劳作，他的心情更加沉重。哥哥涵初也生着病，身体状况已不适合在坊里工作，但哥哥也是放心不下，只能带病坚持刻书。

凌涵初是凌濛初同父异母的哥哥，排行老三，但大哥凌湛初和二哥凌润初都英年早逝，在凌濛初出生以前就去世了，凌濛初只与这个三哥感情深。凌涵初也曾入国子监读书，并以太学生身份授承务郎，后因健康原因辞职回乡，帮助父亲刻书著述。

此前，父亲让凌濛初专注读书，不让他插手刻书坊的事。如今父亲病危，哥哥也有病在身，弟弟浚初也在县学读书，他只能跟着哥哥学刻书，把主要精力由读书转到家庭事务及刻书坊上来。

凌涵初比凌濛初大二十一岁，这年已进入不惑之年。母亲包氏早逝，大哥二哥也都是过了二十岁去世，他知道自己是患了相同的病，能够坚持多久不好说。如今父亲又病危，这份家业只能由弟弟来承担，他迫切需要把自己的手艺传给弟弟。

凌濛初不好再说什么，只能默默地与哥哥一起，投入到刻书劳作中。

凌家的刻书坊像当时的众多刻书坊一样，采用的是雕版印刷。先在一定厚度的平滑木板上粘贴抄写工整的书稿，稿纸正面和木板相贴，字就成了反体，雕刻工人用刻刀把版面没有字迹的部分削去，就成了字体凸出的阳文。印刷的时候，在凸起的字体上涂上墨汁，然后把纸覆在上面，轻轻拂拭纸背，字迹就留在纸上了。

说起来简单，做起来却不是一件容易的事，很多工序都有严格的要求，技术含量很高。

凌涵初从事刻书时间并不长，但已掌握了基本工艺，如今他要把这些技术传给凌濛初。

雕版印刷的工艺起源于隋朝末期或唐朝初期，人们从刻印章中得到启发，发明了雕版印刷术。经过唐朝和五代的发展，到了北宋时期，这种技术已经很普及了。明朝以来，刻书业渐渐走向繁荣，全国各地刻坊林立，印刷质量和数量都得到了很大的提高，受到了上自皇室贵族、下到普通百姓的一致欢迎。

这时的雕版印刷图书，大致可分为官刻、坊刻和家刻，传承的特点各不相同。官刻是由官方从各地征集优秀匠人集中刻印图书，坊刻是由坊主聘请雕版印刷艺人集中于书坊内刻印图书，家刻则是以家族传承或拜师带徒的方式传承。凌家的刻书基本属于坊刻和家刻相结合，技术是家族成员逐渐摸索提高并传承下来的，到凌迪知时，技术已经很成熟。

凌濛初虽然之前也经常出入刻书坊，但并未具体接触刻书工艺，如今只能从头学起。父亲病重，三哥凌涵初做了他的老师。

凌涵初拿起一块准备好的木料，开始刻制雕版，边做边讲解——

先在抄写样稿的薄纸上画好直格，每一直格内用虚线画上一条中线，俗称"花格"。在薄纸上抄写样稿，抄好后认真地校对一遍。错讹之处用刀裁下来，另贴一片白纸，重新正确抄写。在表面打磨光滑的木板上刷一层稀糨糊，将样稿有字的一面向下，用平口的棕毛刷把样稿横平竖直地刷贴到木板上。刻版前先用指尖蘸水少许，在样稿背后轻搓，把纸背的纤维搓掉，使写在样稿上的字清晰得如同直接写在木板上一样，便可以镌刻了。刻版是用锋利的刻刀把版面空白部分向下刻出一定的深度并剔除，使版面上有墨迹的字或线条向上凸起成为浮雕，也就是"凸版"。刻版工具多达二十余种，各有不同的功用，最常用的是拳刀。拳刀又称曲刀、雀刀、挑刀，因其握法而得名，曲刀、雀刀则可能是刀刃弯曲颇似鸟喙而得名，用它剔除木板上无需印刷的部分，使需要印刷的字或线条凸起更明显。

刻版时，右手握住拳刀，刀柄向外侧倾斜四十度，向下向内用力。左手用大拇指第一关节拢住刀头，控制运刀的速度、方向并防止滑刀。第一刀（又称发刀）一般沿着需刻墨线的外周约三毫米，向下并自外向内用力，在木板上拉出一条深约三毫米的刻痕，然后将木板平转一百八十度，用刀锋紧贴着墨线以大约四十度的倾角再拉出一条刻痕，与发刀刻痕的底部相交，在截面上呈 V 形，用拳刀将 V 形凹槽里的木屑挑出。再将木板平转一百八十度，在同一条墨线的另一侧发刀后，将木板再平转一百八十度，用刀刃紧贴墨线拉出另一条刻痕，剔去Ｖ形凹槽中的木屑。至此，一根阳刻墨线就凸现了。刻版是雕版印刷的关键工艺之一，为保证印刷质量，刊刻时握刀要稳、下刀要准，务必使一笔一画都依照墨线，分毫不差地完成刻版。

其后，再进行打空，用"曲凿"将版面上没有墨线的部分凿除掉。打空时，左手握住"曲凿"，使凿口对准要剔除的部分，右手用木槌在"曲凿"的后部敲击，使凿口向前移动，剔除无需保留的部分。大"曲凿"用于凿除大面积的空白部分，小"曲凿"用于修理精细的部位，还可以用来雕刻圆形的圈点。打空时应小心谨慎，不可用力过猛，更不能急于求成，若损坏已经刊刻好的字或线条，则前功尽弃。

再后是拉线，也就是用刻刀把版面中分行的直线与四周的边线刻出来。为了保证线条平直，要用左手压住界尺，右手持刻刀，依着界尺进行刊刻。

最后是修版。对已经刊刻并打空的雕版，先用蓝色刷印几张校样，若校对出谬误，则需将谬错之处用平凿凿去，并向下凿成凹槽，用一块与凿除部分相同大小的木板嵌入凹槽中，在嵌入的木板上刊刻出修正后的内容。

经过这么多复杂的工艺，一张雕版才算刻好。

凌涵初边做边讲，把这些知识传授给凌濛初，像师父带徒弟一样。凌濛初在一边观摩，偶尔也上前帮衬一下。

在这个过程中，凌涵初休息了好几次，才算把一张雕版刻完。

凌濛初也拿来一张木板，按哥哥教他的刻起来。凌涵初坐在一边看着，不时指点一二。

凌濛初刻完了一张雕版，哥哥表扬了他，但他自己知道，他刻的远远比不上哥哥刻的，还需继续努力学习训练。

劳作之余，凌涵初又给凌濛初讲起了选材和制墨的知识。他告诉凌濛初，"工欲善其事，必先利其器"。雕版印刷首先得准备好需要的材料，就是选择、准备什么样的木板进行刻字、刻图章。而仅此选料一样，就得完成好几个工序，大致包括选料、锯板、浸沤、干燥和平板等。

雕版选择的木料，最好是材质较硬、耐印率高，纤维细匀、吸墨与释墨性均匀。为此，一般选用材质硬度适中、纹理细滑的梨木，或者材质较为坚硬、质地紧细的枣木，也可选用质地细腻的黄杨木与银杏木，以及易于刊刻的苹果木、白杨木与乌桕木等，这些树木总体上满足"硬度适中，纹理细密，质地均匀，易于雕刻，干湿收缩度不大"的要求，而且资源丰富，可以就地取材。

木料选好后，紧接着就是锯板。将梨木、枣木等木料除去小枝，剥去表面的树皮，选取有充分雕刻面积的树干，沿树干纵向直截，锯成约二厘米厚的木板。纵向直截不仅得到的木板面积较大，且易于避开木材上的疤节和质地疏松的树心。木板锯好后，要放在水中，上压重物，浸沤数月，使其脱去树胶与树脂，利于刊刻又易于吸墨释墨。浸泡的具体时间夏季稍短，冬季稍长，放置时间较长已经干燥的木材，可不必再作浸沤处理。浸沤后的木板，平行码放在无直射光的通风干燥处，每层木板之间用粗细相等的长木条或竹片垫平，令其自然干燥。自然干燥期间，应时常翻动检查，并不时将码垛的木板上下左右对调，以防干燥不均而扭曲变形。急用时可将木板放入大锅中用石灰水煮沸，经此法处理过的木板，容易干燥也利于刊刻。干燥后的木板上下两面都要刨平、刨光，截成略大于双页版面的矩形。用植物油遍涂表面，再用芨芨草的茎部细细打磨平滑。

准备好木料，还要制备印刷的用墨。墨通常用松木烧成的烟灰加入动、植物胶炼制而成。用于制造烟灰的松木，要先除去松脂，否则制成的墨就会有滞结的毛病。去除松脂很简单，只要在靠近松树的根部钻一个小孔，在孔内放入一盏点燃的油灯，则整棵松树的树脂就会通过松脂道流向温暖的油灯处，随之淌出树外。随后，要用竹篾编成形似船篷的半圆形竹篷，一节节地连结到十多丈长。竹篷的内外都用纸粘糊牢固，使之不能漏烟，开口处的篾席也用纸粘糊牢固，每隔一段距离在竹篷上开个出烟的小孔。竹篷与地面接触的部分用土掩实，也不能漏烟，竹篷内用砖砌出烟道。

松木和竹篷准备好，就可以烧烟了。将除去松脂的松树伐倒并砍劈成小块，放在竹篷的一头燃烧。烧烟过程中，要注意控制火势，以利产生松烟，烧完后暂停几日，等竹篷冷却，便可以入篷收烟。收烟用鹅毛制成的扫烟工具，将黏附在竹篷上的松烟扫落，并收集在容器内。靠近竹篷尾部的烟最细，称之为"清烟"，用于制造最上乘的墨。竹篷中间的烟较细，称之为"混烟"，用于制造一般品质的墨。靠近燃烧松木处的烟最粗，常研细后制作印刷用墨，或供漆工使用。

其后就是制墨。将烟室开端的粗烟子研细，加以胶料和酒，制成膏状，放在缸内存放三冬四夏，使臭味全部散去。存放得越久，墨质越好。久贮的墨膏，临用可以加水充分混合后，用马尾制成的筛子过滤再用。如果用临时磨成的墨汁印刷，很容易化开，使字迹模糊……

凌濛初听哥哥讲着，边听边看哥哥事先给他准备好的相关资料，暗暗感叹，刻书印书太难了。

讲完了选材和制墨的知识，凌涵初又带凌濛初观摩了刷印的过程。

只见印刷者先将雕版用黏板膏固定在桌案上，将纸平置在旁边。然后手持圆刷，蘸适量墨汁，均匀涂于雕刻凸起的版面，随即把白纸铺上，用长刷轻轻刷纸背，再将印好的纸张从板上揭下晾干，一块雕版就印完了……工人换上另一块雕版，继续重复上面的操作过程。

凌涵初告诉弟弟，刷墨有技巧。正式刷墨之前，要先在版面上刷两遍清水，待雕版吸水湿润后，再刷墨印刷。刷墨时，要先用小毛刷从大墨盆中蘸少许墨，放在瓷盘里，再用棕把在瓷盘里打圈旋转，使棕把着墨均匀，然后用棕把在雕版上按顺时针方向打圈，把墨汁均匀地刷在雕版上。刷墨的要求是全版墨色均匀，凹陷处不存积墨，否则印出的纸张会浓淡不匀。覆纸时，要用两手将纸端起，平放在刷过印墨的版面上。印刷时，用力要均匀，以保证雕版上每个字都能完整清晰地转印到纸上。纸张通常用纸面光滑、纸质均匀、吸墨适量的竹制毛边纸，印刷质量要求高时，也可用藤纸、皮纸、宣纸。正式刷印前，还需再先印几张清样，再次校对，确认无误后，方可大量刷印。

凌濛初认真地听着，不时点头。有不明白的地方也追问几句，哥哥总是耐心地给他解答。

从此，凌濛初开始认真学习刻书的基础知识，努力钻研刻书工艺。后来，他推出套版多色印刷，在中国的印刷史上留下了浓重的一笔，可以说与这段时间的学习不无关系。

进入腊月后，随着天气的转冷，父亲凌迪知也进入了弥留状态。快过年了，该办年货了，凌濛初却毫无心情，家里的用人催问了几次，他都答复"等等再说"。

这一天终于到来了。尽管他心里是多么不愿意接受，但这天还是不可阻止地到来了。万历二十八年（1600）十二月初五，父亲把他和哥哥弟弟叫到床前，交代了后事。

父亲把家事和刻书坊托付给了哥哥凌涵初，让他和弟弟继续读书，务必考取功名、重振门庭。父亲还提到了闵家，因为闵家的闵梦德和闵洪学都刚刚考中进士，他心有不甘。

当时的仕宦制度特别重视科名，凌濛初后来在《拍案惊奇》卷二九《通闺闼坚心灯火　闹图圄捷报旗铃》中有过描述，"惟以此为华美"，"不是科甲的人，不得当权。当权所用的，不是科甲的人，不与他好衙门、好地方"，科贡出身的，即使是英雄豪杰，也往往不受重视。因此，许多人"只为不得一第，情愿老死京华"。父亲作为一名进士，在官场上不太得志，便把希望寄托在儿子身上，这顺理成章。

凌濛初含泪答应着，并暗下决心，一定不辜负父亲的遗愿。后来，他又先后四次参加乡试，尽管屡次败北，但为追求一第，仍屡败屡战，从青年到白头，从未放弃努力。据《二刻拍案惊奇小引》记载，他在天启丁卯（1627）四十八岁时，仍前往北京国子监参加了乡试。又据《晟舍镇志》卷三《贡生》记载，他在崇祯己卯（1639）六十岁时，第五次以备榜落选。即使年过花甲他还又考了一次，可见他的功名心之根深蒂固。可以说，他用一生的时间践行了对父亲的承诺。

凌濛初一边听父亲断断续续地说，一边协助母亲蒋氏及夫人沈氏等为父亲擦身沐浴，并给父亲穿上了事先准备好的寿衣，让父亲干干净净地走。

父亲交代完后事，就停止了呼吸，享年七十二岁。他觉得，天似乎塌了下来。大家都放声哭叫，他却哭不出来，只是发呆。

择时入殓已毕，停柩在堂。利济寺的法师来了，念佛焚纸，为父亲"烧买路钱"。夫人沈氏和妯娌们穿上了孝衣，戴上了"白棉兜"，绕着村镇哭了一圈，为父亲"开路"。

北风吹来，且适园在呜咽，仿佛也在哀悼它的主人。

凌濛初年纪轻轻，就品味了丧失至亲的痛苦，悲伤之情无以表达。然而，哥哥凌涵初有病在身，又因父亲去世而悲痛，病情加重，躺倒在病床上。父亲的丧事要操办，他只能擦干眼泪，强打精神，开始筹备父亲的丧事。

在长辈的指导下，凌濛初在家里的正屋设了灵堂，把父亲的遗体也移到了灵堂。他亲手为父亲"转床"，让父亲头南脚北平躺在棺材里，前面用帐子做幔，放好祭桌。帐幔上悬挂了父亲的遗像，祭桌上摆好了父亲的灵位和祭品，点燃了香烛。在父亲的脚后，点上了一盏油灯，也就是"长明灯"，让它照亮父亲走向极乐世界的路。

随后，凌濛初和家人们一起，开始为父亲守灵。家族的长辈则安排人到各地给亲戚朋友们报丧。

第二天，接到讣告的亲友们就陆续来"吊孝"了。

2. 结识父亲的朋友们

凌迪知作为一科的进士，又做过工部郎中、定州府同知、大名府通判、常州府同知等，政绩显著，颇得上级和同僚赞赏。即使在罢官回乡后，他也积极为家乡百姓谋福利，帮助百姓应对水灾。他的好友、也曾担任过工部主事的邹迪光在《明缮部员外郎绎泉公凌先生暨元配包宜人合葬墓碑》中写道——

（万历十七年晟舍水灾）出仓廪粟，全活人亡算；又致书同道，极陈利害状，得请蠲岁输者半，人尽尸而祝之，而亦不问。夫公才而能理国家也，节而能经权相重丘壑也，德而能惠苍赤活里闾也，意念而能可屈、可伸、可得、可丧，倏然来去，而若亡有也，是公之生平，而总之才识广矣。

凌迪知为官清廉，刚正不阿，颇受人尊敬，也因之有很多朋友。以贤德爱民著称的提刑按察使司佥事、湖州同乡许敬庵曾称他："有容德，不做违心事，是以无仇。"他还参加了由湖州许孚远组织的逸老续社，当时湖州府所属七县有四十余位文人参与了这次盛大的结社，其中著名者有茅坤、董份、徐献忠、沈节甫、吴梦旸等，也结交了一些文朋诗友。加之晟舍凌氏是乌程望族，他的父亲凌约言也是一方名士，与同郡朱国祯、潘季驯、茅坤、董份、吴梦旸、臧懋循、徐中行以及太仓王世贞、秀水冯梦祯等家都是世交。因此，凌迪知去世后，吊唁者络绎不绝。

凌濛初以主人的身份接待宾客的过程中，认识了父亲的很多好朋友，并开始了与父辈名人的交往。

最先来"吊孝"的知名人士，是同郡南浔人朱国祯。当时，他正在老家南浔探亲，离得近，听说得早，跟凌迪知的关系又不一般，听说后立即赶了过来。

朱国祯虽然比凌迪知小很多，但他认识凌迪知时，凌濛初还没有出生。两人相识于万历五年（1577），当时朱国祯仅二十岁，在家乡授馆，同时准备应试。作为晚辈，朱国祯对凌迪知很敬重，曾特意来晟舍拜访，向凌迪知请教，颇得凌迪知赏识。南浔离晟舍相距不过三十里，他经常来且适园请教，两人交流频繁。万历十七年（1589），朱国祯中进士，又专程来晟舍向凌迪知报喜，请教为官之道。

后来，朱国祯还特意为凌迪知作《缮部绎泉公行状》，记载了与凌迪知的交往，评价了凌迪知的人生——

> 丁丑年，不佞祯以诸生遇一乡绅于郡台，伟貌修髯，肃而揖问之，知为绎泉凌先生。又十二年，不佞成进士，访公里第，谈旧事历历。又十年，先生殒，往哭之……
>
> 长子湛初、次子润初颖甚，先生益发舒，与元美、子与两家，时议论校刻秦汉诸书，义例纲领，一经裁定，井井可观。于是凌氏书布天下，干麾所指多及其庐……

朱国祯见了凌濛初，自然是安慰一番："令尊享年七十二岁，已经过了古稀，也算是高寿了。请节哀。"

凌濛初此前虽然见过朱国祯，但印象并不深，只是礼节性地表示感谢。

朱国祯又关心地问起他的学业。凌濛初告诉他，刚参加了乡试，仅中副贡。

"那好啊！以后可以去我那里读书了。"朱国祯说。

凌濛初这才知道，朱国祯当时正任国子监司业，以后他要去国子监读书，就是他的直接领导，于是郑重地表态，请叔父多多指教，多多提携。

三年后，凌濛初又参加了一次乡试，仍中副贡，只得去国子监读书。他去拜访朱国祯时，谈及了三年前的见面，朱国祯也给了他不少关心和帮助。那是后话。

再后来，朱国祯拜礼部尚书兼东阁大学士，凌濛初还与他同船进京，参加谒选，关系已非同一般。

来得比较早的还有吴梦旸。他是同郡人，家离晟舍也不远，而且是凌家的亲戚。他是凌濛初的生母蒋氏的姑丈，也就是凌濛初的姑姥爷，以往经常来家里做客，这次奔丧理应早点来。

关于凌濛初与吴梦旸的关系，历来有点争议。无非是冯梦祯在日记里曾直言吴梦旸是凌濛初生母蒋氏的姑丈,而凌濛初给吴梦旸写信时曾自称表甥,看似存在矛盾。其实,凌濛初在姑姥爷面前,理应自称表甥,这是不矛盾的。表甥这个称呼,并不是只在表舅面前才如此自称。

吴梦旸,号北海,与同郡茅维、臧懋循、吴稼澄并称"苕溪四子",在当时的江南文人圈里有着重要的地位与影响。他不仅诗写得好,著有《射堂诗钞》十四卷,还通晓音律,擅长词曲,晚年时征歌顾曲,齿牙已落,犹呜呜按拍。钱谦益《列朝诗集小传》丁集有其传记,朱彝尊《静志居诗话》卷十八、陈田《明诗纪事》庚签评录其诗,新安闵景贤辑明布衣诗,推他为中兴之冠。后来,清同治年间编纂的《湖州府志》中,在卷七十五《人物传·文学二》中收录了他的小传,有如下记载——

> 笃挚孝友,攻诗古文,雄长词坛;而高节好义,抱经世之略。母没,挟册抵燕,因得与宋忠甫、张圣村定交。会哱酋乱宁夏,即慷慨上书,愿得当一旅,振先世功,时论壮之。于是海内贤豪长者,争与交欢。时兰阴相国亦习知其人,愿借箸筹国事,梦旸数为具疏,将上,有阻之者,遂拂衣归。诸乡老推其入社,为诗酒高会。好吟诗,诗不就,竟夜不交睫,苦思刻镂,必得当而后已。

吴梦旸名气大,认识的朋友也多,交游广泛,与当时的文化名人潘之恒、曹学佺、屠隆、朱长春等都往来密切。这位"表姥爷"的名气和影响,为后来凌濛初在文人圈活动提供了契机,让他结识了潘之恒、茅维、屠隆等人,并成为潘之恒的忘年交。

接待工作持续进行中,凌濛初能想到的大多都来了,一些没想到的也来了,但有一个人他觉得可能会来,却一直没来。

这个人,就是父亲的好朋友王穉登。前几年,他经常来看望父亲,这时却迟迟没露面。

凌迪知安葬后,凌濛初等家人开始为父亲"做七",每七天为逝者做一次羹饭，也等待路远的亲朋前来吊唁。可是，一直到做完"七七"，也就是凌迪知去世四十九天后，治丧活动全部结束，王穉登也没来。

凌濛初分析原因，这年王穉登已六十六岁高龄，身体状况可能也不太好，长途跋涉很不容易；再者，他也可能没听说此事，毕竟那时的信息传递很慢很不方便。

凌迪知去世两年后，也就是万历三十一年（1603），王穉登再来湖州。凌濛初兄弟三人前往拜见，并热情邀请他来家里坐坐。王穉登在《清苔集》卷下《凌玄渤、玄房、玄静携酒问病》中记载了这件事，并赞美凌氏三兄弟——

> 公子气翩翩，才华总少年。
> 凤元非一薛，荆可比三田。
> 酒岂居兄后，棋难让客先。
> 马卿虽善病，不饮亦流连。

在凌濛初兄弟三人的盛情邀请下，王穉登不顾病体，坚持来到晟舍，重游凌家且适园，并写下了情真意切的怀念之作《重游且适园怀故凌使君稚哲》（见王穉登《清苔集》卷下，《四库禁毁书丛刊》本），表达了物是人非的悲痛情感——

> 水木清华池，重来迹已陈。
> 楼空惟鸟龛，松老半龙鳞。
> 把酒怀知己，看花无主人。
> 西州门下路，但到即沾巾。

后来，凌濛初的学术著作《后汉书纂评》在南京印行，为抬高身价、打造影响力，特请王穉登作序。王穉登二话不说，欣然命笔。

再后来，凌濛初在辑评《南音三籁》按语中，对《吴骚集》注以"王穉登作"予以更正："《吴骚》注以王百谷，非也。百谷与余交，生平未尝为曲。"

父亲的丧事结束后，凌濛初和哥哥弟弟一起在家守孝，管理家庭事务，经营刻书业。

这时，家里是哥哥凌涵初当家，凌濛初和弟弟根据父亲的遗愿，还是以读书备考为主。但是，哥哥身体不好，很多事都力不从心，凌濛初只能默默地帮着干。一来二去，刻书坊成了凌濛初每天必去的地方，父亲未完成的《学海清澜》成了他每天要补写的文章。

这段时间，陆续有亲友来访，吴梦旸是其中的常客。

有一次，吴梦旸在与凌濛初聊天时，看到了凌濛初天真可爱的女儿，便问可曾许配人家。

凌濛初告诉姑姥爷，女儿还小，没考虑订亲的事。

吴梦旸便说起杭州的冯梦祯，做过国子监祭酒，是他的好朋友。冯梦祯前两年得了个小孙子，和凌濛初的女儿差不多大，也没有婚约。如果考虑，他可以给说说。

凌濛初对冯梦祯早有耳闻，几个在国子监读书的堂兄都跟他说过，是他一直想认识的人，如果结亲那当然更好。于是，他就高兴地请姑姥爷牵线。

吴梦旸很快就这事与冯梦祯沟通了，对方也很高兴，便商量找了个媒人，去凌濛初家提亲。

不久，媒人就上门了，凌濛初自然是满口答应。两家商定了一些相关细节，把亲事基本定了下来。

冯梦祯要亲自来"登堂纳贽"，凌濛初很期待。他和家里人一起准备待客，还专门请了个戏班子，只等冯梦祯的到来。

3. 联姻冯梦祯

冯梦祯来了。万历三十年（1602）十一月八日来的。

这年，冯梦祯已经五十五岁，从南京国子监祭酒任上被劾罢官已五年之久。他是浙江秀水（今嘉兴）人，万历五年（1577）二甲第三名进士，曾任翰林院编修，因违抗首辅张居正，被贬广德州通判，后升南京国子监司业，迁右谕德，署南京翰林院，再迁右庶子，拜南京国子监祭酒。由于其为官端直有持，并主于气节，潇洒疏放，故在朝时屡遭忌排。罢官后，他移居杭州，筑室于孤山之麓，流连于山水湖景，结交多方朋友。他不仅以文章见长，而且通悟佛理，助缘佛事，在东南一带声名甚茂，是一位著名的佛教居士，自号真实居士。他家里藏有王羲之的《快雪时晴帖》，便把书房命名为"快雪堂"。著有《快雪堂集》六十四卷、《快雪堂漫录》一卷及《历代贡举志》，均列于《四库总目》并传于世。

凌濛初以主人身份设酒置戏，热情隆重地款待了前来晟舍提亲的冯梦祯。据冯梦祯所著《快雪堂集》卷五十九《快雪堂日记》记载：

> 初八，晴，早行三十里至晟舍，相传以唐李令公尝驻师于此，故以名其处。宋宗献先以小舟出会，既饭，乃入港，里许而至凌氏，凌氏太学荏初、瀛初者出迎余于舟。既至，具吉服登门，主人兄弟迎于门外。兄名濛初，字玄房，弟名浚初，字玄静。登堂纳赘，致谢允之仪。主人邀吴梦旸相陪。主人母氏蒋尚书之后，允兆之内侄女也。是日有前筵正席，前筵席散，乃拜二太学，同居次泉之子，拜次君。玄静主人相陪正筵，就座已迫暮色，吕三班作戏，演《香囊记》。席散，夜且半矣。

冯梦祯的日记清晰地记载了当时的情况。凌濛初对冯梦祯的这次造访，极尽地主之谊，不仅大摆酒宴，还请了戏班唱戏，宾主尽欢，一直聊到半夜才结束。

冯梦祯所记的"登堂纳赘，致谢允之仪"，意思是订婚时男方向女方赠送礼物，并表达允婚的谢意。这可以证明，冯梦祯是来与凌家结亲的。冯梦祯后来在《景德传灯录·跋》中，还直接称凌濛初为"姻家"，也算是一个佐证。

在隔天的日记中，冯梦祯还写到了女方的回礼，"是日回盘"。

这次联姻，对凌濛初家来说极其重要。这时，凌家虽仍是名门望族，但谈不上有什么势力，而冯梦祯交游甚广，名声在外，他的支持对凌家后来的刻书业发展有重要意义，对凌濛初后来的交游及写作也大有好处。

结为姻亲后，凌濛初与冯梦祯见面比较频繁，短时间内就有多次聚游。

万历三十一年（1603）正月二十五日，凌濛初听说冯梦祯乘船到了湖州德清，便立即前往拜见，在冯梦祯的船上陪他喝酒聊天。那天，还有宋宗献、张髯君两人在场，四人在冯氏舟中一直聊谈至二更。冯梦祯在《快雪堂日记》"卷六十"里对此有明确的记载：

> 二十五，阴，午后晴。早行至下柏，项君卿以送葬过余舟，宋宗献同张髯君见过，凌玄房亲家来，俱自苕溪追至此，且欲余一至苕溪盘桓。终日未别。风逆路纡，下午始至沙村。至墓所已晚。自至德清，颇闻山中多虎，前驱执灯童子见一物急驰去，为虎无疑。展祭归舟，已昏黑矣。玄房、张、宋谈饮至二更过船。张髯君名某，为张氏女约云云而至。舟泊沙村，寒加绵。是是惊蛰。

正月二十六日是一个大晴天，早饭后，凌濛初陪三人一起游玩了湖州佛教圣地菁山。天虽然有些冷，但四人在阳光下徒步登山，身上很快就热乎起来。到了山里，他们边走边聊，意外地碰上了守庵上人。守庵上人俗姓张，法名性专，江苏昆山人，是妙峰大师的弟子，净土宗的高僧，著有《且止庵诗集》，在当时的浙江佛教界颇有影响。冯梦祯与守庵上人熟悉，凌濛初也久闻其名，见面后聊得很投机。

下山后，他们一起上了船，向吴兴驶去。一路顺风，扬帆前行，船驶得很快，下午就到了吴兴的东门。凌濛初热情地邀请冯梦祯等到晟舍一叙，冯梦祯婉谢了，于是便相互告辞。临行，他把随身带的《景德传灯录》呈给冯梦祯，请冯梦祯批评指教。

《景德传灯录》是中国佛教禅宗著名的史书，宋景德元年（1004）东吴道原撰。灯能照暗，禅宗祖祖相授，以法传人，犹如传灯，故得此名。本书集录自七佛及历代禅宗诸祖五家五十二世共一千七百零一人之传灯法系，在宋、元各时期流行颇广，特别是对宋代教界文坛产生过很大的影响。

凌濛初拿来的这本《景德传灯录》，是元延祐三年（1316）的重刻本，开篇有北宋文学家杨亿的序，元代僧人希渭写的《重刊景德传灯录状》，中有"旧本传灯云"等语，卷九之末附唐代名相裴休的《黄檗希运禅师传心法要》，卷末有杨亿寄李维的叙其师承始末的信，还有南宋绍兴二年（1132）长乐郑昂的《跋》、天童宏智和尚的《疏》、绍兴四年左朝奉大夫刘斐的《后序》……这是当时较少见的刻本，可以为禅宗思想史的研究提供有价值的资料。

冯梦祯也收藏有类似的刻本，但他觉得还是比不上凌濛初拿来的这本。所以，看到这本书后，他感觉亲切的同时也很感兴趣。

两天后，冯梦祯到了震泽，在那里为凌濛初的《景德传灯录》写了个跋。对此，冯梦祯在日记里有所记载：

> 二十八，晴而微阴，东南风甚大。舟不能行，勉至震泽。为凌玄房跋《景德传灯录》、旧榻《兰亭》，又守道刘公书，王百穀书。遂与宋宗献、张仲立、复元上人别，订五六日后吴门之约。

冯梦祯的日记里还记录了不久之后与凌濛初的又一次会面。二月初五，"凌玄房来，同复元先后别去"。

凌濛初这次来，与上次只隔了不到十天，可能是过来取上次让冯梦祯为《景德传灯录》写的跋。

作为当时文坛的大家，又是前辈学人，冯梦祯在刻书藏书方面有很多经验和心得，凌濛初理应受了不少教诲。在《景德传灯录》的跋中，冯梦祯给了凌濛初极大的期许和勉励，希望他不要埋没获得的善本，将它们校勘、出版发行，为后人学习提供资料。冯梦祯的跋是这么写的：

> 《景德传灯录》，余所蓄旧本，甚佳。窃宝惜之，未暇探索。今春遇苕凌玄房，夸示余此本，与余藏本无异，而装潢有加焉。检卷末，知为胜国至元间板。元板之精几乱，宋板又为传灯可宝也。此外，又有续灯、联灯、广灯等，当必有佳本。如此录者安得尽有之为快。虽然能加探索一则两则，便可穿佛祖鼻孔，不然徒宝惜之，以供蠹鱼无为也。余老矣，愿以勉玄房。

凌濛初拿到这个跋，喜不自胜，当天很快就告辞走了。不过，过了不长时间，他又与冯梦祯一起去了苏州……

4. 苏州情

凌濛初这次去苏州的事，《四库全书总目提要》"卷一七四"和冯梦祯《快雪堂集》"卷六四"有诗记载，题为《舟过平望数里，遇宋宗献、凌玄房、复元上人，时先有吴间之约，同舟夜至吴江，喜而赋此》——

> 前途原有约，
> 中路巧为群。
> 千里神先合，
> 三春影讵分。
> 名流欣接坐，
> 清夜恣论文。
> 明日吴门酒，

知余不独醮。

与凌濛初同行的，除了冯梦祯，还有复元上人和宋宗献。四人联舟以行，边品茶边聊天，作诗为文，雅兴浓厚，所以冯梦祯欣然写出了"名流欣接坐，清夜恣论文"的诗句。

冯梦祯是著名的佛教居士，结交了当时众多德高望重的僧侣，凌濛初在他的引见下，认识了不少高僧，接受了佛学的熏陶，对他的佛学修养和文学造诣都产生了很大的促进作用。

到了苏州，凌濛初第一次见识了阊门的繁华，不由赞叹不已。在几个朋友的引见下，他又认识了一些当地的文化人，交流中收获颇丰。一个朋友还带他去了花街柳巷，让他大开眼界，其中一位年轻漂亮又多才多艺的妓女更是让他一见倾心。

苏州的花街、柳巷、幽兰巷一带，是当时官绅权势人物放荡冶游之区，相当于如今的红灯区、夜总会。这片红灯区南面，是苏州府衙门和道台衙门的所在地，是苏州最高的行政机关。当时官吏狎妓盛行，京城和外地来苏的官员，到两个衙门办事及谋取官职的人员，大多在附近落脚。为此，这一带商铺林立，百货杂陈，人来人往，热闹非凡。于是，在"行政机关"后面的几条小巷内，相继开设了旅馆和妓院，以招徕客人。那些有钱的达官贵人，每到夜晚，进入妓院，狎妓玩乐，灯红酒绿，笙歌彻夜，而且还有雅称——"寻花问柳"。慢慢地，这两条幽深的小巷，便有了自己的巷名——花街、柳巷。

那天晚上，凌濛初走上青楼，本是抱着看热闹的心态，没有寻花问柳之心。但是，那个妓女一出现，姣好的容貌立即吸引了他。再听她弹琴唱曲，悦耳动听，他不由产生了相见恨晚之感。后来，他在《拍案惊奇》中曾写过一女之美，大概符合他此时的心态："生得敷粉太白，施朱太赤，加一分太长，减一分太短。十相具足，是风流占尽无余；一味温柔，差丝毫便不厮称！巧笑倩兮，笑得人魂灵颠倒；美目盼兮，盼得你心意痴迷"，"却似顶门上丧了三魂，脚底下荡了七魄"。

凌濛初毕竟是第一次来这种地方，起初有些放不开。妓女看得很清楚，步步引导，把他侍候得服服帖帖，乃至分别时他都有些不舍了。

这个妓女也对凌濛初动了情，极尽缠绵之能事，还说了很多逢场作戏之外的话。后来，凌濛初到了南京，这位妓女还专程去南京与凌濛初相会，其情之深，可见一斑。

也许就是这次偶入青楼，了解了妓院的一些事，让凌濛初对妓女大为同情。他在《拍案惊奇》"卷二十五"开头用了一首诗："青楼原有掌书仙，未可全归露水缘。多少风尘能自拔，淤泥本解出青莲"，表达了他对妓女的看法。在同卷中，他还就娼妓的来龙去脉作了一番解析，对"鸨儿、龟子"予以鞭挞，对"妓女"表达了同情，直言"妓女也有好的"——

看官，你道娼家这派起于何时？元来起于春秋时节。齐大夫管仲设女闾七百，征其合夜之钱，以为军需。传至于后，此风大盛，然不过是侍酒陪歌，追欢买笑，遣兴陶情，解闷破寂，实是少不得的，岂至遂为人害？争奈"酒不醉人人自醉，色不迷人人自迷"，才有欢爱之事，便有迷恋之人；才有迷恋之人，便有坑陷之局。做姊妹的，飞絮飘花，原无定主；做子弟的，失魂落魄，不惜余生。怎当得做鸨儿、龟子的，吮血磨牙，不管天理，又且转眼无情，回头是计。所以弄得人倾家荡产，败名失德，丧躯殒命，尽道这娼妓一家是陷人无底之坑，填雪不满之井了。总由子弟少年浮浪，没主意的多，有主意的少；娼家习惯风尘，有圈套的多，没圈套的少。至于那雏儿们，一发随波逐浪，那晓得叶落归根？所以百十个姊妹里头，讨不出几个要立妇名、从良到底的。就是从了良，非男负女，即女负男，有结果的也少。却是人非木石，那鸨儿只以钱为事，愚弄子弟，是他本等，自不必说；那些做妓女的，也一样娘生父养，有情有窍，日陪欢笑，夜伴枕席，难道一些心也不动？一些情也没有？只合着鸨儿，做局骗人过日不成？这却不然。其中原有真心的，一意绸缪，生死不变；原有肯立志的，亟思超脱，时刻不忘。从古以来，不止一人。而今小子说一个妓女，为一情人相思而死，又周全所爱妹子，也得从良，与看官们听，见得妓女也有好的。有诗为证，诗云：有心已解相思死，况复留心念连理。似此多情世所稀，请君听我歌天水。天水才华席上珍，苏娘相向转相亲。一官各阻三年约，两地同归一日魂。遗言弱妹曾相托，敢谓冥途忘旧诺？爱推同气了良缘，赓歌一绝于飞乐。

这次游玩，凌濛初不仅玩得很尽兴，也办了一些事。从凌濛初朱墨套印本《东坡禅喜集》的跋语中可以知道，他是带着《东坡禅喜集》和《山谷禅喜集》来苏州的，借机请冯梦祯点阅。

当时，江浙地区的文人喜欢藏书，热衷于把自己的收藏或刊刻的书拿出来，一起分享交流。冯梦祯也是收藏古书的大家，看到凌濛初带的两本藏书，欣然加以评语。《四库全书总目提要》"卷一七四"有《东坡禅喜集》的提要——

> 明凌濛初编。濛初有《圣门传诗嫡冢》，已著录。先是，徐长儒尝取苏轼谈禅之文汇集成编，唐文献序而刊之。濛初以其未备，更为增订。万历癸卯，濛初、冯梦祯游吴阊，携是书舟中，各加评语于上方。至天启辛酉，与《山谷禅喜集》并付之梓。

游完苏州归来，《东坡禅喜集》和《山谷禅喜集》的评点工作均告完成。

这年八月初五，凌濛初前往杭州参加乡试，顺便又一次拜访了冯梦祯。根据上一次去苏州的聚游来推测，很可能也是书籍点校与序跋之类的事请冯梦祯帮忙，但冯梦祯的日记里没有写。

这月初九，乡试开考，凌濛初信心满满地走进考场，临场发挥也不错。可是，他最后的收获依然是"副贡"。

上次中"副贡"后，获得了入国子监读书的资格，但恰逢父亲病逝，凌濛初须在家丁忧，便没去国子监。这次，丁忧即将服阕，他便和夫人沈氏商量，准备去南京读书。年底，哥哥涵初病逝，把父亲当初的遗嘱重申了一遍，更加坚定了他的决心。

5. 公卿尽知凌十九

万历三十二年（1604）初，凌濛初丁忧服阕，离开家乡赴当时的陪都南京，准备入国子监读书。

国子监是当时国家设立的最高学府，明太祖初定金陵时，即改应天府学为国子学。后太祖建都南京，重建校舍于鸡鸣山下，改学为监，故称国子监。永乐十八年（1420），明成祖朱棣迁都北京，改北京国子监为京师国子监，也称北雍，南京国子监与之相应，称南雍。凌濛初两次中"副贡"，两雍都可以去，但晟舍离南京近，南京又有一些世交和朋友，他便选择了南京。

这次到南京，凌濛初可能是携全家而来。他母亲也一起来了，一直在南京住到病逝。

初到南京，凌濛初在国子监南的珍珠桥附近找了一处宅院，安顿家人住下，便去拜访了时任国子监司业的朱国祯。

朱国祯三年前曾去晟舍吊唁凌迪知，也曾劝凌濛初来国子监读书，这次见到，他不由感叹时间过得太快了。

凌濛初不好意思地向朱国祯报告，自己刚又考了一次，还是副贡，便来国子监读书了。

寒暄一番后，朱国祯提了一个建议，希望凌濛初给当时的国子监祭酒刘曰宁写封信，展示一下自己的才华。凌濛初明白朱国祯的良苦用心，满口答应，回到家便开始写这封信。

国子监祭酒是当时的两京重要官职之一，国子监最高领导，主要任务是掌管国子监的学生训导及教学考试，相当于现在的大学校长或教育部长。刘曰宁是江西南昌人，万历十七年（1589）进士，授编修，后任右中允。当时矿使四出，他发愤上疏，陈六疑四患，极言税监李道、王朝诸不法罪。其后，改任右谕德，掌管南京翰林院。再后，升任南京国子监祭酒。他以清正廉洁著称。有一次，他送母归家，有个地方官送给他数千两银子，他严厉斥责，拒不收，一时传为佳话。

凌濛初在信里介绍了自己的情况，提出了自己对时政的看法，并虚心求教。写信时，他字斟句酌，严谨认真，充分展示了自己的文字功力和扎实基础。

刘曰宁看到凌濛初的这封写得文采飞扬的信，颇为欣赏，又推荐给少司马耿定力看。

耿定力是湖北黄安（今湖北红安）人，隆庆五年（1571）进士，任工部主事，后提升为成都知府，又改任右佥都御史。当时，耿定力已升任少司马，也就是兵部侍郎，是辅佐兵部尚书的重要官员。他是已故著名思想家和文学家耿定向的弟弟，与耿定向、耿定理兄弟合称"黄安三耿"，在社会上较有名望。

耿定力看完凌濛初写的信，也大为赞赏，并说："这是我家世交凌迪知的儿子，我哥哥耿定向曾夸他为'天下士'，你难道不知道吗？"

刘曰宁听耿定力这么一说，更对凌濛初刮目相看了。

此后的不少场合，刘曰宁都谈及耿定力的这句话，使其迅速在官场上流传。一时间，凌濛初声名大振，各级官员没有不知道的。

后来，郑龙采在《别驾初成公墓志铭》中写及此事——

> 服阕，上书刘大司成。刘甚奇之，以其书示少司马定力耿公。耿曰："此予年家子也，先孟恭简公尝目为天下士，君未之识耶？"一时公卿无不知有凌十九者。

有了国子监祭酒的赏识，凌濛初顺利进入国子监学习，开始为下一次科举考试做准备。

6. 求学国子监

这年夏天，槐花飘香的时节，凌濛初走进了国子监，穿上了由工部尚书秦逵设计、朱元璋亲自审批制定的士子蓝色衣冠，正式成为一名监生。

每天，凌濛初从珍珠桥住处出发，经成贤街去国子监。这条街两旁遍植槐树，他入学时正值槐树开花，满路芬芳，散发着淡淡幽香的槐花常常会落到他身上，让他更显风流儒雅。所谓成贤街，就是一条监生们常走的街巷，当时的人们认为，读书人经过国子监的深造，即成为"贤人"，可入仕为官，故将此街命名为"成贤街"。这条街上店铺林立，人群熙熙攘攘，非常热闹，他也经常在这里买些文房四宝等学习生活用品。

初识国子监，凌濛初不由被其宏大的规模所震撼。它北及鸡笼山，西至进香河，南临珍珠桥，东达小营，"延袤十里，灯火相辉"。国子监内建筑极为宏伟，除仓库、疗养所、储藏室外，教室、藏书楼、学生宿舍、食堂就有二千余间，教学和管理设有五厅（绳愆厅、博士厅、典籍厅、典簿厅和掌馔厅）。建筑群中有正堂一座十五间，名曰"彝伦堂"；支堂六座，分别为率性、修道、诚心、正义、崇志、广业，每堂有十五间；藏书楼约有十四间；有学生宿舍用的号舍一千多间，外国留学生使用的"王子书房"和光哲堂一百多间，教师住宅数十间。另有讲院、射圃、菜圃、磨坊等一百余亩。

成贤街南口和东西两侧各有牌坊一座，国子监南门外还有一座大牌坊，俗称"四牌楼"。每次路过"四牌楼"时，他总会有意无意地看上几眼，体味国子监源远流长的办学历史。从东吴永安元年（258）始建，到东晋司马睿在鸡笼山下建立建康太学，再到南唐金陵太学，千百年来，这里书香不断，文脉经百折而不挠，历丧乱而不息……

在国子监，凌濛初接受了系统的国学教育，学习内容除了儒家的经典"四书""五经"外，还有《说苑》、律令、书法、数学、《御制大诰》

等。每月试经、书义各一道，诏、诰、表、策、论、判中选二道，每天习二百余字。在这些学习内容中，很多他都已经学过，但还是按照国子监的要求，认真地上好每一课。

国子监的管理实行"精兵简政"策略，学生最多时近万人，见于记载的教师却只有三十七人，教学行政人员不足十人。国子监设祭酒一人（总领监务），司业二人（分掌六堂，主持教务）。下面分设监丞（管训导）、典簿（管总务）、典籍（管图书）、典馔（管伙食）、博士（负责分经授课）、助教、学正、学录（分别负责管理六堂事务）。监生们的功课，由各班斋长负责监督。管理人员虽少，却也井井有条，原因大概是学规的严格。

国子监对教职员的职务、待遇，对监生的管理、待遇等方面，都有十分明确的规定，违反规定后的处罚很重。监生如果违反了学规，第一次违反记在《集愆簿》上，第二次违反就要用竹篾打五下，第三次用竹篾打十下。绳愆厅上的两条红凳，就是让学生伏着挨打的（黄佐《南雍志》卷一六《器用》）。第四次，就要发遣安置，也就是开除、充军、罚充吏役。更严重的还要戴枷、监禁，直至杀头。洪武二十七年（1394），监生赵麟写了一张"大字报"，对学校提出批评，被认为"诽谤师长"，甚至惊动了朱元璋。洪武帝一怒之下，不仅杀了赵麟，还让人在国子监前立一长竿，枭首示众。直到一百多年后，明武宗朱厚照南巡，才下令将这根长竿撤去。

凌濛初虽然没有看到这根长竿，但目睹了不少监生受罚的情景，无形中也让他更遵守学规，更刻苦学习。

求学期间，凌濛初除了读圣贤书，也涉猎了很多历史人文方面的书籍，参观了南京的名胜古迹。

国子监的北侧就是明初建的"十庙"：开国功臣庙、帝王庙、卞壶庙、刘越王庙、曹武惠王庙、福寿庙、城隍庙、真武庙、蒋王庙和关羽庙，庙的后上方建有一座观象台，上设铜铸的浑天仪、简仪、圭表等天文仪器，称北极阁，世人谓之"巍巍北极兮，金城之中"。

在不远处的鸡笼山东麓，有一座始建于西晋的鸡鸣寺，是最古老的梵刹之一，有"南朝第一寺"、"南朝四百八十寺"之首寺的美誉，是南朝时期中国的佛教中心。明初重建寺院，尽拆故宇旧舍，加以拓展扩建，并迁灵谷宝公法师函瘗移于此山，造五级砖塔，名"普济塔"。朱元璋赐《金字华严经》一部、沉香观音像一尊，作为镇寺之宝，赐门额曰"秘密关""观由所""出尘径"，题"鸡鸣寺"额。皇后马娘娘及各大臣眷属常来鸡鸣寺敬香，并为此特开凿了一条进香河，直至山门，鸡鸣寺由此名声大振，四方扬威。宣德、成化、弘治年间，又分别加以扩建，院落规模更加宏大，建有山门、天王殿、千佛阁、正佛殿、左观音殿、右轮藏殿、五方殿、左伽蓝殿、右祖师殿、施食台、凭虚阁等，共有殿堂楼阁、亭台房宇三十余座，全寺占地一百余亩，公产田四千余亩，常住僧侣一百余人，香火一直旺盛不衰。

凌濛初闲暇时，经常去鸡鸣寺走一走，喜欢站在鸡笼山上远眺，看玄武湖及更远的钟山。当时的玄武湖是贮存全国人口、田亩档案（时称"黄册"）的"黄册库"所在，禁止民众入内，时人无奈写诗道，"为贮版图人罕到，只余楼阁夕阳低"。城墙建到了钟山脚下和玄武湖南岸、西岸一侧，使钟山、玄武湖与鸡笼山之间多了一道屏障，钟山和玄武湖接合部建有太平门一座，门外有一道"太平堤"，玄武湖紧贴钟山西麓的一片湖面隔为"中湖"，虽然没有山水相连的视觉效果，但建筑与风景融为一体，也颇为壮观。他每每为眼前的美景所陶醉，忘情于山水间。

在国子监，凌濛初等监生们的伙食比较好，油盐酱醋都有定量免费供应，经常还能吃到鸡鸭鱼肉等，物质条件算是不错了。

教学一流，衣食无忧，凌濛初在国子监不仅学业进步很快，还业余阅读了不少诗文戏曲，并尝试着进行了创作。

7. 杂剧《北红拂》诞生

国子监的典籍厅里，有很多书籍板片及"表章经史之宝"，凌濛初业余时间经常光顾。

有一天，他偶然读到了当时著名的戏曲作家张凤翼的《红拂记》，很喜欢其剧情："隋末，越国公杨素在隋炀帝杨广出游扬州时奉命留守京城，三原布衣李靖往见，杨喜其才欲留用。杨府歌姬张凌华（红拂）慕李往奔，结为夫妻并同逃走。路遇虬髯客张仲坚，彼此订交，一同到太原访谒李世民。李靖决心留下辅佐，张仲坚乃以家资相赠，后浪迹天涯。"

读完之后，他觉得有些不"过瘾"，便又翻阅了张太和的《红拂记》和近斋外翰的《红拂传》。看完后，他对各书进行了对比分析，觉得几种版本虽然各有成就，但也都存在一定的缺点和不足，便决定自己也写一本，"以北调易之"。他把想法告诉了好友丘茝明、孙起都等，得到了大力支持。朋友们怂恿他尽快写，都渴望先睹为快，他便断断续续地开始写了。关于这些情况，他在《红拂杂剧小引》中曾作过解释——

> 余夙有意以北调易之，卒卒未得，顷者薄游南都，偶举此事，余友丘茝明大称快，督促如索逋。南中友孙子京每过逆旅，必徵观，间日一至，问更得几行出视，即抚掌绝倒，因贪酒相与饮。酒后耳炙狂呼叫啸。复得一二语，又拍案浮大白相劳，此中多酬对，颇少暇息，则于肩舆中塞闹背，俱时有所得，逾旬乃成。余因谓子京、茝明曰："余居恒言，觅有心人。丈夫不若女子，人定以为诞。今观越公、卫公皆命世人豪，乃越公不识卫公，卫公不识髯客，而红拂一伎，遂于仓卒中两识之，且玩弄三人鼓掌上有余。谁谓其智乃出丈夫下哉！嗟乎，世有具眼，毋致有血气者徒索钟期于此辈。令明目皓齿，直登赏鉴之堂，却笑髯眉男子不得其门而入也。"两人仰天一笑，冠缨几跑。

从这篇"小引"的内容可以推知，凌濛初之所以对虬髯客题材的戏曲作品不满并进行重新改编，作了较大幅度的改动，原因是多方面的。

其一，他不满以前的虬髯客题材戏曲作品所采用的韵调，"以北调易之"；其二，他对以前的词类戏曲作品过分推崇李靖、虬髯客，只是将红拂女作为配角的构思不满，改编时有意将红拂女描述得慧识过人，远胜杨素、李靖这些在当时比较杰出的男子，将其作为一传之主角；其三，他对当时曲坛所出现的创作风气不满，并结合内忧外患的形势，对朝廷内外腐化奢侈、迷恋声色、不思国是之人太多，而为国勇于任事、善于识拔人才之士太少，深感忧虑，借《北红拂》以疏自己心中之磊块，通过曲词反映当时社会的黑暗和腐朽；其四，他觉得，以前红拂类题材的戏曲小说中，有失真之弊端，于是在创作手法上遵循"切近可信"……

凌濛初的改编无疑是成功的，他的好友丘荩明、孙起都等非常喜欢，国子监的老师也给予了肯定和鼓励。孙起都还以"意在亭主人"的名义，为《北红拂》写了序，题为《书红拂杂剧》——

> 尝读范高平《过庭录》，谓药师窃一富室女，逆旅遇黄须，以为追者。乃黄须导之见真主，且属善事之，遂别去四十五季，而王于海。乃《虞初》微变其目为张坚，复蔑处道以自重。夫士方微时，跌弛多有之，及事就名立，囊所指越礼放诞，皆尊为谈栋。今士不务奇其节，而唯于河中、临邛，庶几旦晚遇真，戏论也。作是传者，须胸中度世，既已见数于嘹然，然后入吾搬弄，而畅其狂言。吾友凌濛初，天赋特异，而知者绝少。即知者，复与药师微时所遇类。故感以元术，谱其事，曲折如画，说者谓此初成自道。夫吾党二三子，材具不同，大氐皆不甚为世人所知，其欹琦历落可叹处，不患异代无为。初成所为者，要之事就名立，足以自见于世而已。

孙起都，字子京，号幼如，与凌濛初同在国子监读书，算是凌濛初的同学。他颇有文采，后著有《意在亭集》，先后为吴从先校阅《小窗清纪》，为刘汝佳编《刘婺州集》并序，给《由庚堂诗集》作过跋……他在《书红拂杂剧》中说，凌濛初的大志在于"事就名立，足以自见于世"，称赞凌濛初天赋特异，而"知者绝少"，不仅是指凌濛初知名度小，更多的是慨叹伯乐难遇。

后来，凌濛初还是遇到了一名"伯乐"。他把此剧拿给当时著名的戏曲作家汤显祖批评，也得到了高度评价。

万历三十三年（1605），二十六岁的凌濛初喜得贵子，妻沈氏生下长子琛。高兴之余，他加紧了学业，准备在来年的科考中一显身手，争取一举得中。

可是，意外发生了。这年九月初二，凌濛初的生母蒋氏在南京去世，享年仅四十六岁。他不得不中止学业，护送母亲的灵柩回故乡。

8. 奉柩归里

话说人生极重的是那"孝"字，盖因为父母的，自乳哺三年，直盼到儿子长大，不知费尽了多少心力。又怕他三病四痛，日夜焦劳。又指望他聪明成器，时刻注意。抚摩鞠育，无所不至。《诗》云：哀哀父母，生我劬劳。欲报之德，昊天罔极。

说到此处，就是卧冰、哭竹、扇枕、温衾，也难报答万一。况乃锦衣玉食，归之自己，担饥受冻，委之二亲……

这段文字，是凌濛初在《拍案惊奇》卷十三的开头写的，可能也是他对"孝"的看法。他出生时，父亲年事已高，母亲正值芳龄，他的成长受母亲的呵护可能更多，他对母亲的感情也可能更深。去南京求学，他把母亲带到身边，大概是为了更好地尽孝，却不料母亲因病去世了。

时近深秋，天渐渐凉了，凌濛初的心情也很悲凉。自己功名未竟，父母却先后离世，让他觉得愧对父母。自己刚刚成年，还没能好好地尽孝，也让他遗憾。因此，母亲的丧事他特别用心，算是弥补内心的愧憾。

回到晟舍，家里设起了灵堂，五年前父亲去世的场景又浮现在凌濛初眼前，不由更加悲痛。在长明灯前，他守着母亲的灵位，接待着前来吊唁的亲友，一次又一次落泪哀伤。

像上次父亲办丧事一样，很多世交好友也都来吊唁，其中仍有年近花甲的冯梦祯。

冯梦祯接到凌家的报丧，于九月十六日前来晟舍吊唁。对此，冯梦祯在《快雪堂集》"卷二八"的《乙巳十月出行记》中有记载：

> 苕溪凌玄房母蒋宜人，自白下奉柩还，闻讣，谊当赴吊……十五日至晟舍……十六日，如凌氏，吊蒋宜人之丧于别宅。玄房留饭，见其女字次孙者。晚设席相款……

作为已经结亲的"亲家"，凌濛初不仅盛情招待了冯梦祯，还安排自己的女儿见了这位未来的长辈。作为一名学生，他把正在创作的杂剧《北红拂》向冯梦祯作了介绍。按说，在母亲治丧的情况下，他最好不要提这类请教的事，但他考虑到冯梦祯年纪也大了，见一次很不容易，必须把握任何请教交流的机会。于是，他虚心地请教了一番。

当时的文人圈子以作曲、品曲、度曲为时尚，冯梦祯也不例外。他听了凌濛初的想法，立即给予了肯定：红拂女也值得重点来写，用北调来表现也很有想法。

凌濛初觉得，以前红拂类题材的戏曲小说中，虚构的情节太多。他想尽量写得真一些，征求冯梦祯的意见。

冯梦祯表示了肯定，但也提醒他，创新虽然很必要，但要有度，要符合主流评价标准。真实可信固然重要，艺术夸张也必不可少。他还建议凌濛初，写完后拿给汤显祖看一看，请汤显祖指导评价一下。

凌濛初知道，冯梦祯与汤显祖同为泰州学派罗汝芳的弟子，两人信件往来十分频繁，汤显祖称冯梦祯"明公"，便欣喜地答应，并请冯梦祯方便时先跟汤显祖打个招呼。

冯梦祯满口答应。他还表示，他认识不少戏曲界的人，会择机陆续为凌濛初推介。

冯梦祯的身边汇集了一批戏曲界的名流，有他的推介，那是求之不得的大好事，凌濛初再次表示感谢。

在与冯梦祯的交往中，凌濛初学到了很多戏曲方面的知识，对他后来的戏曲创作产生了深远的影响。无论是戏曲眼光还是鉴赏能力，冯梦祯都是一流的水平，有这样的名家指点，潜移默化便学到很多。

更重要的是，凌濛初通过冯梦祯进入了戏曲"圈子"，和很多戏曲界的名流有了联系。后来，他给汤显祖写信，并受到汤显祖的肯定和鼓励，对他的成长和成名都至关重要。

送走冯梦祯，凌濛初继续为母亲守灵。他万万没想到，他与冯梦祯的这次会面，竟然是他们的永别，不久之后的年底，冯梦祯也去世了，享年五十八岁。

安葬完母亲不久，凌濛初就接到了冯梦祯逝世的讣告，赶紧赴杭州吊唁。短短的时间里，突然与冯梦祯阴阳两隔，让他悲伤之余也感叹生命的脆弱，也更坚定了珍惜时间努力学习的决心。

万历三十四年（1606），农历的丙午年，又是一个乡试年。凌濛初返回南京，继续他的学业。这次，他可能是只身来南京，儿子凌琛还小，妻子沈氏要照顾孩子，不便随他飘泊。

回到南京，凌濛初就给父亲的好友、曾做过工部主事的邹迪光写了一封信，请邹迪光给父母的墓碑写份碑文。后来没收到回复，怕邹迪光没收到，便又写了一封。

邹迪光是无锡人，字彦吉，号愚谷，万历二年进士，授工部主事，官至湖广提学副使。罢官后回到无锡，在惠山之麓建了一座宅院，经常与有名的公卿文士在这里聚会。他与凌迪知都做过工部主事，经历也有很多相似之处，性格脾气可能也比较相投，因此，便答应了凌濛初拜托他的事，并给凌濛初回了一封信——

两读华械，词菀纤缛，意旨绸缪，想见欧余苕霅之间有人焉，如休文叔庠而企慕可知也。惟是长年寝瘵，阖户不出，盈盈一水，视如瀛海，亡能操刀子，问字门庭，有仰屋叹怅事而已，碑文之托本非中郎焉，表有道门下用，以覆瓿则可，以登石则不可，管城君大佳，十矢可当十金，即不佞临池技拙，将宝爱之，不啻漆管绿沈耳！

这封信后来收入邹迪光的著作《调象庵稿》中。在信里，邹迪光盛赞凌濛初的文学素养，写了不少溢美之辞。"欧余"指的是欧余山，"苕雪"为苕溪、雪溪两条河，都在凌濛初的家乡；"休文"指的是沈约，"叔庠"则指吴均，都是南朝著名文学家、史学家，也都是吴兴人。他用"欧余""苕雪"来表达凌濛初声名之广，用"沈约、吴均"来衬托凌濛初声名之高，确实已经很"抬举"凌濛初了。

邹迪光又强调了一下身体不适，说了一些谦词，但最后还是同意了写碑文的事。很快，他就写了《明缮部员外郎绎泉公凌先生暨元配包宜人合葬墓碑》，后来也收录于他的著作《调象庵稿》中。

这年虽然是乡试年，凌濛初也做了长达六年的准备，但因为母亲病逝、准备不充分等诸多原因，他还是放弃了这次考试的机会。

他仍住在珍珠桥，继续在国子监读书，涉猎的范围也更广了些。这期间，他读到了一本好书，并对其产生了浓厚的兴趣。

第三章

秦淮河畔竞风流

1. 第一部学术著作

凌濛初读到的这本书，是南朝范晔的《后汉书》。此书是一部记载东汉历史的纪传体史书，分十纪、八十列传和八志，主要记述了上起东汉的汉光武帝建武元年（25），下至汉献帝建安二十五年（220），共一百九十五年的史事，与《史记》《汉书》《三国志》合称"前四史"，是最重要的史书之一。

凌濛初欣赏此书的一个重要原因，就是作者的创新。南朝时期的历史学家范晔在编撰此书时，虽然大部分沿袭《史记》《汉书》的体例，但他根据东汉历史的具体特点，又有所创新，有所变动。首先，他在帝纪之后添置了皇后纪，因为在和帝之后，连续有六个太后临朝，把她们的活动写成纪的形式，既名正言顺，又能准确地反映当时的政治特点；其次，此书新增加了《党锢传》《宦者传》《文苑传》《独行传》《方术传》《逸民传》《列女传》七个类传，在纪传体史书中专为妇女作传。尤为可贵的是，《列女传》所收集的十七位杰出女性，并不都是贞女节妇，还包括并不符合礼教道德标准的才女蔡琰。

凌濛初读得正起劲时，想起了父亲的朋友、吴中著名文人王穉登。万历二十二年（1594），王穉登曾与陆弼、魏学礼等被召参与修史，可见其对历史的研究被广泛认可。他知道王穉登当时正在南京，便专程前往拜访请教。

见面后，凌濛初把读《后汉书》的感想与王穉登进行了交流，并谈了自己对史书的一些理解。他觉得，范晔对人物的评价较为客观，很多论述不失公允，较为真实地记载了后汉不少人物的生平事迹。

王穉登表达了同样的看法。他也觉得，和其他史书对比，范晔没有完全凭借自己的喜好来过度地褒扬或者贬低某类人；但他也指出，因为范晔出身书香世家，书中还是有意无意地拔高了名士，贬斥了宦官。

凌濛初很认同王穉登的说法。他认为，范晔为名士们的某些极端行为开脱，称宦官为"刑余之丑"，但也批评袁绍遍诛宦官是"以暴易乱"，肯定了宦官中"亦有忠厚平端，怀术纠邪"，言论算是很中肯了。

王穉登则强调了《后汉书》的文学性。他觉得，在描写人物时，范晔是不遗余力的，成功地塑造了许多栩栩如生的人物；另外，范晔在前后内容上剪裁得体，叙述绝不雷同，阅来毫无冗赘之感，的确算是正史中难得的佳作。

凌濛初则坦率地指出了他发现的《后汉书》的美中不足：列传部分的结构编排比较散。比如宗室诸王的传记，在《史记》《汉书》中虽然也按时间先后顺序散排入各卷，但它们有"表"来进行专门的汇总，《后汉书》既缺"表""世家"等形式，本可以通过几个连续的卷号把它们放在一起，可范晔没有这样做，而是将它们散排入列传第四、三十二、四十、四十五卷中，这就使整个结构框架体系失于散乱。

王穉登表示赞同。

二人相谈甚欢，从形式到内容，从细节到语言，都进行了充分的交流。最后，王穉登建议凌濛初，试着把这些想法写下来，供学生们赏鉴。

凌濛初答应着，也虚心地请前辈指导。

王穉登答应，书成之后他给作序，还可以帮着找刻印的书坊。

凌濛初大喜过望，再三表示感谢。

于是，在王穉登的鼓励和支持下，凌濛初开始对《后汉书》进一步研究，重新编纂评点。

凌濛初做的工作主要是精简。他把全书的一百二十卷摘纂为十二卷，约取原书的十分之一。"志"部分由三十卷删为一卷，"纪"和"传"删得也不少。当然他也补，不仅评点原著的优劣，还注重细节描写，让史实和故事更生动形象。他在《后汉书纂》的《凡例》中写道：

马班之史，披锦难于裁绮；蔚宗之书，排沙可以简金。矧累牍长篇，只增目涸；藻文雄论，殊益腹笥。览其存者，已摭东汉之长；至其去者，亦藏蔚宗之拙。

如《典引》诸篇，《两都》诸赋，人已素知，作蠹卷亦不复汗牛。《燕然山铭》，已入《昭明》之网，然以录事功而及其文。第五伦《疏》，颇经续选之书，然以未雅驯而芟其陋。他如《应问》《达旨》等作，时录时遗；《显志》《慰志》等赋，或取或否。元叔诗入传中，用备史氏之学问；文姬诗赘传后，自作词家之珠玑。去留俱别有见，披读应自会心。

《昌言》《政论》《潜夫论》俱有完书，已行海内，蔚宗所收，未必无砾可汰，蔚宗所去，未必无珠或遗，均无足凭，概不入录。欲博于见，当览其全。

割裂史传，本真氏之滥觞；添增标目，更末学之陋习。然既伤其全，恐难得其绪。故本题之下，系以各目，使既芟之后，犹自成书。

书之有纂，故以便观。纂之留注，反为碍目。妄加圈抹，已病涂鸦。肆入衰评，只增牛汗。并不敢仍，意或有当。

字句陆离，先大夫已著《汉隽》之续；事行奇诞，稗官家故多《述异》之书。故藻缋之辞章有录，琐屑之语事无存。

斯纂蕲于便读，漫尔芟烦，审于采精，匪同袭旧。定使海内具眼，顿觉全书之冗；千秋正史，不嫌删述之偏。心既殚矣，见或陋焉，亟欲公人，难逃罪我。

吴兴后学玄房凌濛初谨识

通过删繁就简、排沙拣金，凌濛初让《后汉书》旧貌换新颜。更为重要的是，他让《后汉书》更通俗化、小说化，也就是更好读了。北京大学中文系教授潘建国在《明凌濛初尺牍真迹考释》中写道："这是一种鲜明的小说家倾向，事实上，《后汉书纂》的某些章节，已与当时的历史演义小说颇为接近。"（《文学遗产》2001 年第 5 期，第 133—136 页）

《后汉书纂》编完后，凌濛初想找个名人写序，正好姑姥爷吴梦旸来了。

在凌濛初寓所的书房"玉光斋"，二人促膝长谈，赏鉴图书。吴梦旸对戏曲很有研究，对凌濛初写的《北红拂》等几个剧本很欣赏，听说凌濛初又编了一本史书，也很感兴趣。

凌濛初顺水推舟，便提出请吴梦旸写序言的事。

吴梦旸有些犹豫。他坦率地表示，他对史书缺乏研究，力度不够，他愿意给凌濛初推荐一个人，一个名气比他大得多的人。

吴梦旸推荐的，是他的朋友，当时著名的戏曲评论家、诗人潘之恒。

潘之恒，字景升，号鸾啸生、冰华生，安徽歙县人，嘉靖间官至中书舍人，两试太学未中，从此研究古文、诗歌，恣情山水，所过必录。他总结、分析了戏曲表演艺术的经验，提出了一些很有见地的观点，丰富了中国戏曲理论宝库，是当时南京文人圈里举足轻重的人物之一。

吴梦旸来一趟南京，还要去看看老朋友们，顺便也带着凌濛初，让凌濛初多认识一些人。在拜访潘之恒时，他便带上了凌濛初。

潘之恒比凌濛初年长四十多岁，但平易近人，没有什么架子，又有好朋友吴梦旸引见，因而对凌濛初很客气。他听说凌濛初也写戏曲，便就戏曲与凌濛初交流，当然可以算是对凌濛初的指导。

凌濛初一直想换换话题，说说他的《后汉书纂》，并提出请潘之恒写序的事，可潘之恒说起戏曲，滔滔不绝，他也不便打断。

吴梦旸看出了这种尴尬，便打断了潘之恒，帮凌濛初求序，凌濛初也赶紧附和。

潘之恒明白了二人的意思，但得知凌濛初原本想找吴梦旸写，便没答应，还是坚持让吴梦旸写。

吴梦旸和潘之恒相互又谦让了一番，最后还是说定由吴梦旸来写。

可是，吴梦旸离开南京后，很久也没有消息。过了一段时间，复元上人来访，凌濛初特意写了一封信，请他带给吴梦旸，询问序言是否已挥毫完成。

这封信，如今还收藏在上海图书馆，一九八二年上海古籍出版社出版《拍案惊奇》时，还将其摄入书影。凌濛初在信中写道：

> 日者把臂深谭，漏尽不倦，更出图书，鉴赏玩索，此境界大与俗殊。征桡去急，令人想郭有道坐处犹有余香耳。拙词聊寄牢骚，恐金石非宫商中声，徒供覆瓿。不经高名之士，何以重于世？请得一言弁其端，已蒙俞允，不识曾一挥毫否？蔚宗《书纂》，亦得雄文，俾足金口木舌，要当有买椟而还珠者，然不可谓非卖珠者用心也。门下亦不惜搦管否？恣上人飞锡造门，道经荒斋，聊作八行却寄，语殊不庄。表甥凌濛初稽颡允兆先生大人词坛。

在这封信中，凌濛初巧用买椟还珠的故事，极言吴梦旸写序的价值，以及自己期待这篇序的心情。

复元上人把信带走后，凌濛初又等了很长一段时间，还是没等来吴梦旸写的序。相反，吴梦旸再次推托，建议凌濛初找王穉登写，并说出了三点原因：一则王穉登对历史研究较多，二则在相关领域名望更大，三则凌濛初与他也很熟悉。

凌濛初听吴梦旸这么一说，也觉得很有道理。先前他已经找王穉登请教过，只是怕太打扰他老人家，没好意思再去求序，现在看来只能再去求他了。于是，凌濛初便带着书稿，再次拜访了王穉登。

王穉登听凌濛初说明来意，立即答应了写序的事。他认真阅读了《后汉书纂》的书稿，对此书大加赞赏，并欣然为之作序——

> 《后汉书》无纂，纂之自余友凌玄房始。
>
> 《后汉书》可纂，《前汉》及《史记》不可纂。子长、孟坚以汉人撰史，其文竟，其事核，其义高且古，如宋玉《美人赋》所谓增之一分则太长，减之一分则太短，故云不可纂。蔚宗以六代人撰汉史，其文靡，其事舛，其义悠悠而不振，故云可纂。
>
> 纂而出于玄房手，犹丹萤化于腐草，紫磨炼于顽铁，况非腐非顽者乎。讵起六朝之衰，成一家之论哉……玄房此编，若挹彼注兹，截长补短，芜词秽义，去之如扫败箨；锦字绣句，采之若撷朝英。凫非鹤续，既不两伤；鱼以熊捐，遂成独美……玄房之鼎，可函太牢，乃以烹鸡小用，岂不惜哉。请如禅宗言，当作河东狮子吼，令百兽辟易，安事牙后为慧乎。
>
> 太原王穉登撰并书

在序中，王穉登盛赞凌濛初"化腐朽为神奇"，可以成一家之言。这样的评价，对初纂史书的凌濛初来说，确实已经够高了。

得到如此赞扬，凌濛初兴奋不已，在很多场合极言王穉登这篇序的价值，毫不隐讳，也算是借此有意宣传。

在王穉登的支持下，《后汉书纂》由南京周氏刻书坊刊刻行世。

这是凌濛初的第一部学术著作，共十二卷十六册，现仍存于世（北京师范大学图书馆和浙江图书馆都有收藏，半页八行，每行二十字，黑色单鱼尾，四边单栏）。

《后汉书纂》刊刻后，好评如潮。凌濛初的知名度因之越来越高，让他有机会结交更多的文人名士，他的寓所也来了不少拜访的客人。

走进凌濛初寓所的客人，主要是文人，很多还是他在国子监的同学，大多是来与他谈论戏曲和史书。可是，也有一个例外，让凌濛初本人都感到意外而惊喜。

这个例外，是一位风姿绰约的妙龄美女。

2. 又见红颜

寒来暑往，春去夏归，转眼进入了万历三十五年（1607）的夏天。

这年的南京似乎特别闷热，凌濛初的心情也常常烦闷。他独自客居南京，颇感孤独寂寞。夜深人静时，他除了思念亲人，也常想起在苏州认识的妓女，那位一见如故的红颜知己。他万万没想到，这位红颜知己竟然找上门来，与自己相会。

这天，凌濛初正在读书，突然响起了敲门声。他开门一看，门口站着一个妙龄女子，竟然是他正在思念的人。他不由怀疑自己的眼睛，擦了擦后再看。只见她嫣然一笑，继而也抬手擦眼睛，分明是流了泪，激动或委屈的泪。

原来，她也和凌濛初一样，念念不忘凌濛初，幻想凌濛初能够再来相会，幻想凌濛初能够把她带出妓院，从此再不分离。可是，她不知道，凌濛初因丧母和求学，没机会再去苏州，自然也不会去看她。在相思中，她意外地碰到了凌濛初的一个朋友，从而获知了凌濛初在南京的住处。于是，她就鼓起勇气，主动来找凌濛初了。

凌濛初忙不迭地把她让进房间，便自然而然地把她拥在了怀里。

缠绵良久，凌濛初才让她坐下休息，为她端茶倒水，问她别后情况。寒暄中，他不解地询问她，是怎么找到他的？

她灿烂地笑了，委婉道："只要想找，总是有办法找到的。"

凌濛初觉得很不好意思。作为一个男人，出入自由的男人，要想去找一个有固定住所的女人，可以说比较简单，而他没能走出这一步。反而是身陷青楼的她，竟然千方百计跑出来，跑到几百里外的南京找他，他不能不为她的真情而感动。

他默默地又拥抱了她，不再问类似的问题，只想享受欢聚的时光。

凌濛初的住处有一架锦瑟，是夫人沈氏当年在这里小住时置备的，但已很久没人弹。她的到来，又让这架瑟有了用武之地。

她用心地擦拭了瑟面，右手拨弹瑟弦，左手按弦取音，沉静旷远、低缓悠长的瑟声便响了起来。她用心地弹了一支彼此熟悉的曲子，瑟声既淳和淡雅，又清亮绵远，意趣高雅，乐而不淫，哀而不伤，怨而不怒，温柔敦厚，顺乎自然，形式中正平和，无过无不及，耐人寻味。

凌濛初听着瑟声，渐渐物我两忘，进入一种超乎音乐之上的意境，体验到了"天人相和""无言而心悦"的感觉。

接下来的几天里，他们以"故人"相称，重温"旧事"。于花前交谈，于月下抚瑟，相依相偎，情意绵绵。可是，缠绵了没几天，妓院的人找到了苏州妓，并逼迫她离开南京回苏州。

苏州妓走了，凌濛初陷入深深的思念和痛苦中。几天的会面，给孤寂的凌濛初带来了欢乐，但别离的伤感又让他觉得更加孤寂了。坐在玉光斋里，看着窗前的明月，他不由思绪万千。于是，他提笔写下了《南吕宫·梁州新郎·惜别》等一套戏曲，后来收录于冯梦龙的《太霞新奏》卷六，也收入他自己所编《南音三籁》，题为《乍会惜别》。在套曲前的小序中，他写道：

> 余身作秣陵之旅客，心系吴门之故人。正苦孤踪，忽来仙旆，两情俱畅，一意为欢。猛传突起之猇枭，竟致顿归之狼狈。徒使青衫湿泪，反看绿鬓蒙尘。不禁寂寥，谩形歌咏。

这篇小序中的"秣陵"，指的是南京。秦始皇统一六国后，在南京一带置秣陵县，作为江南政治、经济和文化中心，直至三国时，孙权才把秣陵改为建业。"吴门"指的是苏州。大意是他客居南京，思念苏州之"故人"，也就是套曲中所写的苏州妓。正当他苦于找不到她时，她却突然来了，于是"两情俱畅，一意为欢"。然而，她并不自由，不久就因为被"獍枭"（传说中食父、食母的恶兽，常喻不孝或忘恩负义之人，在这里代指妓院的人）所逼迫，而狼狈地回去了。他很伤心，以致"青衫湿泪"，她也"绿鬓蒙尘"，不由让他再度陷入寂寞愁苦的心境中，于是写了这首套曲。套曲由六支曲子组成——

担囊京国，闲吟空院，追忆芳尘凄怨。柔肠断处，从天降下辒輬，依旧自腰欺弱柳，步蹑金莲，歌罢桃花扇。相逢先一笑，态嫣然，夜月轻弹廿五弦。方欢会，合心愿，被罡风吹得朝云变，消沮事陡然见。消沮事，陡然见。

【前腔】袄祠烟烈，蓝桥波溅。衣带从今宽展，搴帏伫望，残膏剩馥依然。镇自把灯前絮语，枕畔盟言，梦里空敷演。高山流水调，有谁怜？闲尽相如绿绮弦。

【前腔】启朱唇频诵新编，露纤手时镌秦篆。这风流旖旎，总堪留恋。还记得，呼名低应，偎脸微酡，拍板喉轻啭。挥毫空落纸，似云烟，谁谱新声被管弦。

【前腔】拼沉醉有酒如泉，恰欠伸残灯空颤。剩罗帷绣幕，竹奴为眷。还念他，长途炎日，旅舍凄风，暗损如花面。千般无意绪，总堪捐，一任蛛缠锦瑟弦。

【节节高】熏笼懒自燃，静无烟。和衣乱倒孤衾寒，涎空咽。枕递迁，颐支遍，颠来倒去浑难便，挑灯索候催银箭。未审相逢是何时，不觉腹中车轮转。

【前腔】终宵思黯然，想从前。懵腾一会心惊战，闻声啭。恍并肩，欢相见。原来是梦魂闯入蓬莱院，虚无缥缈和卿面。

【尾声】从来好事多更变，最苦是蚊雷成阵打盘旋，又凑个不作美的迢迢未曙天。

在套曲中，凌濛初先写了自己旅居南京的寂寥，又写了与苏州妓相会时的缠绵之情，可以说情真意切。然而正当欢会谐愿之时，平地起风波，破坏了美好的一切，两人不得不执手泪别。此后，他写了离别后的百无聊赖和惆怅失落，曲中的"袄祠"是拜祭火袄神的地方，"蓝桥"是唐裴航遇仙女云英处，借此说明感情遭到了挫折。与她再次离别后，脂粉的香气尚残留在衣被间，枕畔的甜言蜜语依然萦绕在耳边，但她却已不见踪影，整个房子静悄悄的，被窝也是冷的。他和衣躺在床上，只好在梦里重温那欢乐时光。梦是如此美好，梦醒后却惆怅难挨。他难忘酒酣脸红、相依相偎、婉转歌唱的情形，牵挂她在烈日中旅途的劳顿，不由感叹"从来好事多更变"。

孤寂中，凌濛初只好到书里寻找慰藉。当时，他崇敬的戏曲大师汤显祖刚刚出版了新作《玉茗堂文集》，他便买来拜读。

3. 汤显祖的赞誉

关于汤显祖，凌濛初最初是听冯梦祯说的。

冯梦祯很了解汤显祖，对汤显祖的才华和品德都很欣赏，也为汤显祖科场不顺鸣不平。他曾对汤显祖的考官沈自邠说："你的门生不会有人超过汤生吧？"沈自邠由衷地点头认可。

汤显祖出身于江西临川的一个书香之家，十四岁进学、二十岁中举，三十四岁中进士，先后任南京太常寺博士、詹事府主簿、礼部司祭司主事等职。在仕途生涯中，他屡遭横议，被贬职、罢官，万历十九年（1591）因上书抨击朝政而受处分，贬为广东徐闻县典史，万历二十一年（1593）转为浙江遂昌知县，五年后弃官回家。万历二十九年（1601）正月被罢职，回到了家乡临川。

回到临川后，汤显祖从城东文昌里旧宅搬出来，移居到相隔两公里的城内沙井新居——玉茗堂，在那里专心从事戏剧创作。在玉茗堂，他创作出了后来让他名垂青史的"临川四梦"，即《紫钗记》《牡丹亭》《南柯记》和《邯郸记》。其中，《紫钗记》是他创作的第一部完整的传奇，来源于他做官前创作的处女作《紫箫记》，在南京太常寺博士任上易名为《紫钗记》，回到临川又删削润色而成。《牡丹亭》是一部高扬"情至"说、歌颂男女自由恋爱的戏曲作品，体现出一种反叛意识;《南柯记》《邯郸记》对腐朽的社会进行了无情的嘲弄和揭露，寄托了他的理想和对官僚制度的痛恨。他通过写梦的手法，来刻画人间世相，描绘人生，使作品更具艺术性和思想性。

经冯梦祯的推荐，凌濛初读了汤显祖的《牡丹亭》《南柯记》和《邯郸记》等几部作品，感觉确实很好，尤其是注重本色等方面。后来他在《谭曲杂札》中，极力称赞汤显祖的戏曲创作:"颇能模仿元人，运以俏思，尽有酷肖处，而尾声尤佳。"《玉茗堂文集》中有汤显祖很多具体的想法和看法，也让他受益匪浅。

在读书的过程中，凌濛初又想起了冯梦祯曾经说过的话，让他把作品寄给汤显祖看看。于是，他修改了旧作《北红拂》，又把刚创作的四个剧本整理了一下，一起寄给了汤显祖。

汤显祖很快给他写了回信(《答凌濛初》，见《汤显祖集》，上海人民出版社 1973 年版，第 1344 页)——

　　不佞生非吴越通，智意短陋，加以举业之耗，道学之牵，不得　意横绝，流畅于文赋律吕之事。独以单慧涉猎，妄意诵记操作。层积有窥，如暗中索路，闯入堂序，忽然溜光得自转折，始知上自葛天，下至胡元，皆是歌曲。曲者，句字转声而已。葛天短而胡元长，时势使然。总之，偶方奇圆，节数随异。四六之言，二字而节，五言三，七言四，歌诗者自然而然。乃至唱曲，三言四言，一字一节，故为缓音，以舒上下长句，使然而自然也。独想休文声病浮切，发乎旷聪，伯琦四声无入，通乎朔响。安诗填词，率履无越。不佞少而习之，衰而未融。乃辱足下流赏，重以大制五种，缓隐浓淡，大合家门。至于才情，烂漫陆离，叹时道古，可笑可悲，定

时名手。不佞《牡丹亭记》，大受吕玉绳改窜，云便吴歌。不
佞哑然笑曰：昔有人嫌摩诘之冬景芭蕉，割蕉加梅，冬则冬
矣，然非王摩诘冬景也。其中骀荡淫夷，转在笔墨之外耳。
若夫北地之于文，犹新都之于曲。余子何道哉！

在这封回信中，汤显祖首先回顾了自己的戏曲创作，言及自己在写
作时的所感所悟。随后对吕玉绳改动自己的《牡丹亭》大发牢骚，通过
诉说自己的戏曲创作成长历程，来说明自己对戏曲创作所应遵循法则的
看法。最后，他对凌濛初寄给他的作品给予了高度评价，又说了很多鼓
励的话。

凌濛初和汤显祖是否会过面，没有明确记载。无论在戏曲创作历程
上，还是在戏曲创作主张上，二人都有相似之处，也存在着一些差异，
汤显祖对凌濛初在创作取向与其不同之处无意指责，更多的是勉励。可
见，作为文坛前辈的汤显祖，当时是很看好凌濛初的，他的指导和鼓励
对凌濛初的戏曲创作，无疑有着很大的影响。

凌濛初除了在戏曲上学习了汤显祖的很多长处，小说创作中也有过
借鉴。后来在《二刻拍案惊奇》卷十九《田舍翁时时经理　牧童儿夜夜
尊荣》中，他也是根据前人之作改编了一个梦，并在该卷入话的末尾写
道："所以古人寓言，做着《邯郸梦记》《桃花梦记》，尽是说那富贵繁
华直同梦境。"

凌濛初和汤显祖的信函交往，给明代戏曲史留下了一段佳话。

除了与汤显祖书信交流，凌濛初也经常拜访南京的文人雅士，尤
其是自己的同乡文人。其中，见面比较多的，是一个叫董斯张的文化
名流。

董斯张原名嗣章，字然明，号遐周，又号借庵，是乌程南浔人，与
凌濛初是地道的老乡。他也是官宦子弟，爷爷董份曾任礼部尚书兼翰林
学士，父亲董道醇曾任工科给事中，老师是朱国祯。不仅爷爷和父亲很
有影响力，哥哥董嗣成也是礼部主客司郎中，外公茅坤更是当时的著名

散文家、"唐宋派"领袖之一。

董斯张自称"瘦居士"。他身材清瘦，给人仙风道骨之感，而且经常独处，写文章也很讲"气节"。他朋友相对较少，但与当时许多文化名流也有交往，像吴郡的范长倩、松江的"华亭画派"代表人物董其昌、乌程老乡潘曾纮等。他喜欢写诗、吟诗、论诗，与曹能始、王亦房、韩人谷、范东生、孙孟朴等"结社联吟，力扶诗教"。

早在湖州时，凌濛初就认识了他，并与他成为朋友。

凌濛初比董斯张大七岁，他俩最初相识是通过朱国祯。因为朱国祯是董斯张的老师，凌濛初在一次拜访朱国祯时见到他，并有一定的交流。他们还谈起吴梦旸和复元上人，算是共同的朋友，一下子亲近了许多。另外，董斯张的夫人，也是竹溪沈氏，论起来与凌濛初的夫人是一个家族的近亲，这又拉近了彼此的距离。

因年龄相差不大，又都出身名门，寻求科举，他们有很多共同语言，交往就渐渐多起来。晟舍到南浔只有三十多里路程，来往很方便，董斯张经常到晟舍看凌濛初，凌濛初也经常回访，一来二去，关系越来越密切。

有一次，董斯张生了病，凌濛初听说后就去看他，并带上好酒好菜，给他改善伙食。为此，董斯张欣然赋诗一首，名为《凌濛初载酒至》：

经旬病未了，
抱影北村阿。
稍得故人忆，
兼携名酒过。
衔杯写灵绪，
入夜助悲歌。
共子酣溪月，
归船系竹坡。

这首诗详细记述了这次会面的细节。诗中写到了凌濛初来访是带了名酒的，想必不是一般的酒，让董斯张印象深刻。诗中还写到了他们"泛舟月下，共醉溪边"，从一个侧面写出了当时二人的友情之亲密。后来，这首诗收入董斯张诗文集的《绪言》之中。

凌濛初到南京后，董斯张也来到南京。他乡遇故知，他们之间交往更多，交流的范围也更广泛。

董斯张喜欢读书论诗，也喜欢狎妓青楼。冯梦龙曾在《太霞新奏》卷七《为董遐周赠薛彦生》中，记载过董斯张与男妓薛生的恋情："苕溪董遐周来游吴下，偶于歌筵爱薛生，密与订晤。舟次夜半，而薛生冒雪赴约，情可知矣。一别三载，遐周念之不释，物色良久。忽相遇于武陵，突而弁矣，丰姿不减。余目击其嘘唏之状，因为词述之。"

凌濛初在与董斯张的交往过程中，在秦淮河畔认识了一个才色双全的歌妓，不知姓甚名谁，权称"秦淮妓"。

4. 薄命秦淮妓

凌濛初与这名秦淮妓一见钟情，一起度过了一段欢歌调笑、诗酒风流的快乐生活。

凌濛初最初走进青楼，是在朋友的带领下偶然而为，后来经常去青楼，可能与他的婚姻有关。他的婚姻和当时传统的婚姻一样，也是"父母之命，媒妁之言"，与妻子沈氏洞房花烛之前，根本没见过。结婚后，婚姻生活极为枯燥，让他这个有着浪漫情怀与艺术情操的文人难以忍受。在书中，他读到了李白、杜牧、柳永、苏轼、白居易等大文豪的风流韵事，知道他们都曾在青楼中找到过自己的梦中情人，并收获了刻骨的爱恋；在现实中，他听说了潘之恒与秦淮名妓南华的恋情、冯梦龙与苏州名妓侯慧卿的故事，缠绵神交让他们文思泉涌。于是，跳出婚姻枷锁，到青楼寻找那份让人渴望的温馨与浪漫，也成了他的梦想和希望。

依照明末的道德标准，文人涉足青楼狎妓，甚至娶妓为妾，并不为奇，还存在一些精神文化层面的因由。可是，凌濛初刚刚找到了一些温馨和浪漫，就因为突然的变故，演变成无尽的痛苦和哀伤。

秦淮妓突然得了急病，不治而亡，凌濛初伤痛之余，作套曲《南吕宫·香遍满·伤逝》表示挽悼——

芳时轻度，流光自来如辘轳。把皓齿明眸容易误，可憎人已无。风流分已孤，英雄泪欲枯，这冤苦凭谁诉？

【懒画眉】锦浪愁看戏双凫，忍听垂杨聒晚乌，凄凉更自恨居诸。天公独解将人妒，只拣心疼的便下手毒。

【商调·梧桐树犯】潘安果几多？沈约腰如许。张敞何郎，一个个揉碎了姻缘簿。也是无端撞入桃源路，一笑相逢，便自情意孚。（五更转）乘槎巧向银河渡，月夕花朝，镇把琴心厮诉。

【南吕·浣溪沙】理旧弦，酬新曲，傲杀他卓女当垆。灯前看绣青鸾谱，席上同倾绿蚁壶。良宵度，也怀揣道秀才们何处福，到今日生闯入怨府愁窟。

【刘泼帽】西风一夜娇花仆，美前程到此嚣虚。夜台前犹试他金莲步，冥使符生板障阳台路。

【秋夜月】空叹吁，恁恩情成画虎。蕙帐鸾床都如故，博山沉水闲无数。那里是他去所，怎生为咱计处？

【东瓯令】空有行云赋，会真图，拟得崔徽旧日模。死临侵尽着霜毫秃，写不出千愁簇。颠来倒去眼模糊，百忙里响铜壶。

【金莲子】待如初，问还丹道士在甚途？便能助玉人儿体苏，也赎不了拥衾裯独、弯蜷肠断一春余。

【尾声】月明徒倚空庭步，影随身还疑伴侣，怎禁得划地回头一个无。

这套散曲由八支曲子组成，不仅被凌濛初自己选入《南音三籁》散曲卷中，也被张楚叔、张旭初编选入《吴骚合编》卷二，但都没有序言。

在套曲中，凌濛初用沉痛而伤感的笔触，挽悼一个突然去世的青楼女子。他和这个青楼女子可以说一见钟情，"一笑相逢，便自情意孚"，这个女子多才多艺，能"理旧弦，酬新曲"，可以和卓文君相媲美，"傲杀他卓女当垆"。他被她深深吸引，从此花前月下，共度良宵，"月夕花朝，镇把琴心厮诉"，"灯前看绣青鸾谱，席上同倾绿蚁壶"，彼此心心相印，眷恋"蕙帐鸾床"……然而，好景不长，女子突然得了重病，"天公独解将人妒，只拣心疼的便下手毒"，竟然就旦夕命赴黄泉。

在套曲中，凌濛初深深地自责，叹自己没能好好珍惜那段美好时光，"芳时轻度，流光自来如辘轳。把皓齿明眸容易误"。他还充分抒写了永别后的愁苦心情，"可憎人已无。风流分已孤，英雄泪欲枯，这冤苦凭谁诉"？

那段时间，天色一近黄昏，凌濛初便思恋更重，总像往常一样，信步往他们曾经相会的地方徜徉。他不愿让别人知道，独自前往，睹物思人，更觉无比凄凉。他不忍看绣被上成双成对的青鸾神鸟，不忍心听暮色中乌鸦的鸣叫，更不忍心回味那个女子的音容笑貌。

恰逢月明之夜，他在月色下踽踽独行，恍惚间竟把自己的影子误以为是她，"月明徒倚空庭步，影随身还疑伴侣"，然而定睛一看，再回头四顾，才知道只是自己思念至痴。

夜深人静，他独自一人睡在大床上，在偌大的被窝里蜷曲而卧，就更加思念曾经睡在他身边的那个人。春寒料峭，他觉得又冷又心痛，不由发出"肠断一春余"的慨叹。他甚至妄想世间真的有鬼神，期望哪里真有得道之高僧或道长，能助"玉人儿体苏"。

朋友们看到凌濛初如此用情，都纷纷安慰他，并为他感动。董斯张还特意为他作了一组诗，题目是《叹逝曲为凌濛初赋》——

> 白袷少年才如虹，
> 存毫未腐千秋空。
> 相交酒人古风气，

两两调笑城日红。

乘船小妹杨柳下，
拂面留卿手轻把。
玉儿掩泪骄齐王，
西陵油壁连骢马。

秦淮桥边醉芰荷，
笑言半合还复歌。
双魂缠绵奈何许，
南山有石青嵯峨。

黑风折云鱼鳞碎，
绣凤楼空洞箫死。
营陵道人来不来，
梦草含烟泣春水。

在这组诗中，董斯张先写凌濛初"白袷少年"的形象，极言其才气横溢、气概不凡，还纵酒狂放，"相交酒人古风气"。凌濛初曾自号"酒人"，与魏晋时以喝酒出名的刘伶神交，"醒眼醉眼俱横绝千古"，他这么写，正好写出了凌濛初的个性和特点。

接下来，董斯张就写了凌濛初在秦淮桥边、荷花丛中，与自己心爱的青楼女子相会，天天纵情欢歌，缠绵缱绻。然而，"黑风折云鱼鳞碎，绣凤楼空洞箫死"，这位女子突然去世了，欢歌笑语、山盟海誓刹那间烟消云散，这让多情的凌濛初陷入悲痛之中。

这首诗重点写了凌濛初与这个女子诗酒风流的生活，与凌濛初套曲《伤逝》所表达的意思基本一致，起到了互相印证的作用，可以让后人更清晰地看到这个故事的来龙去脉。

这件事大概发生在万历三十六年（1608）前后，凌濛初的《伤逝》

或许写于这年的春天，而董斯张的这组诗可能写于这年的冬天。因为董斯张这首诗收入《静啸斋存草》卷四《留箧稿》，而《静啸斋存草》中的诗基本上是编年的，《叹逝曲为凌濛初赋》前面一首，是《戊申冬仲望四夕卧疾作》，有明确的时间（这年冬天），那基本可以断定这首诗的大致写作时间。

由这两首诗的写作时间，又基本可以推断，凌濛初因为秦淮妓的去世，长时间处于悲痛和哀伤之中，从春到冬，长达一年有余。

5. 结社吟诗

万历三十七年（1609）的春天，凌濛初仍在哀伤与思念中度过。随着春暖花开，天气渐渐变热，加之朋友们安慰与陪伴，他的心情才渐渐好起来。

风流倜傥又才华横溢，凌濛初的名气越来越大，许多在南京交游的名士，纷纷来拜访他。

初夏的一天，刚刚过了三十岁生日的凌濛初，迎来了一个重要的客人。在珍珠桥寓所，他接待了前来拜访的"公安三袁"之一袁中道。袁中道在其所写的日记整理而成的文集《游居柿录》中，记载了这次会面："珍珠桥晤湖州凌濛初，见壁间挂刘松年画，两人对弈，作深思状，相叹以为人物之工如此。近世自文衡山以后，人物不可观矣。"（《游居柿录》卷三《记金陵事》）

凌濛初的居所里，挂着刘松年的画。刘松年是南宋著名画家，后人把他与李唐、马远、夏圭合称为"南宋四大家"。他擅长画人物，所画人物神情生动，衣褶清劲，精妙入微。

袁中道在日记中提到这幅画，并有"相叹"之言，想必在与凌濛初会面时谈论过，并就刘松年的画技有一番交流。至于他提及的文衡山，指的是明代画家文徵明，那也是诗、文、书、画无一不精的名人，生平九次参加乡试均不中，最后以岁贡生参加吏部谒选，被授予翰林院待诏之职……

袁中道与凌濛初都有少年天才却屡试不第的经历，也算有共同语言，会面时可能也谈及经历差不多的文徵明。

袁中道和凌濛初一样，少年时就出类拔萃，六岁时就考中了秀才，"以豪杰自命"。可是，他成年后几次参加科举考试，都名落孙山，当时他已接近四十岁，仍在科举之路上奋斗着。

凌濛初也已参加过两次科举考试，但比起袁中道和文徵明，那算"小巫见大巫"。他与袁中道可能也谈及科举考试，聆听学习了袁中道的经验和教训，并从文徵明九次参加科考的经历中受到鼓励。

这次会面后，凌濛初重新振作起来，开始准备这年开考的乡试。

整整一个夏天，凌濛初埋头苦读，重温书香，渐渐找回了应试的感觉。可是，秦淮妓的音容笑貌还时不时地从他脑海里冒出来，不可避免地分了他不少心，应试准备可能算不上充分。

这年初秋，凌濛初在南京参加了第三次乡试，再次落第。

科场失意，举业不顺，凌濛初再受打击。为了摆脱苦闷的心绪，寻求刺激，他便经常走出家门，参加朋友们的聚会。

凌濛初参加的聚会，很多是潘之恒召集的。

自从在姑姥爷吴梦旸的引见下结识潘之恒后，凌濛初经常找潘之恒请教，并得到了潘之恒的不少指导和帮助。因为志趣相投，又经常在一起讨论交流，也一起玩乐，他们很快成了"忘年交"。

当时，潘之恒已经年过古稀，德高望重，身体很好，心态也很年轻。他喜欢召集年轻人聚会，一则提携帮助后辈，二则感受青春气息。他召集的人，大多是才子佳人，也有青楼名妓，其中还有当时艳名很盛的名妓朱无瑕。

朱无瑕是南京桃叶渡青楼女子，淹通文史，工诗善画，歌舞也很擅长。她在诗歌方面下过很大的苦功，每每出口成诗，让与之交游的文人们赞叹不已。钱谦益在《列朝诗集小传》中曾写道："无瑕，字泰玉……万历己酉，秦淮有社，会集天下名士，泰玉诗出，人皆自废。"

秋冬之际，在潘之恒的倡议下，朱无瑕、钟惺、林古度、韩上桂等人在秦淮河畔结社吟诗，凌濛初也加入了这个诗社。潘之恒在《亘史·外纪》卷六《朱无瑕传》曾有记载："己酉（万历三十七年），与泰玉结吟社者凡五，所集皆天下名流，粤之韩、楚之钟、吴之蒋若陈若俞、越之吴若凌、闽之二林。"其中"越之吴若凌"中的"凌"，即指凌濛初。

"粤之韩"中的"韩"，指的是韩上桂，字孟郁，号月峰，广东番禺人。万历二十二年（1594）举人，授国子监丞，后转任永平通判。性豪放，怡情诗酒，好填南词，辄于酒间放歌，有"万历间岭南第一才子"之称，著有《朵云山房遗稿》。

"楚之钟"中的"钟"，指的是钟惺，字伯敬，号退谷，湖广竟陵（今湖北天门市）人。万历三十八年（1610）进士，曾任工部主事，后官至福建提学佥事，不久辞官归乡，闭户读书，与同里谭元春共选《唐诗归》和《古诗归》，名扬一时，形成"竟陵派"，世称"钟谭"，著有《隐秀轩集》等。凌濛初认识钟惺后，受其影响很大，后来两次刻《诗经》，都采用了钟惺的评点本。

"闽之二林"指的是林懋和林古度兄弟。林古度，字茂之，号那子，别号乳山道士，福建福清人，与凌濛初同岁。诗文名重一时，但不求仕进，游学金陵，与很多名流交游，著有《茂之诗选》等；他的哥哥林懋，又名君迁，诗也写得很好，颇有文名。

在这次结社中，凌濛初认识了几位比较有名的诗人，尤其是美女诗人朱无瑕。只是，他还没完全从失去秦淮妓的阴影中走出来，心里自然无法装进其他人。再说，像朱无瑕这种名妓，也不是他这个一般监生敢觊觎的，他只是和大家一样，与她在一起玩乐。他觉得，跟这种才女聚会，他能在那种氛围中放松，还可以从她那里学到东西。

大家在一起作诗吟诗时，凌濛初以学习为主，可能也写过一些诗，只是因为诸多原因没能流传。后来他在《二刻拍案惊奇》中倒是让主人公写过诗，还是"四时回文诗"。在"卷十七"《同窗友认假作真　女秀才移花接木》，美女才子一唱一和——

花朵几枝柔傍砌，柳丝千缕细摇风。

霞明半岭西斜日，月上孤村一树松。（春）

凉回翠簟冰人冷，齿沁清泉夏月寒。

香篆袅风清缕缕，纸窗明月白团团。（夏）

芦雪覆汀秋水白，柳风凋树晚山苍。

孤帏客梦惊空馆，独雁征书寄远乡。（秋）

天冻雨寒朝闭户，雪飞风冷夜关城。

鲜红炭火围炉暖，浅碧茶瓯注茗清。（冬）

芳树吐花红过雨，入帘飞絮白惊风。

黄添晓色青舒柳，粉落晴香雪覆松。（春）

瓜浮瓮水凉消暑，藕叠盘冰翠嚼寒。

斜石近阶穿笋密，小池舒叶出荷团。（夏）

残石绚红霜叶出，薄烟寒树晚林苍。

鸾书寄恨羞封泪，蝶梦惊愁怕念乡。（秋）

风卷雪篷寒罢钓，月辉霜柝冷敲城。

浓香酒泛霞杯满，淡影梅横纸帐清。（冬）

　　凌濛初在这种诗社的氛围里，可能也会写出此类的诗，只不过一吟一笑，可能就如过眼云烟了。

　　通过这种集会，凌濛初认识了许多社会名流，也在与他们的交流中暂时忘记了烦恼。

　　可是，随着潘之恒离开南京回安徽歙县老家，韩上桂也回了岭南，诗社的活动就越来越少了。恰逢秦淮妓去世周年到来，凌濛初的相思之情又甚，尤其是深夜，经常辗转反侧睡不好。

　　有朋友劝他："见景生情，睹物思人，你换换环境试试，或许会有些效果。"

　　凌濛初一想也是，加之他早就想去趟洛阳，便简单地收拾了行囊，踏上了前往洛阳的行程。

谁也没有想到，凌濛初一到洛阳，就在那里认识了一位名妓，并很快与之情投意合。

6. 河阳姬的痴情

这个妓女是河阳（古县名，在河南孟县附近，南临黄河，是洛阳外围重镇）人，在洛阳的青楼里卖笑，能歌善舞，文心蕴藉，当地人"争挥买笑之金"，声名远扬。

凌濛初独自一人来到洛阳，住进了客栈。当天晚上，品尝了洛阳的美食后，他便走进青楼，品鉴当地的风月场所，并知道了业界大名鼎鼎的河阳姬。

于是，凌濛初慕名来访河阳姬。

在一座大房子里，当地的一些名流雅士聚在一起，听一个"长翠西子之眉"的女孩唱歌，看她跳舞。她的歌声不仅婉转动听，还特别用心用情，她的体态婀娜多姿，举手投足都带着韵律。她每唱一支歌，跳一曲舞，叫好声频频响起，缠头纷至沓来。

凌濛初听了她唱的几首歌，也像大家一样陶醉在她的歌声里。尤其是她的嗓音有一点点沙哑，神情略带淡淡的忧伤，正符合他当时的心境。他突然觉得，她似乎是为他所唱。再听她唱歌时，他似乎听到了心灵的共振；再看她跳舞时，他似乎看到了逝去的秦淮妓的影子。泪眼蒙眬中，他竟然把她当成曾经的恋人了。

凌濛初第一次来这里，觉得自己不便冒昧搭讪，就远远地站着，寻找接触的机会。可是，他没想到的是，她看到了他，并用热切的目光关注了他。在歌舞的间隙，她主动来到他身边，像老朋友一样问候他。

在交谈中，凌濛初知道，她虽然名声在外，但很清醒，很理智，知道这一切都不过是逢场作戏，并常为此黯然神伤。她不仅对业界的虚名很不屑，还担忧这种声名会拖累自己，害怕有一天会落入坏人之手。她经历过不幸的婚姻，还经常被欺骗感情，心里很空虚，正像刚刚失去情人的他。

一见钟情之后，凌濛初除了游玩洛阳的名胜古迹，其他时间都去看她。他默默地听她唱歌，看她跳舞，在她休息时，便与她说说话。在交流过程中，两人言语投机，相互吸引，很快便柔情蜜意地缠绵在一起。

凌濛初再次堕入爱河，河阳姬也觉得遇到了可托付终身之人。于是，他们彼此山盟海誓，结下三生三世之盟，即使家徒四壁也不在乎，任何挫折也无怨无悔。

好事多磨。洛阳有个官员对河阳姬垂涎已久，听说河阳姬钟情于外来的年轻人，特别气愤，便对凌濛初横加陷害。

河阳姬知道，凌濛初斗不过那个官员，怕凌濛初受到伤害，便劝凌濛初先离开洛阳躲避一段时间。

凌濛初想带河阳姬一起走，但河阳姬一时脱不开身，也怕一起走更惹怒那个官员，连累凌濛初，便约定来日再会。

临别之时，两人难舍难分。河阳姬信誓旦旦，从此会告别青楼，只等凌濛初回来。她还自比卓文君，"愿得一心人，白头不相离"。

送凌濛初离开洛阳后，河阳姬便放弃了青楼的生活，彻底收了心，过起了平常的日子，只等待他的归来。这期间，她承受了很大的痛苦和压力，不仅寂寞孤苦，还遭到了恶势力的摧残。但她信守诺言，不再向任何人屈服，也不再与任何人逢场作戏，心里只放一个他。在生活难以维持的情况下，她毅然效仿卓文君，远走南京寻找凌濛初。于是，二人终于团圆，莺燕双飞，真正走到了一起……

凌濛初与河阳姬的这段情感生活，他自己在套曲《南北合套·新水令·夜窗话旧》中有详细记述，后收入张旭初的《吴骚合编》卷四。他在套曲的《序》中写道——

余飘蓬浪迹，落魄余生。灭灶重燃，殊愧梁鸿负气；着裙卖赋，敢言司马多才。心未用于挑琴，眉岂期于举案。河阳氏者，标侠骨于芳丛，蕴文心于绮阁。扬声云遏，争挥买笑之金；敛袂风回，沓至缠头之锦。夷然如不屑意，黯矣而欲销魂。长鬈西子之眉，虑入沙奴之手。绸缪屡束，薄幸时遭。忽于四壁之家，独成满堂之目。漫因一诺，纵千金而不移，遂结三生，矢百折而靡悔。影伴屋梁之落月，梦离巫峡之行云。茸居以待征人，于茅索绹不言苦；阛阓而逢暴客，探囊箧俱云空。无非热兴怜才，竟尔息心皈命。但知盛名之下无虚士，不嫌天壤之中有王郎。因故园之欠西成，乃轻装而届南服。始营新垒，骄莺燕之双飞；时抚旧弦，绝螳螂之后捕。炉头酒热，窗下灯明。倾数斗以谈心，对三星而叙旧。谐之律吕，惭非白雪之章。传诸管弦，冀作丹衷之证云尔。

序言之后，这套散曲还有十支曲子，更加细腻地描写了当时的情景。

首曲【新水令】，以灯下相对、回忆往事开头，"夜窗相对一灯微，把从前悄然思忆。是情缘都落后，任侠骨总休提。待说因依，业身躯早扑地"。

第二支曲【步步娇】，写两人当初在洛阳的曲折相恋，情意难离，并定下了三生之约。"想当日无端间遭际，正值风波起。因缘在此期，一度追随一番迢递。即渐的意难离，莽思量许下谐姻契。"

第三支曲【折桂令】，写河阳姬把众多追逐自己的豪门贵族、官帽乌纱，视作莺花罗网、风月藩篱，偏偏看中运阻鹏抟、计同鸠拙的凌濛初。两人柔情蜜意、话语投机，但凌濛初说自己当时并不曾奢望如此盛名的河阳姬，能"嫁逐鸡飞"，追随自己。没想到河阳姬侠骨柔情，一诺千金，真的"一念皈依，更不支离"，不用媒妁通言，便委身凌濛初，"一霎里之子于归"。

第四支曲【江儿水】，以河阳姬的口吻写自己在青楼屡遭薄幸，曾被多人误。原来的那些都是逢场作戏，"脸闲的趁些风流趣，村沙的硬搅了温柔会，负心的白赖着牙疼誓，一抹地无根无蒂"，现在才找到了真正归宿。感叹自己为了情缘，险些堕落一生。

第五支曲【雁儿落带得胜令】，补充序中所言，详细写了凌濛初南归后，河阳姬为凌濛初清修自持、苦苦守候的情形："你为我被无端苦禁持，你为我受无干闲谈议，你为我把巧机关脱着身，你为我把亲骨肉拼的离，你为我含着泪数归期，你为我担着怕掩双扉，你为我将闷弓儿实丕丕心头系，你为我将画饼儿眼睁睁待疗饥。情痴，为寒酸图什么名和利；心机，镇朝昏自支撑饭共薤。"从河阳姬为凌濛初"担着怕掩双扉"，并结合【步步娇】曲中"想当日无端间遭际，正值风波起"等句来看，凌濛初离开河阳姬肯定是迫不得已。很有可能是有人为了河阳姬，与他争风吃醋，横加陷害。序中还谈到，凌濛初离开河阳后，河阳姬受到恶势力摧残，"阖阊而逢暴客，探囊箧俱云空"，这也可以佐证以上猜测。

第六支曲【侥侥令】，补充河阳姬"逢暴客"的情况，"君愁无两翼，妾恨有双眉，又被强徒生恶意。把衣装尽作灰，妾惊惶君未知"。暴客强徒为泄私愤，劫掠焚毁了她的衣物箱笼。

第七支曲【收江南】，是凌濛初得知河阳姬这一遭遇后的悲愤与自责："呀！早知道恁般样遭际呵，谁待要暂抛离。当不得东涂西抹自支持，南来北往费驱驰。更没些暇期，更没些暇期，险摧残一块望夫石。"这里有为生计四处奔波、不得空闲的意思。

第八支曲【园林好】，表达了盼团圆的这一信心。尽管好事多磨，但只要心坚似铁，定能脱却藩篱，莺燕双飞。

第九支曲【沽美酒带太平令】有两个版本。一是《吴骚合编》版本："故园芜无可依，办彩鹢却南飞，看两两双双定止栖。任馋口自涎垂，还堪笑浪游的，费缠头三心二意，强盟誓千方百计，乔说合十拿九离。俺呵，更相持举杯酌垒，消多少拂须解颐。呀，除非是鹔鹴裘，俏当垆，那人无愧。"二是《亘史·外纪》版本："故园芜无可依，办彩鹢却南飞，看两两双双定止栖。任馋口自涎垂，还笑他费缠头的三心两意，用红定的万转千回，强盟誓的七高八低，乔说合的十拿九离。谁似俺不媒自随，谁似俺莫催竞归。这事儿似钝锤作锥，那意儿似利铍切泥；这事儿似彩灰画奇，那意儿似紫衣夜离。美前程绣围锦堆，热心肠解衣赠绨。休论他手黄领蛴，休夸他黛眉玉肌。则相对举杯酌垒，消多少拂须解颐。呀，除非是鹈鹕裘，俏当垆，那人无愧。"

【沽美酒带太平令】以自豪的口气，热烈的情感，描述了这场轰动一时的恋情。开头用比喻，言男女双飞双宿，"看两两双双定栖止"。次言，别人巧取利诱都不成，而与我却两情相洽，"不媒自随""莫催竞归"，轻松顺利而致。最后，盛赞此女"手黄领蛴""黛眉玉肌"，无愧于"俏当垆"的卓文君。这是一个大团圆的喜庆结局，最后一支曲子【清江引】也说："而今总是姻缘矣，莫说恩和义，但作帐中音，常记灯前誓。惟愿取永团圆恁是喜。"

在套曲的序中，凌濛初曾写到河阳姬"因故园之欠西成，乃轻装而届南服"，与此曲的开头"故园芜无可依，办彩鹢却南飞"一致，都说明是河阳姬自己来南京找寻凌濛初；前面【收江南】曲中，凌濛初说自己南归后"没些暇期"，也侧面说明了这一点。

这支【沽美酒带太平令】曲，《吴骚合编》与《亘史》收录的内容差异较大。《亘史》成书时间比张旭初《吴骚合编》要早，套曲内容上可能更接近凌濛初原作。《亘史》的作者潘之恒是凌濛初的忘年交，故事的细节他可能知道得更多一些。再者，他勤于为女子立传，喜欢收集文人名士的风流韵事，凌濛初这件事，他自然不会放过，很可能私下会与凌濛初有所交流。

在《亘史》中，套曲的标题是《夜窗对话词》，但没有序言。不过，潘之恒特意在后面附了一段话，补充说明了这件事的若干细节。

潘之恒写道："黄玄龙庚戌（万历三十八年）闰月报札云：河阳姬踌躇百折，始委身凌生，才调相怜，即一犊鼻胜乌纱多多许。河阳能于此不动情，则凌生未肯甘落第二义也。"

黄玄龙是凌濛初和潘之恒共同的朋友，曾在南京一起游玩过。他的这一信札，不仅给凌濛初与河阳姬的爱情故事提供了时间背景，那就是万历三十八年（1610）闰三月时，这件事已经以"喜剧"收场；信札还间接地印证了一个情况，两人的恋情在当时士大夫间引起了关注和轰动。

这段话的内容显示："凌濛初曾和一官员同争河阳姬，河阳姬最后还是选择了凌濛初。凌濛初也是有情有义之人，前面辜负了两个红颜，都让他痛苦不已，这一个他不想再辜负了。"从众多资料来看，凌濛初可能没有辜负河阳姬，两个有情人走在了一起，一时传为佳话。

潘之恒的《亘史·外纪》中，除了这套散曲，同时还收入了凌濛初写的一篇赋《惑溺供》，与套曲相互应和，又补充了故事的细节和主人公当时的所思所想。

"供"是受审时陈述案情，"惑"指惑于女色，"溺"指溺于儿女私情。文章以自供为名，实系自赞。全文如下：

或责即空观主人曰："豪举之夫不靡，旷观之士不染。人亦有言，蟹行索妃，旁行求偶。以若所为，何惑溺之甚也？"主人曰："主臣有之。盖闻惑眇者以天下为多目，惑暗者以天下为多声，况于宋玉之邻，司马之主。两情自愉，何能已已！已不能解，人不能议，方之登徒，又疥又痔，薄乎云尔，何能无罪？"曰："然则子试为供之。"

供曰："菰芦男子，肮脏其身。芒履为侣，蠹鱼为朋，研田无岁，酒国无春。坎壈落魄，我生不辰，瑰姿玮态，非意所亲。何忽有遇，乃横自陈，敛袂回风，流盼生春，满堂若何，独子目成。其罪一。彼姝者子，伊谁之裔？河水洋洋，可从远去，翻飞维鸟，羽毛斯离。瞻彼须媛，星彩偕丽，醴泉无源，斯言实异，汩没淤泥，慷慨负气，动值负心，将恐将惧。士二其行，累丸数坠，择木难栖，宁失披剃。世道自尔，一哂可譬，我则何居，每为发竖。其罪二。感士不遇，抑郁谁语，慷慨伤怀，涕零如雨。同病相恤，惟予及女，枕畔酒边，擗肌分理，温言絮谭，谊薄朋侣，生世不谐，取怜儿女。其罪三。疏篁微风，澹月自沉，科头促膝，把酒行吟，雅谑互发，解颐会心。目可成语，靥可代音，机如禅喝，赏同牙琴，佻兮达兮，青青子衿。其罪四。酒后耳热，忧思难忘，挥毫落纸，写愤宫商，红牙成拍，余音绕梁，或歌或按，流水汤汤，何不充耳，视同折杨。其罪五。壮士垂橐，腹笥何益，死灰不然，举世耳食，牝骊牡黄，谁具神识？彼独伊何，如不我得，且以喜乐，且以永日，巾帼有情，须眉无色。其罪六。貂蝉弗屑，愿言卜居，犊鼻可念，夜归相如，岂不四壁，所慕子虚。诛茅索绹，卒瘏拮据，倦游之子，日居月诸，孤灯凄雨，搔首踟蹰，支离憔悴，看碧成朱。绿林睥睨，胠箧伤庐，靡怨独旦，引命自娱。鹔鹴脱尽，苜蓿满盂，躬执爨具，弥久不渝，安取措大，乐此不疲，荡子空房，非我权舆。大德不报，食言可肥，何不弃捐，为是栖栖。其罪七。此数者，吕刑所不能详，皋陶所不能治，但当征例于纨扇之篇，成案于白头之句。李益具爱书，严武为狱吏，阿难坐棘庭而讯之，约法抵罪。若乃尤物移人，入宫来妒，或垂其涎，或裂其眦。贫子缘深，五陵分薄，我意独怜，世人欲杀。此又伯益所不能纪，而隶首所不能度。"

语未终，而客目注不瞬，口张不得合。听然曰："止，止，信若斯语，虽刀锯在前，鼎镬在后，染指一脔，甘任其咎，斯须垂睐，眼当决溜，仅仅献酬，子未识窦。"

凌濛初的这篇《惑溺供》，是一篇"七体"，潘之恒收录时根据其形式更名为《七供》。

"七"作为一种文体，起源很早，《楚辞·七谏》就是这种文体的雏形。西汉时期，枚乘著文，假设吴客说七件事，来启发病中的楚太子，题为《七发》。《七发》诞生后，引起后代许多作者的模仿，在赋中形成了一种定型的主客问答形式的文体，号为"七体"，如傅毅的《七激》、张衡的《七辩》、曹植的《七启》等。

在这篇自供状中，凌濛初说自己"惑于女色、溺于儿女私情"，罪状多多。罪之一：落拓不遇，生不逢时，不过一介草民，一个书生，却偏偏能博得美女欢心——"芒履为侣，蠹鱼为朋""坎壈落魄，我生不辰""何忽有遇，乃横自陈，敛袂回风，流盼生春，满堂若何，独子目成"；罪之二：该美女来历身世不凡，却被负心人遗弃，自己为之抱不平，以致怒发冲冠——"世道自尔，一咲可謍，我则何居，每为发竖"；罪之三：自己与该美女同病相怜，友谊相处，比对朋辈还要看重——"温言絮谭，谊薄朋侣"；罪之四：与该美女促膝谈心，把酒吟诗，赏景听曲，心意相通——"目可成语，靥可代音，机如禅喝，赏同牙琴"；罪之五：把两人之情事，付之笔墨，传之歌吟——"挥毫落纸，写愤宫商，红牙成拍，余音绕梁"；罪之六：佳人独具慧眼，对我情有独钟——"巾帼有情，须眉无色"；罪之七：佳人之待我，一如卓文君之对司马相如，不弃贫贱，矢志不渝——"躬执爨具，弥久不渝"。

凌濛初所供七罪，似贬实褒。读者最终反被说服，承认就算因这种罪而受了重罚，也非常值得。

与套曲《夜窗话旧》及曲前小序相对照，《惑溺供》中所提到的美女其实就是河阳姬。一是两者均引用《九歌·少司命》中"满堂兮美人，忽独与余兮目成"的典故，来说明追逐美女的人很多，但自己独得美女倾心，《惑溺供》里说："满堂若何，独子目成"；套曲《序》里则写道："忽于四壁之家，独成满堂之目"。二是两者均言美女曾屡遭薄幸，其中《惑溺供》里说："十二其行，累丸数坠"；套曲《序》里则写道："绸缪屡束，薄幸时遭。"三是均写到了凌濛初走后，美女为之苦苦守候，《惑溺供》里说："倦游之子，日居月诸，孤灯凄雨，搔首踟蹰，支离憔悴，看碧成朱"；套曲《序》里则写道："影伴屋梁之落月，梦离巫峡之行云，茸居以待征人，于茅索绹不言苦"。四是均写及女子遭逢暴客，《惑溺供》里说："绿林睥睨，肤箧伤庐"；套曲《序》里则写道："阛阓而逢暴客，探囊箧俱云空。"

凌濛初写出《惑溺供》这样的文字，说明他对这段感情非常投入。他不仅承认自己已沉溺于儿女私情，而且公开宣扬，为了这份私情，即使受到惩罚，也在所不惜。他以这种沉溺为自豪，放诞自任，蔑视礼法，自甘陶醉在一种酒色生涯之中。

　　明朝后期，程朱理学逐渐衰弱，阳明心学风行一时，很多文人甚至官员崇尚个性解放，鼓吹人性自由，肯定世俗的享乐生活，在社会上掀起了一股人文主义思潮。很多文人摆脱了封建礼教和传统观念的束缚，逐渐纵情恣肆地追求声色之乐。凌濛初在这种文化氛围中，与青楼女子心意相通，为之流连忘返，还把与她们的风流韵事付之笔墨，传之歌吟，也不算什么稀奇事。相反，这些风流佳话集中展示了凌濛初倜傥风流、自负多情的个性形象，让他在读者面前更立体、更全面，更有血有肉。

　　凌濛初与河阳姬"修成正果"后，大概是逗留在南京，一边读书，一边创作。但是，从万历三十八年（1610）到四十三年（1615），长达五年的时间里，凌濛初像失踪了一样，各种史料均无记载。这说明，这几年的凌濛初没有再和朋友们频繁交游，没有再与妓女们逢场作戏，甚至没有参加科举考试。他在干什么呢？可以想象，他可能是和河阳姬在一起，因而收了心，享受美好的二人世界。这段时间，他的创作可能是以戏曲为主。

第四章 情注杂剧戏曲

1. 借"虬髯翁"之口

科场的屡屡失败，凌濛初感慨颇多。他对自己的实力很自信，每次考试的卷子，他自我感觉答得都不错，为什么一再名落孙山呢？分析原因，他觉得可能有失公允，或许是考官腐败的缘故。

多年来，凌濛初见识了官场的腐败，也从父亲及很多熟人的经历中感悟到了官场的腐败，并对此深感失望。当时，万历皇帝消极怠政，官场陷入党争之中，东林党和浙党、齐党、楚党相互攻击。万历三十九年（1611），北京京察驱逐"齐、楚、浙"党官员，而南京京察掌握在"齐、楚、浙"党人手中，又大肆贬谪东林党人。政局混乱，官员贪污腐化严重，科举考试自然也是走过场。

由此，凌濛初想起了前几年写过的《北红拂》《李卫公》，想起了故事中的虬髯翁，便决定换一个角度，借虬髯翁之口，谴责隋朝政权的腐败，也借古讽今，影射当时的政治生态。

凌濛初对虬髯翁的故事已经很熟悉，但在写《北红拂》时，虬髯翁只是一个配角。这次，他要把虬髯翁写成主角。

虬髯翁，本名张仲坚，与李靖（唐朝开国大将）、红拂女（隋朝大臣杨素的家妓），并称"风尘三侠"。他是扬州首富张季龄的儿子，出生时张季龄看他长得丑，准备杀了他。他后来的师父昆仑奴把他救下，并教他练武，传授他兵法知识。他勤学苦练，发奋图强，终于练成了一身武艺，拥有了经韬纬略之才。他看到隋朝末年朝廷无道，以至于群雄并起，生灵涂炭，不由生出济世救民之心，于是开始招兵买马，准备争夺天下。他在客栈里遇到红拂女，见其英姿飒爽、聪明伶俐，且与其相谈甚欢，不由喜欢上了这个女子。听说红拂女已经是李靖的妻子了，他便主动提出结拜金兰，与二人成为异姓兄妹。见了李世民后，他认为李世民才是真命天子，便主动退出了争夺天下的行列。李靖投奔李世民，他不愿同去，便将全部财产赠送给李靖和红拂女，以帮助李世民统一天下，自己却默默离开。后来，他成为扶余国的国王，统治了七十二岛。

在《虬髯翁》第一出，凌濛初便介绍了虬髯翁："三尺龙泉万卷书，老天生我意何如？山东宰相山西将，彼丈夫兮我丈夫！则俺虬髯翁便是。俺自姓张，人见俺赤髯如虬，顺口儿呼俺为虬髯翁。咳！这些人哪晓得行径来！"

短短几句道白，凌濛初就写出了虬髯翁的外貌及性格特征："赤髯如虬"，满脸长着红色的卷曲的胡须，一身英雄气概。"彼丈夫兮我丈夫"，可见其鸿鹄之志。接下来，他接连写了四支曲子，让虬髯翁一气唱出——

【仙吕·点绛唇】俺则为四海烟霾，九重翠盖，将倾败。捷足高材，此际可便难宁耐。

【混江龙】铁围般世界，没些儿福分怎应该？想当日也是刀尖儿上衣食，马背儿上生涯。费多少苦争恶战，带些个鬼使神差。投至得称孤道寡施张尽，全是那渴饮饥餐挣挫来。到今日江山坐享，竟不念父祖裁划，一意儿七差八拗，尽情儿数黑量白。造迷楼分明是高筑起是非堆，开汴河分明是生掘着兵戈海。弄的个人人思乱，处处生灾。

【油葫芦】因此上俺盖世英雄大会垓。心内揣，乘机儿出落那栋梁材。看霎时把锦绣乾坤改，索先期把神巧机关待。将苍龙阙信步登，上天梯平地摆。少不得大将军八面威风大，圣天子显那的百灵来。

【天下乐】怎肯做一事无成两鬓衰，时也波哉，不再来。那些儿留得个青山在，躧着脚干甚忙，空着手使甚乖。怎做的井底蛙，窥大海。

这四支曲子，写出了虬髯翁对天下大势的清醒认识，表达了他不愿虚度人生、准备大干一场的雄心壮志。

随后，凌濛初以虬髯翁为中心，围绕虬髯翁与李世民见面而展开。第一出，主要写莽道人望气太原郡，得知真命天子出世，约虬髯翁在太原相见，虬髯翁在赴约途中遇见李靖夫妇；第二出，写的主要是虬髯翁在太原见到了李世民，放弃了在中原图王的战略；第三出，写虬髯翁把家产赠送给李靖夫妇，希望他们扶助李世民建立功业，自己则往海外谋求发展；第四出，写的是十年后，虬髯翁在海外扶余国成就霸业，协助大唐元帅李靖征高丽，与唐结成了友好国家。

凌濛初侧重写了虬髯翁路遇红拂女、李靖的细节。这个细节在前期写过的《北红拂》中也涉及过，但这里的视角有了变换，更多地表达了虬髯翁的心理活动。他很欣赏红拂的识人，赞她"识英雄莽然择配，便脱豪门之子于归"，称她与李靖"恁夫妻，好见机。厮唤罢，欢然相对"。

铺垫完毕，凌濛初浓墨重彩地书写了虬髯翁见到李世民的心理活动——

【叨叨令】似这般扬扬神采谁相类？昂昂气宇谁能配？长揖罢，吓得俺身躯退；瞥眼间，搅得俺心窝碎。眼见得输了也么歌，眼见得输了也么歌，这局中还放甚么雌雄对？

【滚绣球】一向的眼望捷旌旗，则待要耳听好消息。怎知道恁般地位，霹空里落了便宜。这是非，好崄巇。下梢头，干淘闲气，倒不如早赋归兮。一向的包藏哑谜，三更枣到，今日断送前程一局棋，不由人足跌胸捶。

【十二月】俺则为四海价苦争恶战，不一日的咽沫垂涎。今日个兀自有真人注选，还谁去拍掌揎拳？俺自有前程路远，迟了呵，怕落了杯圈。

【耍孩儿】太平车载不起冲天怨，一霎儿把刚肠闷软。锦江山，眼盼盼，难留恋。似这般退后趋前，非是俺肯输心，臂鹰手轻藏弹。都则因怕失手，钓鳌钩别上牵，为此深筹算。又不是有家难奔，怎弄个有命难全？

【三煞】若甘心肯伏降，那侯封也自膻。则倔强性，从来受不得人轻贱。况藏弓烹狗为常事，若祝华呼嵩更赧然。似这样，真无见，可不道无为牛后，宁作鸡前。

这五支曲子，把虬髯翁欲罢不甘的心理煎熬刻画得非常逼真，集中展示了虬髯翁那种"拿得起、放得下"的胸怀和"不气馁、识时务"的品质。他不愿意做陪衬的绿叶，也知道太多"兔死狗烹、鸟尽弓藏"的典故，决定放下的同时，他并不气馁，而是迅速调整了人生目标，准备奔赴海外，另创一份属于他自己的事业。

凌濛初写这些的时候，表达的也正是自己当时的心境。他在科举道路上屡屡受挫，使他有了重新选择人生目标的想法，他连续几年没再进考场，倾心写作，可能就是他的转型尝试。

最后，凌濛初重点书写了虬髯翁转战海外的情景，并通过虬髯翁"正本扶余国"，呼唤当朝的官员们有所作为——

【二煞】明晃晃列队伍，齐崭崭排战船，还亏那兔营三窟藏机变。倘若是死争蜗角些儿气，则怕那空让渔人两得便。退一着，谁能辨，总一般也称孤道寡，少不得也敕诰传宣。

【一煞】看汪洋，掬不来，那羞惭，难洗湔，这是生瑜生亮天公变。俺则去图他海外昈围界，拼得个去了城南金谷园。

非是俺，难留恋，怕的是死替人挣着世界，生捉鬼画上凌烟。

【双调·新水令】凝旒端冕，自称王。索强如下场头，封侯拜将。江山原坐享，黎庶尽心降，四境封疆，却也自居人上。

【驻马听】想当日海宇分张，偷情的已作弥天望。干戈扰攘，狠心儿下手便为强。眼睁睁向分野见祲祥，意悬悬从棋局知趋向。若当日个无谦让，好险也，这分争定不肯空消账。

【雁儿落】俺道你男儿当自强，可也平挣个头厅相。不则那暮登天子堂，又早坐金顶莲花帐。

【清江引】想当日是看残棋不气长，一霎儿提和放。两地干功名，都遂平生望。方信道好男儿道路广。

《虬髯翁》写成后，得到了戏曲界的一致赞许，可以说好评如潮。凌濛初的浙江同乡祁彪佳评价道："凌濛初既一传《红拂》，再传《卫公》矣，兹复传《虬髯翁》，岂非才思郁勃，故一传、再传至三而始畅乎？丰骨自在，精神少减，然鼓其余勇，犹足敌词场百人。"同是浙江同乡的沈泰也盛赞凌濛初："初成诸剧，真堪伯仲周藩，非复近时词家可比。余搜之数载始得，值此集已民靠成，先梓其工，余俟三集，奉为冠冕。"沈泰还把《虬髯翁》收入他主编的《盛明杂剧》，直言可与明初著名戏曲家周宪王的作品相媲美。一个叫汪坦的批评家更是给出了"愈俗愈雅，愈拙愈巧，置之胜国诸剧中，不让关白"的评价，认为他的作品不亚于元曲的泰斗关汉卿、白朴……当时的很多名家都不得不承认，凌濛初的这几个改编自唐人小说《虬髯公传》的杂剧，是同类诸多戏曲杂剧中最为成功的作品。

这些评价，虽然可能有溢美的成分，但从中也能反映出凌濛初高超的艺术功力及《虬髯翁》取得的巨大成功。

根据一个故事，凌濛初写出了三部杂剧，等于把唐代的传奇小说《虬髯翁传》一分为三。按照这个思路，凌濛初根据《贵耳集》和《瓮天脞语》提供的材料，又写出了一部引人关注的杂剧。

2. 从寄寓到言情

写完虬髯翁，凌濛初虽然达到了借古讽今的一些目的，但他觉得还不够，便决定直接写一次农民起义，进一步警示当朝的帝王将相们。

凌濛初选取了大家都熟悉的"梁山英雄闹元宵"的故事，创作了杂剧《宋公明闹元宵》。剧本围绕宋江与梁山英雄们关于招安问题的矛盾展开故事，穿插了宋徽宗与李师师的情感纠葛，揭露了宋徽宗荒淫无道、残忍狠毒的昏君本质，塑造了梁山义军首领宋江及几位英雄的人物形象。

《宋公明闹元宵》以宋江为中心，以"闹"为主要落脚点，因"闹"而起，又以"闹"作结。"闹"写了两次：一闹禁宫，燕青私销黑名单；二闹妓院，李逵拳打杨太尉。主要内容是宋江讯灯抚民、讨求招安两件事，既突出了人物正直善良、关心体贴百姓的美好品德，又表现了他虽忠肝义胆却效忠无门的痛苦与无奈，寄寓自己"效忠无门"的思想主旨。

写《宋公明闹元宵》时，凌濛初查阅了宋人张端义的《贵耳集》，发现"卷三"中有一段记载北宋名妓李师师与宋徽宗、周邦彦等人的情事，很有意思，便借而用之。从第三折始，他采用了《瓮天脞语》所记水浒事，还参考了《水浒传》第七十二回《柴进簪花入禁院　李逵元夜闹东京》的相关内容。

《宋公明闹元宵》一共写了九折，人物众多，情节曲折，却并不让人觉得杂乱。"剧本采用的是双线贯穿、交错并进的结构。一条线围绕李师师和宋徽宗、周邦彦三人间的感情纠葛展开，依次描写了周邦彦与李师师情话，宋徽宗携橙来访，周邦彦躲避床下，李师师手破新橙，周邦彦赋词纪事；宋徽宗二度来访，李师师呈献周词，周邦彦词忤宋徽宗，宋徽宗谪贬周邦彦，李师师折柳送行，周邦彦再赋新词；宋徽宗三度来访，李师师再献周词，周邦彦因词受赏。另一条线则围绕宋江与李逵等梁山好汉之间讨招安和反招安的矛盾展开，依次描写了宋江讯灯抚民，李逵争游京师，燕青计赚班直，柴进闯禁挖字，燕青巧哄老鸨、智对徽宗、约会李师师，宋江狎游妓院、赋词抒怀，李逵痛打杨太尉、大闹元宵灯会。前几折，这两条线索交叉进行，第二折是《破橙》，第三折是《讯灯》，第四折是《词忤》，第五折是《闯禁》，第六折是《折柳》……到第七折《赐环》，两条线开始融合，燕青与宋徽宗同场出现。最后，在第九折《闹灯》中，两条线完全融合，整个戏剧也达到了高潮。这种双线交错并进的结构，不仅使剧本展示了较广阔的社会场景，而且使全剧情节起伏，引人入胜。"（赵红娟《拍案惊奇》，浙江人民出版社 2007年 8 月版，第 114 页）

在写《宋公明闹元宵》之前，凌濛初经历了与苏州妓、秦淮妓、河阳姬三位红颜的感情生活，凌濛初对青楼女子越来越同情，或对其中的优秀者越来越欣赏，很愿意为她们写点东西，甚至树碑立传。再者，他自我感觉怀才不遇，内心期盼并一再呼唤能够识人用人的伯乐。前期写的红拂女是一个慧眼识才的人，《宋公明闹元宵》里写的李师师也异曲同工。

这时，凌濛初可能是和河阳姬同居，写作的事大概也会和她交流。她可与卓文君相媲美，琴棋书画样样精通，诗词歌赋也造诣不低，他们的交流应该会给凌濛初以启示。想象一下他们的对话，很可能会谈及初见时的情景，这正好可以写进作品中——

【仙吕过曲】【醉扶归】他九重兀自关情事，我三生结下小缘儿，两字温柔是证明师。尽树起莺花帜，任奇葩开暖向南枝，这芳香自惹蜂蝶姿。（旦扮李师师上）

【前腔】舞裙歌扇烟花市，便珠宫蕊殿，有甚参差？谁许轻来觑眾恩，须不是闲阶址！花胡同排下个海神祠，破题儿先把君王试。

奴家李师师是也。谁人在客堂中？上前看去。（相见介）呀！原来是周官人，甚风吹得到此？（生）小生心绪无聊，愿与贤卿一谈。想今日天气严寒，官家不出，故尔造访。（旦）

既如此，小妹暖酒，与官人敌寒清话。丫鬟，取酒过来！（丑扮丫鬟持酒上）有酒。（旦送介）

【桂枝香】高贤来至，撩人清思。俺这家门户呵！假饶终日喧阗，只算做黄昏独自。论知心有几？论知心有几？多情相视，甘当陪侍。（合）意孜孜，最是疼人处，吹灯带笑时。

【前腔】迂疏寒士，馋穷酸子。谢娘行眼底种情，早赏识胸中奇字。论知音有几？论知音有几？这般怜才谁似？办取志诚无二。

寥寥几曲，凌濛初就把一代名妓李师师的形象刻画了出来，尤其是她的语言风格及心理活动。听说自己钟爱的才士周邦彦来了，她显得喜出望外，激动不已。在这种环境里，能遇到知音，相互付出感情，正是凌濛初亲身经历后才能真切表达的。

随着剧情发展，宋徽宗、宋江陆续出场，凌濛初再写李师师时，就使用了不同的语言。

宋徽宗突然来访，打扰了李师师和周邦彦煮酒谈情，李师师心里是不高兴的。可是，由于身份地位的悬殊，她的言行举止还要格外注意，表达也恭敬而谨慎："圣驾光临，龙体劳顿，臣妾敢奉卮酒上寿。"

李师师会见宋江等人时，态度就明显冷淡客套了："多是贵客，凤世有缘，得遇二君，草草杯盘，以奉长者。"

通过不同场合不同语言的使用，凌濛初生动细腻地刻画了李师师的人物形象及性格特点。作为京城的名妓，她不仅阅历丰富、熟谙世情，还聪明乖巧、爱才怜才，受到达官显贵和普通百姓的一致宠爱。

凌濛初在写李逵这个人物时，也很注意语言风格与身份相符。第九折《闹灯》中，李逵痛打杨太尉——

（净）浩气冲天贯斗牛，英雄事业未曾酬。手提三尺龙泉剑，不斩奸邪誓不休！俺黑旋风李逵便是。俺大哥好没来由，看灯看灯，竟与柴大官人、燕小乙哥走入行院人家吃酒去了。

却教我与戴院长，扮做伴当，跟随在门外坐守。这可是俺耐烦的？不要恼起俺杀人放火的性子来，把这家子来杀个馨尽！（做势介）（戴）哥哥怎生对你说来？（净）只怕大哥又说我生事，俺权且忍片时也呵。

【北双调】【新水令】看长安灯火照天红，似俺这老苍头也大家来胡哄。恕面生也花世界，少拜识也锦胡同。偌大英雄，偌大英雄，替他每守门阑，太知重！

……

【北雁儿落带得胜令】俺则待向章台猛去冲，（戴）这里头没你的勾当。（净）莽儿郎认不得鸾和凤。俺则待踏长街，独自游，（戴）我不与你去，你须失了队。（净）急忙里认不出桃源洞。因此上权做个不惺憁，酩子里且包笼。困腾腾眼底生春梦，实丕丕心头拽闷弓。难容，无明火浑身进！宋公明也！尊兄，这踏儿也算不公！

（坐场上介）（丑扮杨太尉上）

【南侥侥令】君王曾有约，游戏晚来同。（作走进门，戴走避，净坐不理介）（丑）是何处儿郎真懵懂，见我贵人来，不敛踪！

（问净介）你是那里的狗弟子孩儿？见了俺杨太尉，站也不站起来。从人拿住者！（净大喊，脱衣帽，露内戎装介）

【北收江南】呀！要知咱名姓呵，须教认得黑旋风！（将丑打倒介）一拳儿打个倒栽葱。（丑跌介）（戴劝介）使不得，使不得！（净）方才泄俺气填胸。（放火介）不是俺性凶，不是俺性凶，只教你今朝风月两无功。（净大喊介）梁山泊好汉全伙方在此！

这些语言通俗易懂，非常符合李逵草莽英雄的人物身份。加上脱衣、打人、放火、大喊等动作，把李逵冲动鲁莽、嫉恶如仇的性格表现得淋漓尽致，让作品更加生动形象。

《宋公明闹元宵》寄寓了凌濛初自己的思想感情，尤其以情事吸引人。于是，凌濛初便进一步聚焦爱情，又写了一个感人至深的传奇故事。

3. 爱情传奇

早在多年前，凌濛初就听说过书生潘必正与女尼陈妙常的爱情故事，也读过高濂写这个故事的《玉簪记》。他的姻亲、好友冯梦祯在世时，曾向他推荐过《玉簪记》，并给了这部书很高的评价，认为是"传奇中的杰出作品之一"。

某个夜晚，凌濛初再次找出《玉簪记》，秉烛夜读，重温这个传奇爱情故事。

戏曲家、藏书家高濂的《玉簪记》，主要是脱胎于元代大戏剧家关汉卿的《萱草堂玉簪记》，又借鉴了杂剧《张于湖误宿女贞观》（载《孤本元明杂剧》，于小谷和赵琦美传抄）的一些故事，合并改编而成。这个故事发生在南宋初年，故事情节主要是：开封府丞陈家闺秀陈娇莲为避靖康之乱，随母逃难，流落在金陵城外女贞观，皈依法门为尼，法名妙常；青年书生潘必正应试落第，不愿回乡，便来女贞观投奔姑母潘法成（女贞观观主），并寄寓在观中。潘必正见到陈妙常后，惊其艳丽而生情，经茶叙、琴挑、偷诗等一番进攻，终于打动了陈妙常。陈妙常也不顾礼教和佛法的束缚，与潘必正相爱。被姑母发现后，潘必正被逼应考，离开女贞观赴试。陈妙常私下雇了小船，追赶上潘必正，赠与玉簪，获回赠鸳鸯扇坠，二人相泣而别。后来，潘必正考中了进士，有情人终成眷属。

书常读常新。随着阅历的增加，凌濛初再读《玉簪记》，又读出了很多新东西，也产生了新体会。这次，他不只是欣赏故事本身，也开始带着审视的目光评价作者和作品。他觉得，高濂创作的《玉簪记》有很多不足，用韵太杂，平仄不合，改编的幅度太大，失去了故事本来的风貌，增添的情节也不太合理，还有"道僧不分"等硬伤，有必要重新改编一下。

凌濛初改编的动机，他在《南音三籁》之《藏曲下》中有过明确记录："失其本情，舛陋可厌，故为重翻而更新之。"另外，他在编选《南音三籁》时，选入了高濂《玉簪记》中的三套曲：【南吕宫·绣带儿】《欢会》，【越调·小桃红】《分别》及【杂犯宫调·犯清音】《忆远》，但在鉴品等次时，都没把它们归入最好的"天籁"，而只是把《分别》一曲定为中等的"地籁"，其余两套则列入"人籁"。他在《分别》与《欢会》后都作了尾批："用韵杂"，在【越调·小桃红】中的"生隔断银河水，断送我春老啼鹃"两句处，还加了眉批："时唱末句云'断送我春老啼鹃'，益不合矣，不知此为近日何人所改，以后俱有大同小异处。"他的意思是说，末句是不合韵的，而类似此种"不合韵"的"大同小异处"到处都有。

为了改编好这个故事，凌濛初先搜集了关于这个故事的很多版本。他找来武林（今杭州）人赵世杰的《古今女史》，又找来杂剧《张于湖误宿女贞观》和话本小说《张于湖传》，研读分析，渐渐有了思路。

《古今女史》记载很简单："宋女贞观尼陈妙常年二十余，姿色出群，诗文俊雅，工音律，张于湖授临江令，宿女贞观，见妙常，以词调之，妙常亦以词拒。词载《名媛玑囊》，后与于湖故人潘法成私通情洽，潘密告于湖，以计断为夫妻。"

《张于湖误宿女贞观》共有四折，其中写道："潘必正因观主之请而失约于陈妙常，妙常此时已有孕，故怨而作《杨柳枝》，潘必正亦以是韵作词谢罪。事为观主所发，将陈、潘二人用绳子缚之，欲送府衙发落，结果由府尹于湖判为夫妇，终成琴瑟之好。"

在《张于湖传》中，有一段潘法成的状告词："本观女姑陈妙常，伊父陈谷（国）英，将女妙常曾指腹与潘必正为妻，有原割衫襟合同为照。"

凌濛初看过这三个《玉簪记》的"母本"，觉得"衫襟"这个信物已经可以让故事完整了，没有必要再增补一个"玉簪"信物，便决定舍弃"玉簪",还原"衫襟"。由此,他把准备改编的这个剧本定名为《乔合衫襟记》。

故事主体还是那个故事,但凌濛初把功夫用在细节上,使之更合情合理,更具艺术感染力。他还特别注意语言的本色自然,尽量少雕饰,以一腔真情感人。在写《乔合衫襟记·题词》时,他这样写道:

【商调·二郎神】从来此,叹花容付空中枉自,闪去青春缘底事。凄凉境里,无端误了芳姿。听败叶萧萧声过耳,羞杀人孤单举止,意难支,恰一似登楼去了梯儿。

【黄莺儿】无绪把颐支,向孤衾懒睡时,几番收顿闲情思。奈青年怎支,奈芳心怎支,早难道西风消了黄花事。勉题词,图他遣闷,刚念转已如斯。

【前腔】无情暮雨灯上时,更钟声迟速参差。今去凄凉相共尔,两心中多少嗟咨。闲愁正始,又早耐黄昏至。空叩齿,这凡念愈然难死。

这三支曲子,凌濛初写出了陈妙常顾影自怜的凄凉心情,不仅曲意畅白清明,文采灵动飘逸,而且情真意切,耐人寻味。青春妙龄的陈妙常感慨自己的生活寂寞凄凉,花容月貌只能空空错付,谁像自己如此孤单无助,"一似登楼去了梯儿",看不到希望。暮雨黄昏,孤灯摇曳,听远处的钟声时快时慢,心里越发觉得孤寂。"这凡念愈然难死",描述了陈妙常凡心虽动、暗自煎熬的心境,渲染了她炽烈的凡心情欲,肯定了她对爱情的追求。

而高濂在《玉簪记》中用的是《西江月》词:"松舍清灯闪闪,云堂钟鼓沉沉,黄昏独自展孤衾,欲睡先愁不稳。一念静中思动,遍身欲火难禁,强将津唾咽凡心,怎奈凡心转盛。"虽然也写出了陈妙常青春躁动、追求爱情的强烈心绪与愿望,但在表现陈妙常情绪躁动时,与人物身份处境不太相符。如果写一个农家少女,从未受过礼教的熏陶,一旦遇上中意的情郎,产生"欲火难禁"的心绪,还可以理解,而对于出身名门、自幼受教于传统文化的大家闺秀陈妙常来说，产生如此烦躁不安的兴奋心绪，刻画得有点过头了。

《玉簪记》【前腔】也接近于《西江月》原词："云堂松舍，清灯长夜，听钟儿敲断黄昏，拥被儿卧看明月，心中自思，心中自思，猛可的身如火热，值恁的睡不宁贴，好难说，咽不下心头火，转添些长叹嗟。"虽然也写出了陈妙常长夜独守、孤衾难眠、凡心转盛的意思，但对浮躁的春心未加掩饰，并不切合她应有的心态；或者可以说，这种粗俗与浮躁的表白，有损于陈妙常大家闺秀的形象。而凌濛初的【前腔】，则将庸俗、轻浮之气摒弃，更含蓄，更贴切，既让主人公有所焦烦，又不失大家闺秀难于启齿、蓄而不露的风范。

像这种细节上的把握，凌濛初在整个写作过程中都很注意。他身边还有个第一读者河阳姬，大概也可以给他提供好的意见和建议。

在写《乔合衫襟记·得词》时，凌濛初写了九支曲子，内容主要是：潘必正琴挑陈妙常，遭到拒绝，内心痛苦。他思前想后，觉得妙常眉宇间分明是有所动情，拒绝可能是一种掩饰，怕那可畏的人言，不敢吐露真情，遂坚定了继续追求她的信心。他决定再去她的住处探望，虽没见到她，却意外地发现了她写的情词，知道了她的真心。他觉得机会难得，便和了一首词，准备以词为媒，再次求爱。

《心许》套曲，凌濛初写了十二支曲子，主要写潘必正继续追求陈妙常，而陈妙常放不下思想包袱，违心指责潘必正。潘必正拿那首情词说事，陈妙常没话说了，只得实话实说，真情相诉。她还强调自己出身名门，不是闲花野草，日后不可轻易抛弃。潘必正作出保证，不做负心薄幸之人。

在《佳期》套曲中，凌濛初只写了四支曲子：【商调·水红花】、【前腔】、【莺儿皂】、【琥珀猫儿坠】，却是整个故事的精彩部分。这套曲子主要写二人相爱后的心理活动：约会前，潘必正想着陈妙常正倚门等他，心情激动；陈妙常终于迈出了关键一步，顿感轻松，等待着潘必正到来，心怀忐忑，却满怀憧憬。二人享受着爱情的甜蜜，忘记了时间和空间。

《趋会》套曲，凌濛初用九支曲子，写出了故事的转折及矛盾冲突：

潘必正离开女贞观赴考，音信不通；陈妙常却发现自己怀了孕，愁苦烦闷。陈妙常担心潘必正再次落榜，不好意思再回来；潘必正思念陈妙常，考过三场后，未等放榜，就急着赶了回来。潘必正见到陈妙常，发现她悲愁哀伤，问明原因才如释重负，他宽慰陈妙常，等到金榜题名，一切自然就解决了；陈妙常还是担心自己的身体，腹中胎儿越来越大，体形越来越难遮掩，怕被别人察觉，招来非议。潘必正宽慰陈妙常，有办法应对，陈妙常的心情才好起来。

凌濛初用这五个套曲，基本把潘必正与陈妙常的爱情故事讲了出来。虽然《乔合衫襟记》全剧有九个套曲，但这五个套曲是其中的精华，也是凌濛初自己最满意的部分。后来他在编选《南音三籁》时，只编选了这五个套曲中的四十三支曲子，可见他对这五个套曲的重视程度。

《乔合衫襟记》面世后，得到了"专家"们的一致好评。冯梦龙的评价代表了很多人的看法："初成天资高朗，下笔便俊，词曲其一斑也。改《玉簪记》为《衫襟记》，一字不仍其旧。"

冯梦龙的名气当时已经很大，能够如此赞誉凌濛初及《乔合衫襟记》，是很不容易的一件事。他不仅盛赞凌濛初有"高朗"的"天资"，在词曲创作上达到了一定的高度，一下笔便出精品，还说《乔合衫襟记》改编很成功，与原作相比已经"脱胎换骨"。

让凌濛初没想到的是，"专家"们很认可《乔合衫襟记》，普通民众却不太接受。原因可能是《玉簪记》此前已经在民间有了广泛影响，普通民众看戏又只是娱乐，加之戏班的演员们已经演熟旧曲，不愿再来适应改编幅度很大的新曲，导致《乔合衫襟记》在民间的流传受到了影响。

如今，我们能看到的《乔合衫襟记》，只有凌濛初编选在《南音三籁》里的五个套曲，其他部分没能流传下来。在《传奇汇考标目》乙本存目中，收入了《乔合衫襟记》的曲目，并说明其描写的是"陈妙常事"。

凌濛初苦心改编《玉簪记》，且在"本色"与"韵调"上均有新突破，这一点是受到当时及后世的"专家"们认可的。

此后，凌濛初又在戏曲创作上进行了一番努力，并在创作过程中产生了不少心得和体会，形成了自己的一套创作理论。这套理论的核心是"本色"，也就是反对过分的粉饰雕琢。

4. 本色

凌濛初对戏曲创作的心得和体会，最早发声要追溯到他给汤显祖写信时。

在给汤显祖写的信里，凌濛初就谈了自己对戏曲创作的一些看法，才使汤显祖在回信中也提出了自己对戏曲创作的文学主张："忽然雷光得自转折，始知上自葛天，下至胡元，皆是歌曲。曲者，句字转声而已。葛天短而胡元长，时势使然。总之，偶方奇圆，节数随异。四六之言，二字而节，五言三，七言四，歌诗者自然而然。乃至唱曲，三言四言，一字一节，故为缓者，以舒上下长句，使然而自然也……"

对汤显祖的勉励和劝导，凌濛初一直记忆犹新。在创作中，他一直坚持本色化，注重自然和情真，反对过分地粉饰雕琢。于是，针对当时戏曲界出现的一些不注重本色的现象，他觉得也有必要提醒和劝导，便把自己的看法归纳整理，写出了戏曲创作理论《谭曲杂札》。

在《谭曲杂札》中，凌濛初鲜明地表达了自己的态度，提倡戏曲创作应恢复元曲的本色。他一开篇就写道：

> 曲始于胡元，大略贵当行不贵藻丽。其当行者曰"本色"，盖自由此一番材料，其修饰词章，填塞学问，了无干涉也。故"荆、刘、拜、杀"为四大家，而长材如《琵琶》犹不得与，以《琵琶》间有刻意求工之境，亦开琢句修词之端，虽曲家本色故饶，而诗余弩末亦不少耳。国朝如汤菊庄、冯海浮、陈秋碧辈，直闯其藩，虽无专本戏曲，而制作亦富，元派不绝也。自梁伯龙出，而始为工丽之滥觞，一时词名赫然。盖其生嘉、隆间，正七子雄长之会，崇尚华靡；弇州公以维

桑之谊，盛为吹嘘，且其实于此道不深，以为词如是观止矣，而不知其非当行也。以故吴音一派，竞为剿袭靡词。如绣阁罗帏、铜壶银箭、黄莺紫燕、浪蝶狂蜂之类，启口即是，千篇一律。甚者使僻事，绘隐语，词须累诠，意为商迷，不惟曲家一种本色语抹尽无遗，即人间一种真情语，埋没不露已。至今胡元之窍，塞而未开，间以语人，如痼疾不解，亦此道之一大劫哉。

凌濛初明确地指出，戏曲在元代诞生时，就讲究"本色"而不讲究"藻丽"。戏曲兴起于民间，很多是在"里巷歌谣""村坊小曲"的基础上发展起来的，语言上也继承了民间歌谣的特色，就是本色当行。元曲四大本《荆钗记》《白兔记》《拜月亭》《杀狗记》原本都是本色作品，而《琵琶记》全传虽多本色胜场，但有些曲子有雕琢倾向。

他还解释了丢掉"本色"的原因：从嘉靖年间开始，梁辰鱼写出《浣纱记》，开启了靡丽之风。而以李攀龙、王世贞为代表的"后七子"承接"前七子"的文学复古主张，讲究才情文采。尤其是崇尚华靡的"后七子"领袖王世贞，因为与梁辰鱼是同乡，对梁大加吹捧，从而导致了曲词语言绮丽、本色尽失的现象。"吴音一派"竞相直接抄袭绣阁罗帏、铜壶银箭、黄莺紫燕、浪蝶狂蜂之类的靡词，甚至写邪僻的故事，用晦涩难懂的语言，把本色语都丢掉了，把"真情语"都埋没了。他直言批判工丽华靡的审美倾向，认为在戏曲创作中堆砌辞藻、显摆学问是"此道一大劫"。

在写《谭曲杂札》第七则时，凌濛初又强调了"本色"："元曲源流，古乐府之体。故方言常语，沓而成章，着不得一毫故实。即有用者，亦其本色事，如蓝桥、袄庙、阳台、巫山之类。以拗出之为警俊之句，决不直用诗句，非他典故填实者也。"

写至《谭曲杂札》第十五则，凌濛初再次强调了"本色"——

盖传奇初起，本自教坊供应，此外止有上台勾栏，故曲白皆不为深奥。其间用诙谐曰"俏语"，其妙出奇拗曰"俊语"。自成一家言，谓之"本色"，使上而御前，下而愚民，取其一听而无不了然快意。今之曲既斗靡，而白亦竞富，甚至寻常问答，亦不虚发闲语，必求排对工切。是必广记类书之山人，精熟策段之举子，然后可以观优戏，岂其然哉！又有可笑者，花面丫头、长脚髯奴，无不命词博奥，子史淹通，何彼时比屋皆康成之婢，方回之奴也，总来不解"本色"二字之义，故流弊至此耳。

在这里，凌濛初尖锐地批评了戏曲创作的两个不"本色"：一是不能做到"传奇初时"的雅俗共赏，让帝王和百姓都能看懂。他觉得，戏曲是一门综合艺术，它的最终呈现是舞台演出，需要大众的欣赏，而非少数几个"文人"的自娱自乐。戏曲创作应该回归本源，重视舞台演出，兼顾各种层次的观众。如果戏曲只有那些"广记类书之山人、精熟策段之举子"可以看懂，而不适合普通百姓观赏，就失去了群众基础。二是脱离现实生活，不顾人物应有的身份性格。下层的"花面丫头、长脚髯奴"们，都像东汉经学家郑康成和东晋文学家郗方回的奴婢一样，腹有诗书，满口典故。戏曲人物的塑造不符合社会现实，不符合应有的人物身份，丫头、奴仆动不动也吟诗弄文，成了通今博古的雅士，给人以荒唐虚假的印象。

凌濛初强调了戏曲的"本色"要忠于人物形象的塑造，还要着眼于演出实践。他指出，戏曲的真正生命力在于舞台，在于观众的欣赏，因而，可演出性是其"当行"的必要条件，一出剧目文采再精妙，没能付诸演出，终究只是案头文字而已。戏曲剧本要安排好情节，不能生拉硬造，不近人情，不通情理；还要安排好节奏，有慢有快，注意调停，设置包袱。否则，演出的人手忙脚乱，观看的人不明就里，就十分可笑了。

为了让"本色"理论更有说服力，凌濛初还应用这种理论，刻意对众多知名作品及其作者进行了点评。他认为，元曲四大本都是本色作品,《杀狗记》《白兔记》受到了后人的篡改,才变得误谬不可读了;《荆钗记》《拜月亭》虽然也受到后人涂削,但"所存原笔处,仍足以见其长";而《琵琶记》和有些曲子,有明显的雕琢倾向。梁辰鱼的剧作,语言多是逐句补缀,而非一意连贯,毫无本色可言,是典型的靡词;而张凤翼小有俊才,其剧作在不用意修辞处,能时现本色,颇有一二真语、土语,但由于受梁辰鱼靡丽词风的影响,也常堆砌词藻,镶嵌故实,语意不通,最后落入了追求藻丽的时弊之中。《红梨花》非常好,"大是当家手,佳思佳句,直逼元人处,非近来数家所能";《明珠记》虽然也不求藻丽,用了不少"直率语",有直逼元人的佳句,但剧中"凤尾笺""鲛绡帕""芙蓉帐"等语,仍显绮丽时尚,算不得真正的"本色"作品;《西厢记》中的本色语很多,但靡词丽语也不少,比如"雪浪拍长空""东风摇曳垂杨线"等骈俪的写景语……他在评价作品和作者时,赞赏之中也有批评,而一切的依据,就是"本色"与否。

凌濛初不仅评论前人的经典作品,还对当时传奇创作的"两大家"——汤显祖和沈璟进行了点评。他从自身的戏曲审美立场出发,本着实事求是的原则和"本色"的戏曲宗旨,既肯定了汤、沈两人的长处,也指出了他们的不足——

近世作家如汤义仍,颇能模仿元人,运以俏思,尽有酷肖处,而尾声尤佳。惜其使才自造,句脚韵脚所限,便尔随心胡凑,尚乖大雅。至于填调不谐,用韵庞杂,而又忽用乡音,如"子"与"宰"叶之类,则乃拘于方土,不足深论。止作文字观,犹胜依样画葫芦而类书填满者也。义仍自云:"骀荡淫夷,转在笔墨之外。"佳处在此,病处亦在此。彼未尝不自知,只以才足以逞,而律实未谙,不耐检核,悍然为之,未免护前。况江西弋阳土曲,句调长短,声音高下,可以随心入腔,故总不必合调,而终不悟矣。

沈伯英审于律而短于才,亦知用故实、用套词之非宜,欲作当家本色俊语,却又不能,直以浅言俚句,绷拽牵凑,自谓独得其宗，号称"词隐"。越中一二少年，学慕吴趋，遂以伯英开山，私相服膺，纷纭竞作。非不东钟、江阳，韵韵不犯，一禀德清；而以鄙俚可笑为不施脂粉，以生梗稚率为出之天然，较之套词、故实一派，反觉雅俗悬殊。使伯龙、禹金辈见之，益当千金自享家帚也。

凌濛初认为，汤显祖的作品很像本色的元曲，尤其是"尾声"写得特别好。可惜他不谙音律，使才自造，致使腔调失谐，音韵庞杂，有悖于戏曲的大雅之道。若只作为案头之曲来阅读，汤显祖这些格律上拘于乡音的剧作，比起那些模仿抄袭、填塞故实的剧本，仍然高出一筹。况且他明白自己的问题，只是随当地弋阳土腔随心所欲惯了，不符合昆腔的用韵要求。

沈璟的作品虽然精于格律，主观上追求本色，但才情不足，俚词俗语太多。本色的语言必须通俗易懂，但并不等于浅言俚句，若以"鄙俚可笑为不施脂粉，以生梗稚率为出之天然"，那就连梁辰鱼、梅鼎祚的藻丽派作品也比不上。

凌濛初虽然提倡"本色"，却反对"本色"的另一个极端，即戏曲的俚俗化。除了对沈璟的批评，他尖锐地批评了这种风气："以鄙俚为曲，譬如以三家村学究口号、歪诗，拟《康衢》《击壤》，谓'自我作祖，出口成章'岂不可笑！而又攘臂自命，日新不已，直是有砚而目。（词曲）一变而为诗余集句，非当可矣，而未可厌也；再变而为诗学大成，群书摘锦，可厌矣，而未村煞也；忽又变而文词说唱，胡诌莲花落，村妇恶声，俗夫褒谑无一不备矣。"

凌濛初对戏曲理论的探讨，最重要的是提出了贵本色的戏曲观。他提倡"本色语""真情语"，即向元曲学习，多用方言、俗话，辞藻不必过于华美，而要发自心声，以真语为贵，以真情为贵，追求一种古朴自然的语言风貌。除此，他对戏曲创作的结构、故事情节等也有论述。

在《谭曲杂札》第十七则，凌濛初写道："戏曲搭架，亦是要事，不妥则全传可憎矣。"他认为，结构也是戏曲创作中不容忽视的重要因素，如果结构不好，全剧都好不到哪里去。他主张一部戏曲要有清晰的线索，人物和故事最好由一条主线贯穿。他曾批评沈璟："构造极多，最喜以奇事旧闻，不论数种，扭合一家，更名易姓，改头换面，而才又不足以运棹布置，掣衿露肘，茫无头绪，尤为可怪。"他也不满于张凤翼传奇《红拂记》人物之多、线索之繁，才创作了"北红拂"三传，来精简人物和线索，去掉了无关大局的一些人物，每剧着重表现一个中心人物。

关于戏曲的故事情节，凌濛初主张"合情理、通世法"。他认为，剧作家在设置故事情节时，要符合人情事理，不能"扭捏巧造"，即使虚构一些鬼神的情节，也应该合情合理。他点名批评了汪廷讷的《无无居士》："衰集故实，编造亦多"，警醒剧作家不能为了吸引读者与观众，虚构过于奇幻的情节，让人觉得不可信。

凌濛初还在《谭曲杂札》里探讨了戏曲尾声创作的问题。他把尾声分为四个等级，一等是"词意俱若不尽"，二等是"词尽而意不尽"，三等是"词意俱尽"，四等是"词未尽而意先尽"。"词"主要是指表现方法和形式，"意"则指内容和情感。"词意俱若不尽"，就是要求在有限的形式中，表现出丰富的内容和情感，引发读者无尽的回味和想象。他强调戏曲尾声要有"余韵"，在评《南西厢》时曾说："《西厢》尾声无一不妙。首折煞尾，岂无情语、佳句可采，以括南尾，使之悠然有余韵。"在评《蕉帕记》时也说："虽谱《中原》有双煞一体，然岂宜频见，况煞尾得两，必无余韵乎！"他觉得，有"余韵"的尾声，才是好尾声，意不浅露，语不穷尽，余味不绝。

《谭曲杂札》一共十七则，五千多字，因篇幅较短，没刻单行本。后来，凌濛初编选《南音三籁》时，把它列在了"附录"中。

凌濛初写完《谭曲杂札》，虽然没刻单行本，却已在戏曲界流传。或者，他在写作时已经提炼形成了自己的观点，在各种场合与文友们交流，大家也都知道了他的新作及大致内容。

凌濛初在《谭曲杂札》里提出了自己的戏曲观，点评了众多名家名作，其中不乏尖锐的批评，并针砭了当时整个曲坛存在的问题，在戏曲界引起了很大的反响，也引发了很多争议。这对他的创作和生活产生了不小的影响。

5. 戏里戏外

凌濛初写完《谭曲杂札》的时间，大约在万历四十二年（1614）。这年年底，他的好友潘之恒在其著作《亘史·外纪》卷七《刘润玉传》中，写了这样一段文字——

> 叹余友凌濛初最喜新词，而难于和，亦不慧为阁笔矣。甲寅小岁日跋。

潘之恒这段话的意思，是为凌濛初创作的戏曲抱不平。他欣赏凌濛初的作品，却也知道凌濛初的作品与当时的文风不太相符，不被戏曲界认可，为此而慨叹。

由此可见，凌濛初当时的戏曲创作及其评论，虽然引起了较大的反响，受到了汤显祖、潘之恒等名家的赏识，但没得到戏曲界的一致认可。在他写《谭曲杂札》尖锐批评当时的义风后，史与很多戏曲家的观点发生了冲突，尤其是点评作品时直言不讳，也得罪了不少人。

《谭曲杂札》没有刊刻单行本，可能也有争议较多的原因。如果凌濛初拿给朋友们看，想必很多朋友会建议他不要刊刻，以免引起更多的争议。

凌濛初以极大的热情和很多的精力投身戏曲创作及研究，虽然得到很多好评，却也受到不少非议，作品影响没能达到他自己的预期，给了他不小的打击。从此之后，他很少再创作戏曲，可能也是对当时的戏曲界失望的缘故。

戏曲创作的路走得不太顺畅，凌濛初也没再去走科举之路。或者即使不死心，却也很长一段时间没再参加考试。

按照明朝的科举制度，万历四十年（1612）、四十三年（1615）是乡试年，但凌濛初都没有参加。分析原因，可能与当时的政治背景有关。

凌濛初身在南京，又与很多官场人物有交往，自然很容易听到官场的一些事。他听说，万历帝已经多年不上朝，也不见大臣，连开科取士这种大事，都让内阁大学士叶向高和吏部左侍郎方从哲主持，由叶向高任总裁。当时内阁只有叶向高一人，于是叶向高上疏说票拟不便，万历帝却表示，开科取士是国家的大典，例用辅臣总裁不必推辞，章奏可俱送闱中票拟。朝野议论纷纷，都"以为异事"。

他还听说，万历帝告谕吏部、都察院，不允许各立门户，结党乱政，互相纷争，诬诋要誉，否则要治罪。可是，不久之后，户部郎中李朴上疏极言党同伐异，齐、楚、浙诸党群起而攻之，结果李朴被贬为州同知。

他甚至还听说，宫廷内竟然发生了一件大案，有人拿着棍子闯进了皇太子居住的慈庆宫，击伤了守门的内官，差点伤了太子，举朝无不惊骇，议论不休。

凌濛初听说了这些事情，对朝廷及官场没有信心，对科考能否公平公正也心存疑问，自然也就放弃了应考。

这段时间，凌濛初没再创作新曲，却仍"最喜新词"，经常阅读戏曲新作。这为他日后编选《南音三籁》打下了很好的基础，或者已经开始了《南音三籁》的编选。

这时，凌濛初与河阳姬一起生活在南京，消费还是挺高的，而凌濛初的家境已经不太好，他们渐渐有了经济困难，生活拮据起来。于是，他决定离开南京，回老家从事家族传承多年的刻书业，改善经济条件。

可是，回老家的话，河阳姬何去何从呢？

第五章 致力刻书印刷

1. 为了家族的复兴

万历四十三年（1615）深秋，天气渐渐凉了，凌濛初带着河阳姬，离开南京回晟舍。

一到家，凌濛初就和妻子沈氏商量，提出了纳妾的想法。

当时，纳妾不仅受到法律和道德的肯定，还是一种时尚的社会风潮。由于政治衰败，商业化和世俗化浪潮兴起，以及阳明心学的发展，给官员、文人以强烈的精神冲击，导致社会风气呈现颓废、奢靡、纵欲、享乐之势，有钱有势的权贵富商为了子嗣继承、弥补感情，纷纷纳妾；很多年轻女子为了过上富足的生活，也选择嫁入富贵之家做小妾，推波助澜，导致纳妾风气越来越盛行。

凌濛初的妻子沈氏受传统礼教的影响，唯丈夫之命是从，又看到丈夫已经把人带回了家，既成事实，反对也没有用，便表示赞成。

于是，凌濛初正式纳河阳姬为妾。

史料记载，凌濛初和河阳姬是"团圆"的，可以理解为"终成眷属"，而这段时间，凌濛初确实是纳了一个妾——卓氏。可以想象并推测，这个卓氏很可能就是河阳姬。河阳姬本来姓什么我们不知道，但也有可能就姓卓，或者凌濛初让他姓了"卓"。这一点，凌濛初在刚认识她时，就把她比作"卓文君"，也算是一点依据。

这一年，凌濛初三十六岁，儿子凌琛已经十一岁，女儿也到了待嫁的年龄。多年来，儿女都是妻子沈氏带着，读书的情况一般。眼看自己科考无望，他便把希望寄托在下一代身上，而唯一的儿子凌琛又不争气，他想再生几个。他回到家便纳妾，就有这方面的想法，还好天遂人愿，一年后的腊月，卓氏就生下了一个儿子——凌葆。

这时，凌濛初重新规划了人生发展方向。作为一家之主，作为家族一支的长房当家人，他要为全家人的生计操心，还要为家族的振兴而努力。于是，他决定重操家族旧业，把主要精力投入到刻书坊里。

事实上，凌氏家族的刻书一直没有停止过。在凌濛初寓居南京求学创作期间，凌家其他人也刻了很多书，只是大多质量一般，并没有刻出影响很大或销量很好的书籍。

凌濛初的哥哥凌涵初去世前，家里的刻书坊是由凌涵初主持的。尽管凌涵初身体不好，但凌濛初不在家，他只能带病操持家务，并让儿子凌毓枏（过继给了大哥凌湛初）跟着他一起干。凌涵初去世后，凌毓枏便独当一面，维持着刻书坊的正常运转。虽然没有大的发展，但也刻了不少书，基本能挣出养家的钱。

另外，二叔凌述知的儿子凌瀛初也一直在从事刻书。这位堂兄比凌濛初大十八岁，也很好地继承了凌家刻书的技法，可能没少指导和帮助作为侄辈的凌毓枏。

三叔凌稚隆的儿子凌澄初也在刻书，凌氏家族的其他支系也有人在刻书，共同维持着凌氏刻书业的表面繁荣。

此消彼长。晟舍的另一大族闵氏，从事刻书业的人更多，而且刻的书质量更好、知名度更高。

从整个晟舍来看，刻书业还是更兴盛了，刻书坊增加了很多，也建起了不少的新书楼，无数的书船穿行在晟舍的大小水道上。如今，我们仍可以想象，那清清的河水中，有船儿轻摇而过，泛着轻盈的浪花，散出新书的墨香，让古镇充溢着浓郁的文化气息。

同行是冤家，难免互相竞争。凌濛初的父辈凌迪知、凌稚隆等刊刻的图书，曾经辉煌一时，尤其是凌稚隆刊刻的《史记评林》《汉书评林》等"评林"系列，获得了巨大的成功，王世贞在《史记纂·序》曾说，"《评林》行，而自馆署以至郡邑学官，无不治太史公者矣"，兴起了"《史记》热"，才吸引闵氏加入了刻书行业。可没几年工夫，闵氏的刻书越来越红火，虽然数量上还比不了凌氏，质量上却已经明显超过了凌氏。

凌濛初看着晟舍来往穿梭的书船，心情很复杂。晟舍的刻书业越来越兴盛，为什么凌氏的刻书却踏步不前呢？他分析后觉得，刻书的选本很重要，必须选读者喜欢读而市场上少的，再配上导读性的精彩点评，才能被市场和读者认可。而选本和点评，都需要刊刻者的综合素质，而凌氏经营刻书的人，文化程度普遍比不了闵氏。

想到这里，凌濛初更坚定了参与刻书的想法。借以养家糊口是一个方面，更重要的是重振凌氏刻书的威名，在刻书界开辟一片新天地。

凌濛初知道，刻书必须先选本，要适应市场的需求。可是，市场上对哪本书需求大呢？刻哪本书更容易获得成功呢？

2. 评刻"秘藏本"

凌濛初拿不定主意，便去了趟女儿家，找女婿冯延生商量。他知道，冯梦祯藏书很多，去世后自然都传给了子孙，女婿手里可能也会有好书。

这时，女儿与冯延生已经完婚，两家的交往更加频繁。为了支持岳父，冯延生贡献出祖父冯梦祯秘藏的宋代刘辰翁、刘应登两家的《世说新语》批注本，交给岳父梓行。后来，凌瀛初再刻四色套印本时，写了个跋，说明了这件事："嗣后家弟初成，得冯开之先生所秘辰翁、应登两家批注本，刻之为鼓吹。"

凌濛初得到冯梦祯秘藏的《世说新语》批注本，或许不是直接通过冯梦祯之手，否则喜欢写日记的冯梦祯很可能会在日记中提到。因此，他或许是从女婿冯延生那里得到的，或者通过冯延生，从冯家的其他后人那里得到的。

《世说新语》是南朝刘义庆的著名志人小说集，本来就很受读者欢迎，又有刘辰翁、刘应登的批注，那更会引人关注。

刘辰翁是南宋末年著名诗人、评论家，字会孟，号须溪，庐陵灌溪（今江西省吉安县梅塘乡小灌村）人。他一生致力于文学创作和文学批评活动，尤其以评点著称。他不囿于传统功利性的文学评点方式，立足于文学本体，从艺术审美角度出发，评点诸家，见解卓著，被后世誉为"文学评点的奠基人"（焦印亭《文学评点的奠基人——刘辰翁》，载《古典文学知识》2008 年第 2 期）。

刘应登是安城（今江西省安福县）人，与刘辰翁算是同乡。他学识渊博，曾经考中进士，但没有出来做官，而是隐居读书写作，评点前人作品。看过《世说新语》后，他作了详细的批注，疏通了文意，训释了词语，校勘了文字，开创了小说的评点模式，他自言"精化其长注，间疏其滞义"。

刘辰翁是在刘应登评点的基础上，把《世说新语》看成小说又进行了评点。他对《世说新语》的小说意味、艺术价值、表达风格、表达效果等进行了较全面的解析，对小说的内涵意蕴进行了多角度的探索，被后人视为《世说新语》评点第一人。

拿到这个"秘藏本"，凌濛初如获至宝，便准备尽快刊刻。

此前，松江人何良俊模仿《世说新语》，编撰了名为《语林》的小说集，又称《何氏语林》。全书分三十八章，其中三十六章全部按照《世说新语》的旧例，只增加了"言志""博识"二章。后二章内容与《世说新语》有很多重叠的地方，但与《世说新语》融合得很好，可以说浑然一体。"后七子"领袖王世贞又删编了《世说新语》和《语林》，改称《世说新语补》，内容和形式都得到提升，加之王世贞名气大，这个版本迅速得到了流传。《世说新语补》对刘义庆《世说新语》原本的流传产生了巨大冲击，甚至原本都很少见了。

关于这个情况，凌濛初在《世说新语鼓吹序》中，概略地进行了说明——

> 盖稗官家独《世说》称绝，何元朗衍之而作《语林》。《语林》漫而杂，王元美删润而作《补》。《补》一出而学士大夫争佩诵焉。然晋以前颇为临川沟中之断，晋以后则貂尾矣。宋元事入艺场，都不雅驯，好古者或遗之。乃临川本流传已少，独《补》盛行于世，一再传，而后海内不复知有临川矣。余慨然思旧，顾恐不满喜新者之口，一时耳目，复古或难焉。说者又谓：千古微言，晋后独绝。《南北世说》《大唐新语》，继有作者，效颦增厌。况人与母猴，母猴与玃，递远面目矣。元美操觚，几于楮叶。以其《世说》乱《世说》，不可；以其《世说》为《世说》，可。余特录为别卷，而临川一因其旧：元美之改窜者复故，元美之芟除者毕收，仍加标明，为元美取志焉。书成而名之曰《世说鼓吹》。"鼓吹"者，取《世说》语名之也。按孝标解，"鼓吹"为羽翼意。元美足羽翼《世说》，而非《世说》也。合而两伤，离而并美，脱临川于阳九，即于元美称忠臣，亦可也。

在这篇序里，凌濛初先说了自己再刻《世说新语》的动机，就是恢复刘义庆《世说新语》的原貌。但是，他也顾虑无法满足喜新厌旧的读者，把王世贞删补《语林》的内容单列为《世说新语补》，附于《世说新语》后，从而达到"合而两伤，离而并美"的刊刻目的。

当时，面对竞争激烈的图书市场，凌濛初也考虑了销售宣传的问题。把王世贞删掉的《世说新语》部分全部恢复，再把他补《语林》的部分作为附录收入，不仅可以对外宣传此书恢复了宋本《世说新语》的原貌，而且也保留了《世说新语补》的流行效应，可以说新增了一个卖点。

凌濛初担心序中没说清楚，又详细地写了一个《凡例》，对刊刻的动机进一步作了解释，也告诉读者他是怎么恢复《世说新语》原貌的——

　　《世说》夙有善本，耳食者多舍而重《补》，旧本寥寥若晨星亦，故重授剞劂氏。

　　《补》，鸡肋也。删之可惜，留之辄溷，拈出为别帙。柏梁余材，武昌剩竹，楮叶也，非厖尾也。

　　《世说》原本，本上中下而各有上下，而为六卷。翻本者患卷少而艰射利，遂分为八卷。卷首有余行强删之，使少而相凑；卷首有缺行强增之，使多以相接。鹤颈遂短，凫颈遂长。致欲增深公之注，而遽以为殷浩；欲删叔度之文，而竟去其涩南。诸如此类，俱阅者所袭舛而不知也，悉为订正。

　　诸书不可有评。评者，为疣赘，为指枝。独《世说》单词片语，本是谭资，月旦阳秋，不妨饶舌，况刘会孟谭言微中；王敬美剔垢磨瑕，诸家指陈，皆足发明余蕴，不佞参考，颇亦有功前贤，独恶其为评，而易之以"鼓吹"。"鼓吹"非评也。

凌濛初在这里表达得很清楚，他要刊刻一本宋人批注的原汁原味的典籍，把删改的部分"悉为订正"。

在刊刻的过程中，凌濛初还对《世说新语》进行了评点，且谦虚地表示自己不敢说是评价，而是"鼓吹"，也就是宣扬。他依据刘辰翁、刘应登的批注，对《世说》正文进行了校勘，以"按"的形式写了三百八十五条校注文字，不仅标明了王世贞删改之处，还引用《续晋阳秋》《搜神后记》《冈南因话录》等文献资料，对《世说新语》进行了补注。他还加了一百五十五条评语，每条之前都署上了"凌濛初曰"四个字。"按"和评语加在一起，评点的文字达到五百四十条。

凌濛初使用"凌濛初曰""按"两个标记性语词，将小说评语与校注文字加以明确区分，表现出鲜明的小说批评意识。他的评语不仅着眼于道德评价，还涉及了小说理论层面，表达了他的小说创作观念。他赞赏了欲扬先抑、曲折多姿的小说叙事艺术，分析了小说虚实尺度的把握，评价了小说人物的塑造，为读者阅读小说提供了更多辅助和指导。

刊刻是个漫长的过程。凌濛初一边校勘，一边督促刻书坊的工人们刊刻，他的本家兄弟及侄子都积极地参与其中，大大提高了刊刻的质量和速度。

《世说新语》六卷刊刻完成后，凌濛初有些迫不及待，便立即印刷发行了。在《凡例》中，他作了解释："明《世说》脱稿未易，而前《世说》阳九已极，故先为刊布之。"也就是说，他是先刊刻了《世说新语》六卷，以后又补刻了《世说新语补》四卷。

凌濛初刊刻的《世说新语》问世后，受到了广泛的关注，销量也很好。它既恢复、保存了宋本《世说新语》的原貌，又补进了当时流行的元素，还加了独到的见解和点评，一本在手，基本不用再考虑其他版本，受到很多读者的青睐和欢迎。

此后，凌濛初又多次翻刻《世说新语》，他的堂兄凌瀛初也再刻过四色套印本，同时代的张懋辰以及清初的沈荃也都曾翻刻过。沈荃在《重刻世说新语鼓吹序》中写道——

　　迨何元朗《语林》一出，王弇州先生兄弟又为之删定，曰《世说新语补》，奈坊刻稠杂，舛讹殆甚，惟吴兴凌濛初先生原刻，遵古本分为六卷，附以弇州所续，另为一帙，名目《鼓吹》，使后人重见本来面目，洵乎骚坛之鼓吹也。

沈荃的这段文字，言简意赅地写出了凌濛初刊刻《世说新语》的价值与影响。即使到今天，凌濛初刊刻的《世说新语》还受到很多专家学者的高度重视，并从事相关的研究。据《中国古籍善本书目》著录，在北京大学图书馆、中国社科院文学所、上海图书馆、天津师范大学图书馆、吉林省图书馆、山东省图书馆、南京图书馆及四川省图书馆等八家单位里，仍有《世说新语》凌刻本的藏本。

初战告捷，凌濛初并没有满足。在经营的过程中，他一直在思考如何做大做强，更好地为读者服务。鉴于当时印刷法已经得到不断创新，套版印刷的图书更受读者欢迎，他也迅速调整经营策略，开始引进并创新套版印刷法。

3. 推行套版印刷

所谓"套版印刷"，指的是在单色雕版印刷术的基础上发展起来的一种多色印刷方法。普通雕版印刷一次只能印出一种颜色，或黑，或红，或蓝，套版印刷则需要把不同色的部分刻成不同的印版，逐次套准后刷上不同颜色，印到同一张纸上，以达到同一张纸上印出几种不同的颜色的效果。

凌濛初早就见识过套版印刷的书籍。在南京的一座寺庙里，他偶然发现过一本经书《无闻和尚金刚经注》，其经文为红色，注解为黑色，卷首刻有灵芝图也是两色相间，当时颇觉新奇。一看刊刻的时间地点，竟然是元顺帝至元六年（1340）由湖北江陵资福寺刻印的，更是对前辈由衷钦佩。

也是在南京，他还见过安徽歙县黄尚文作传、程起龙绘图、黄应瑞刻印的《闺苑十集》。这本书也是用套版印刷，原文是墨版黑色，批评与圈点则是红色，内容是从秦代至明朝的列女传记，每人立一传、绘一图，看起来既直观，又美观。

在刊刻《世说新语》期间，凌濛初就开始做套版印刷的准备，专门派人赴安徽歙县，学习套版印刷技术。

可是，凌濛初没有想到，他的竞争对手竟然早他一步，已经在尝试套版印刷了。

万历四十四年（1616），同镇的闵齐伋捷足先登，与其家兄闵齐华合作，一起刻印出了乌程的第一部朱墨套印本《春秋左传》十五卷。闵齐伋在该书《凡例》中写道——

> 旧刻凡有批评、圈点者，俱就原版墨印，艺林厌之。今
> 另刻一版，经传用墨，批评以朱，校雠不啻三五，而钱刀之
> 靡，非所计矣。置之帐中，当无不心赏。其初学课业，无取
> 批评，则有墨本在。

在这几句话里，闵齐伋道出了套印本的特点：套印本以多色取代以前的单色，受到了社会的欢迎；套印本需要多刻一版，校对也比较麻烦，耗资很大；青年学子更适合看套印本，如果不愿看批评，只看黑色的文字就行了。

凌濛初看到这部《春秋左传》时，也觉得比单色的好了很多。正文和批评、注释文字，区别以颜色，不仅美观，也更适应当时盛行的评点经史的学术风气。持卷在手，泾渭分明，一目了然，也更利于研习。

凌家的刻书业曾经独领风骚，闵家只是追随者，因为闵齐伋的这套《春秋左传》，大有超越凌家之势，这更坚定了凌濛初立即转向套版印刷的决心。

凌濛初做套版之初，印的是哪本书，史料没有记载，但他不仅是凌氏套版印刷的首创者，也是最大经营者，这点确认无疑。史料能确定是凌濛初所刻的套版书籍，多达二十六种约两百卷：《琵琶记》四卷，《西厢记》五卷、附《解证》一卷，《会真记》一卷、《附录》一卷，《红拂传》四卷，《李长吉歌诗》四卷、《外集》一卷，《李白诗选》五卷，《孟东野诗集》十卷，《王摩诘诗集》七卷，《孟浩然集》二卷，《韦苏州集》十卷、《拾遗》一卷，《李诗选》五卷，《杜诗选》六卷，《刘辰翁批点三唐人诗集》十四卷，《圣门传诗嫡冢》十六卷、附《申公诗说》一卷，《周礼训笺》二十卷，《选诗》七卷，《陶靖节集》八卷、《附录》一卷，《苏长公小品》四卷，《东坡先生书传》二十卷，《东坡先生禅喜集》十四卷，《苏长公表启》五卷，《苏老泉集》十三卷，《维摩诘所说经》十四卷、

附《释迦如来成道记》一卷,《圆觉经》二卷、附《谢康乐维摩经十譬赞》一卷,《世说新语》八卷,还有不分卷的《诗经》《陶韦合集》《山谷禅喜集》等。

从凌濛初刊刻的套版书籍数量来看,他不仅是凌氏套版印刷的最大经营者,也是当时国内套版印刷的最大经营者之一。

凌濛初刊刻了这么多套版书籍,在当时都很畅销,也产生了很大的影响,并有很多流传到后世,成为众目聚焦的典范之本。他的套印本《西厢记》,直到今天还受到专家学者的高度重视,东北师范大学教授黄季鸿曾评价道:"凌版《西厢记》是现今唯一未受传奇体制影响,体例保存完好、改动较小,与元杂剧最相契合的相当妥善的刊本。"(黄季鸿《论凌濛初刻本〈西厢记〉》,《古籍整理研究学刊》2003年第3期,第54—60页)另外,中山大学中文系教授王季思、中国科学院文学研究所研究员吴晓铃、首都师范大学中文系教授张燕瑾等人在编撰《西厢记》校注本时,采用的底本都是凌濛初的套印本。

凌濛初的套印本《西厢记》受到如此关注,首先取决于其完善的体例。他写了《西厢记凡例》十则,放在卷首,对刻本的体例等作了说明——

　　北曲每本止四折,其情事长而非四折所能竟者,则又另分为一本,如吴昌龄《西游记》则有六本;王实甫《破窑记》《丽春园》《贩茶船》《进梅谏》《于公高门》,各有二本;关汉卿《破窑记》《浇花旦》,亦各有二本,可证。故周王本分为五本,本各四折,折各有"题目正名"四句,始为得体。时本从一折直递至二十折,又复不敢去"题目正名",遂使南北之体,淆杂不辨矣。

　　此刻止欲为是曲洗冤,非欲穷崔张真面目也;故止存《会真记》。若《年谱》《辩证》及诗词题咏之类皆不录。其《对弈》一折,不详何人所增,然大有元人老手,亦非近笔所能,且即莺红事,弃之可惜,故特附录之以公好事。

此刻悉遵周宪王元本，一字不易置增损。即有一二凿然当改者，亦但明注上方，以备参考，至本文不敢不仍旧也。

在《凡例》中，凌濛初告诉读者，《西厢记》的版本很多，他是全部按照原本的内容刊刻的。全剧分为五本，每本四折，每折无折目，每本末尾均有"题目正名"四句，末句又分别为各本之名，分别是《张君瑞闹道场》《崔莺莺夜听琴》《张君瑞害相思》《草桥店梦莺莺》《张君瑞庆团圆》，很好地展现了《西厢记》元杂剧体例的风貌。他还旗帜鲜明地批评了当时的一些刻本，甚至完全将杂剧体例改为传奇，不分本和折，直接分为二十出，并为每出立一题目，改得已经不像样子了。

虽然"悉遵周宪王元本"，但凌濛初还是在参考众本的基础上，作了大量的校勘、评注工作。不仅录入了王元美、王伯良、徐文长、徐士范等人的评语，他自己也写了批语，共计三百二十余条，还有"解证"三十四条。这些批语及"解证"给读者提供了大量戏曲资料，包括戏曲体例、曲牌源流、韵律正误、语言习惯等各个方面，对阅读和研究都有很大的帮助。

除了体例和评语，凌濛初还在形式上动了一番心思，力求精美，极趋秀雅。他特意配了苏州著名画家王文衡画的二十幅插图，请安徽歙县著名版刻工黄一彬刻版，在当时算是"用心良苦"了。王文衡画的山水亭阁、树木花草等风景，布置得宜、笔法细腻，画的人物雍容大度、婀娜窈窕、表情自然、栩栩如生，每张插图都构思精巧、意趣雅致，与文本内容相得益彰。黄一彬出身刻书世家，其家族有"刻图必求歙工，歙工首推黄氏"之誉，他的刻版刀法隽永婉转，线条流畅清晰，印刷效果既精准又美观。

正文排版印刷，凌濛初也很讲究：朱墨套印，每半页八行，每行十八字；有眉批，每行七字。左右双栏，中缝镌书名、卷次、页码。正文用黑色，字体隽逸秀劲，行距疏朗，唱词衬字用小字；眉评用红色套印，圈点、句点及简短评注也用红色，印于黑色正文之旁，醒目美观，疏密有致。

套版《西厢记》面世后，受到了读者的极大关注，产生了很大影响，也让凌濛初赚了一大笔钱。

此前，凌濛初还刊刻过哪部套版书籍，因他不在书中注明时间，只能凭推测。但可以肯定的是，他推出的套版书籍都受到了读者关注，也都很赚钱。于是，他很快在小范围内推广了这项技术，在凌氏家族的刻坊进行了普及。族中同人争相仿效，齐驱并驾，套版印刷一时蔚为风气。

4. 兄弟子侄齐上阵

在凌濛初的带动下，凌氏参与套色印刷的有二十余人，其中与凌濛初关系最为密切的，首推凌瀛初和凌毓枬。

前面提到过，凌瀛初是凌濛初的堂兄，凌濛初的二叔凌述知之子，比凌濛初大十八岁。他生于嘉靖壬戌年（1562），字玄洲，号凭虚，由庠入太学，曾任卫经历。所刻之书有五色套印本《世说新语注》三卷、四色套印本《世说新语》六卷、朱墨印本《韩子》二十卷等，其中，凌瀛初的四色套印本《世说新语》六卷是根据凌濛初的墨刻本刊印的。他在跋语中写到了这一点——

余弱冠时幸睹王次公批点《世说》一书，发明详备，可称巨观，以刻自豫章藩司，不能家传户诵为恨。壬午秋，尝命之梓，杀青无机，惜板忽星失，余惟是有志而未逮也。嗣后家弟初成得冯开之先生所秘辰翁、应登两家批注本，刻之为鼓吹。欣然曰："向年蠹简残编，已成煨烬，今获捃摭其全，良为快事。"行之已久，独失载圈点，未免有遗珠之叹。余复合三先生手泽，耘庐缀以黄，须溪缀以蓝，敬美缀以朱，分次井然，庶览者便于识别云。

　　凌瀛初在跋语中说明了《世说新语》的底本使用情况，直言该书与凌濛初墨刻本的关系，解释了再刻套印本的动机。可见，他和凌濛初在刻书中是相互合作、相互补充的。

　　前面也介绍过，凌毓枏是凌濛初三哥凌涵初的儿子，过继给凌湛初做继子，比凌濛初大两岁。他生于万历戊寅年（1578），字殿卿，号觉宇，一号学于居士，郡庠生。他参与了许多评点刊刻活动，《晟舍镇志》卷六《著述》载有其朱批《楚辞》《文选》两书，所刻套色书籍有《唐骆先生集》八卷、《楚辞注评》十七卷、《吕氏春秋》二十六卷、《大佛顶如来密因修证了义诸菩萨万行首楞严经》十卷、《圆觉经》二卷。

　　凌毓枏虽然比凌濛初大两岁，但辈分小，家族的事他还是要听凌濛初的。凌濛初没在家时，他独当一面；凌濛初回到家，他便主要做配合工作。因此，凌濛初刻套印本《孟浩然集》时，凌毓枏负责校对，叔侄俩的配合可能是很默契的。

　　凌濛初还有一个堂兄凌澄初，也参与了日益红火的套版刻书，但与凌濛初合作不多。

　　凌澄初是凌稚隆的小儿子，生于万历二年（1574），比凌濛初大六岁。凌澄初字元清，号彻侯，邑庠生，诰赠承德郎、广东廉州府通判，刻有朱墨印本《晏子春秋》六卷。他在《晏子春秋》的跋中写道——

　　　　吾族《道德》《南华》点校，俱得善本；《管子》亦得朱大复、赵定宇两先生评，行于世。独《晏子春秋》尚自缺然。先君以栋甫（凌稚隆字以栋），端心邺架，既汇《史》《汉》两《评林》，辑《五车韵瑞》诸书，而于《晏子春秋》，复手加丹铅，实有会心。不肖童习之，诚不忍秘，随付剞劂，以公先人志。

　　凌澄初的这些文字，写出了当时凌氏家族点校刻书的盛况。

　　除了凌瀛初、凌澄初和凌毓枏，凌濛初的侄子辈还有很多人参与了套版印刷工作，包括凌瑞森、凌汝亨、凌森美、凌启康、凌弘宪、凌性德等。

凌瑞森是凌述知的孙子，凌莅初的儿子，生于万历二十三年（1595），比凌濛初小十五岁。凌瑞森字延喜，号三珠生、椒雨斋主人，礼部儒士，以子贵，赠文林郎，安庆府推官。他与凌濛初曾多次合作，校点刊刻书籍。他刻的朱墨印本《幽闺记》四卷，底本就是凌濛初从沈璟处获得的手抄本，他在跋语中有声明。他刊行的《琵琶记》，也请凌濛初帮忙校阅、评点。

在凌濛初评点本《琵琶记》上，凌瑞森也写了一个《西吴三珠生跋》，叙及《琵琶记》被改窜之事——

> 余向为愤懑，没由正之。会即空观主人度《乔合衫襟记》，更悉此道之详。旋复见考核《西厢记》为北曲，一洗尘魔。因请并致力于《琵琶》为双绝。遂相予参订，殚精几年许，始得竣业。

凌瑞森还与凌南荣刻有朱墨印本《李于麟唐诗广选》七卷，也请凌濛初为之作序。而凌濛初编选评定《南音三籁》，戏曲部分由"椒雨斋主人"即凌瑞森点参。由此可见，凌瑞森与凌濛初叔侄的合作算是比较多的。

凌汝亨也是凌述知的孙子，凌渐初的儿子，生于万历十三年（1585），比凌濛初小五岁。凌汝亨字文起，邑庠生，刻有朱墨印本《管子》二十四卷，书中有他所辑赵用贤、朱大复、张宾王三家的评点。

凌森美是凌稚隆的孙子，凌澄初的儿子，生于万历二十四年（1596），比凌濛初小十六岁。凌森美字君实，号橘隐，邑庠生，著有《皇明识余录》，刻有四色印本《南华经》十六卷，朱墨本《选赋》六卷，《史记纂》（补祖父凌遇知未竟之作）。

凌启康是凌嗣音的儿子，是凌濛初的远房侄子，生于万历六年（1578），比凌濛初大两岁。他原名恒德，字安国，号天印，又号旦庵主人，由廪贡生入太学，授中书舍人，刻有朱墨印本《苏长公小品》四卷，三色印本《苏长公合作》八卷、《补》二卷，《四书参》十九卷等。

凌弘宪也是凌嗣音的儿子，是凌濛初的远房侄子。他原名慎德，字叔度，号天池，郡庠生，刻有三色印本《会稽三赋注》四卷，朱墨印本《李于鳞唐诗广选》七卷。

凌性德是凌嗣彰的儿子，也是凌濛初的远房侄子，生于万历二十年（1592），比凌濛初小十二岁。他不仅刊刻了由袁宏道评点的朱墨印本《虞初志》七卷，由李攀龙评点的朱墨印本《曹子建集》十卷，还刊刻了他自己批点的传奇《红梨记》四卷。

在凌濛初的引领下，晟舍凌氏家族的刻书业逐渐发展壮大，"凌刻"的图书销往全国各地，声誉也越来越高。

晟舍凌氏套版刻书业的兴盛，也吸引了其他非晟舍支系的凌氏成员，有不少也参与到套版刻书中来，这其中的代表人物主要有三个：凌南荣、凌云和凌杜若。

凌南荣的相关史料不多，但他参与了凌濛初的套版印刷，在凌濛初刊刻套印本《陶靖节集》八卷、《总论》一卷的过程中，负责校勘工作。在这本书的跋后，刻有"凌南荣校"一行文字。他不仅直接参与凌濛初的刻书，还与凌瑞森合作，刊刻了朱墨印本《李于鳞唐诗广选》七卷。

凌云刻有三色套印本《唐诗绝句类选》四卷，附《总评》一卷、《人物》一卷，共六卷；刻有五色套印本《文心雕龙》四卷、《注》四卷。在《文心雕龙·凡例》中，凌云自豪地说："杨用修批点，元用五色，刻本一以墨别，则阅之易溷，宁能味其旨趣？今复存五色，非曰炫华，实有益于观者。"

凌杜若，字若衡，吴兴县人。刻有朱墨印本《诗经》四卷、《周礼》二十卷。

总之，凌濛初及其家族成员刊印了大量套版书籍，内容遍及经、史、子、集四部，数量达到了空前的程度，销量也相当客观。尽管套版印刷成本较高，他们还是取得了很好的收益，整个家族也渐渐兴旺起来。如果说凌濛初的祖辈和父辈支撑起了家族刻书业的繁荣，那么凌濛初推行的套版印刷又让家族进一步崛起，让"凌刻"的威名越来越响亮。

然而，在繁荣的背后，凌濛初也发现了一个问题。凌家的有些书坊为了速刻牟利，刻印较为粗糙，甚至运用一些较低劣的手段牟利。有的把同一版本的书籍改头换面，再行刊刻，凌版《世说新语》有六卷本和八卷本之分，其中八卷本就是用六卷本的刻板改刻而成……

凌濛初知道，质量和信誉对商人来说相当重要，不能为了小利丢掉声誉。为此，他不惜成本，想方设法提高刊刻书籍的质量。

5. 以质取胜

为了提高书籍的质量，凌濛初经过调查研究，先在自家的刻书坊里试点，调整了纸张和用墨。他要求，必须用上等洁白的绵纸和宣纸，偶尔用竹纸的，其质地也要坚韧耐久；必须用上等好墨，确保印成的书籍字迹清晰，黑而有光，而且一开卷便有一股书香扑面。由于纸墨方面用料讲究，极大地提高了套版印刷物的质量。

刻印的时候，凌濛初也让刻工们注意细节。他指出，要把正文和评点分开，不须注明，读者一览而知，如果评点者不止一家，便用多色套印，一色代表一家批注或评点，更美观，又一目了然。甚至，他还在页面上做文章，先是半页刻九行十九字，后又半页刻八行十八字，有时还刻八行十七字，正文一律用仿宋印刷体，规格工整。评语、旁注用手写体，版面疏朗、悦目。

除了制定规矩，凌濛初还积极抓落实。他经常在刻坊里检查监督，发现问题及时更正，决不姑息。

通过一系列改进措施，凌濛初刊刻的书籍质量进一步提升。

在一次家族聚会的时候，凌濛初把自己的想法和家族中从事刻书的成员进行了沟通，并对小辈们提出了要求。大家纷纷赞同，也开始在刊刻中注意提升质量。

印刷质量提高了，凌濛初并不满足。他自己也是一个读书人，很清楚如何衡量一本书的好与差，最重要的还是取决于内容，而不是外在的印刷形式。因此，要想刊刻一本好书，不管是用墨版还是套版，底本最重要。凌濛初在做套版书籍时，也遵循自己一贯的做法，选择"善本"，尤其是名人名家评点的"善本"。

一个偶然的机会，凌濛初觅得了一本《琵琶记》，竟然是堪称古本的"臞仙本"。

"臞仙本"的刊刻者署名是"臞仙"，推测可能是自号"臞仙"的朱权。

朱权是明太祖朱元璋的第十七个儿子，生于洪武十一年（1378），死于正统十三年（1448），自号臞仙，别号涵虚子、丹丘先生等。他多才多艺，戏曲、历史方面的著述颇丰，撰述纂辑见于著录者七十余种，堪称戏曲理论家和剧作家。

如果"臞仙本"《琵琶记》真是朱权所刻，那刊刻时间可能早于明朝正统年间（1436—1449）。在凌濛初那个时代看来，它与元传奇《蔡伯喈》"陆钞本"同属古本，与当时流行的版本差异较大。

凌濛初多次读过《琵琶记》，也在相关的文章中作过评论，但他读的大多是当时流行的版本，也特意就流行版本的改编提出批评。他一直强调戏曲的"本色"，除了在理论文章中推崇"本色"，也在实际行动中为"本色"的推广做工作。他刊刻的《西厢记》"悉遵周宪王元本"，也是为了"本色"。

因此，看到"臞仙本"，他欣喜之余，立即便产生了刊刻出来的想法，只为了让更多的人像他一样读到更"本色"的《琵琶记》。在《琵琶记·凡例》中，他再次对当时流行的版本进行了批评，表达了得到"臞仙本"后的喜悦心情，也推介了古本的妙处——

> 《琵琶》一记，世人推为南曲之祖，而特苦为妄庸人强作解事，大加改窜，至真面目，竟蒙尘莫辨。大约起于昆本，上方所称依古本改定者，正其伪笔，所称时本作云云者非，则强半古本，颠倒讹谬，为罪之魁。厥后徽本盛行，则又取

其本而以意更易一二处，然仍之者多，而世人遂不复睹元本
矣……独此曲偶获旧藏"瞿仙本"，大为东嘉幸，亟以公诸人，
毫发毕遵，有疑必阙，以见恪守。

时本《琵琶》，大加增减。如《考试》一折，古本所无；
古本后八折，去其三折。今悉遵元本。但其所增者，人既习
见，恐反疑失漏者，则附之末帙。

东嘉精于调，故凡宜平宜仄处，上去去上处，以入作平
处，皆有深意，非苟作者，悉为拈出，以俟知音。独其最喜
杂用韵，每有三四韵合为一曲者，亦曲家所深忌。意东嘉之
为人，必善声律，而地产音舌不甚正者，今失韵处，亦皆拈
出，使瑕瑜不掩。

弘治间有白云散仙者，以东嘉见梦，谓蔡伯喈乃慕容喈
之误，改之行世，以为东嘉洗垢，亦一奇也。兹附载其序，
以发好事者一笑。

凌濛初认为《琵琶记》被窜改，起源于昆本，徽本又袭用昆本，还
把一些地方想当然地作了修改，致使出现了颠倒甚至谬误。他得到的
"瞿仙本"，则保留了"本色"，且在用韵上很讲究。他几次提到"东嘉"，
指的就是《琵琶记》的原作者高明，因其是浙江瑞安人，而瑞安属古永
嘉郡，永嘉也称东嘉，所以后人都称他为高东嘉。

在刊刻过程中，凌濛初几乎完全恢复了原本，可以说做到了"正本
清源"。但是，他也把后人增加的部分附在后面，免得让人怀疑有疏漏，
可能也是为了迎合更多"看热闹"的读者，让书籍销量更大一些。

《琵琶记》仍采用朱墨两色套印，版框高二十点一厘米，宽十四点
七厘米，每页八列，一列十八个字，字号很大，版式疏朗，方便阅读。
正文用黑色，凌濛初的解读点评用红色，眉批、句读、行间注解，都是
用行楷小字工整标出，字迹分明，一目了然。

像《西厢记》一样，凌濛初也在《琵琶记》里配了二十幅插图。插
图还是著名木刻版画家王文衡结合故事情节绘就，画风清新明丽，布局

疏密有致，人物纤弱柔美，线描简练精绝，大到屋宇、桌椅，小到烛台、纸砚等摆件，都刻画得很生动、很完备，充满生活气息。刻工也是精选的镌刻能工圣手郑圣卿，使画作完美地呈现在刻版中。二十幅插图锦上添花，让这本书图文并茂。

"瞩仙本"《琵琶记》面世后，果然备受关注，读者争相购买，销量很大。后来，同时代的松江名士陈继儒在《史记钞》序言中，描述了当时的情景："吴兴朱评书错出，无问贫富好丑，垂涎购之"，"书日富，亦日精，宝藏者异锦名香，裹置高阁"。

"瞩仙本"《琵琶记》的成功，让凌濛初更坚定了他的"本色"理论，更不遗余力地寻找"善本"，尤其是名人名家的评点本。

凌濛初喜欢刘辰翁的评点本，有意识地访求刘辰翁评点本刊刻。

刘辰翁是南宋最有代表性的评点家，后世公认的"文学评点的奠基人"。他的评点言简意切，士人咸服，都愿意看他评点过的作品。他的评点本销路很好，当时的很多刻书商都抢着刊刻，叶德辉在《书林清话》卷二就曾说："刘辰翁，字会孟，一生评点之书甚多，同时方虚谷（回）亦好评点唐宋人说部诗集，坊估刻以射利，士林靡然向风……"

凌濛初在《李长吉歌诗·跋》中，明确指出了刘辰翁评点的独特——

> 今世词家为歌诗者，无不喜拟长吉，亦一时之变也。先辈称，善言诗者，咸服赝宋刘须溪先生。李文正公（李东阳）《麓堂诗话》称其："语简意切，别自一机杼，诸人评诗者皆不及。"良然。自杜少陵以下诸名家皆有评，而其于长吉击节弥甚，盖长吉谲怪，先生亦刻意摹索而有得。至谓千年长吉甫有知己，以诮樊川，雅自负可知已。近世徐文长亦有评，恐未必能及先生，当自有辨之者。

在这段文字中，凌濛初借李东阳的话，极言刘辰翁评点的权威性。

因此，在刊刻了刘辰翁评点的《世说新语》后，他就开始有意识到处寻找刘辰翁评点过的作品。他后来刻的《李长吉歌诗》《李白诗选》《陶韦合集》《孟东野诗集》《王摩诘诗集》《孟浩然集》《韦苏州集》等，都是采用的刘辰翁评点本。

这些评点本，有的是他千方百计才找到的，比如《孟东野诗集》。

刘辰翁的一些唐诗评点本，流传比较广，凌濛初很容易就找到了，并刊刻发行。后来他想刊刻孟郊的诗集，却找不到刘辰翁的评点本，便四处寻找。

有人提醒他，刘辰翁可能就没评点过孟郊的诗集。

凌濛初不以为然，坚信刘辰翁会评点孟郊的诗集，只是因为孟郊的名气相对较小，收藏的人也相对会少。因此，他没有放弃搜寻，利用各种机会到处访求。

功夫不负有心人。有一次，凌濛初去湖州武康，听说一个大户人家收藏有孟郊的诗集，便专程前往拜求。这户人家曾经很兴盛，收藏了很多古典书籍，其中竟然就有宋版的《孟东野诗集》刘辰翁评点本。

凌濛初欣喜之余，赶紧刊刻了这本书，自然又受到广泛的欢迎，也给他带来了丰厚的利润。

刘辰翁的评点本，凌濛初最喜欢。找不到刘辰翁的评点本时，他也搜集其他名人的评点本。

有一天，凌濛初翻阅自己评点过的《东坡禅喜集》与《山谷禅喜集》，看到了冯梦祯为之做的点校，不由兴奋不已。他想起当初冯梦祯还为他所获的元刻本《景德传灯录》作过跋，便决定把这两本书刻印出来。他觉得，冯梦祯这样的名人评点过的书，销路可能也不错。

天启元年（1621）春天，凌濛初刻印了冯梦祯点校过的《东坡禅喜集》与《山谷禅喜集》，并把冯梦祯所作的《景德传灯录·跋》附于书后。在《东坡禅喜集》后的《识》中，他特意写了一些缅怀冯梦祯的文字，并对冯梦祯所作的跋语作了说明——

此开之先生所跋余元板《传灯录》语也。先生批阅两"禅喜"竟，余时无公海内意，故不及书其数语作序，今不可追矣。聊附此以见先生禅宗之一斑耳。其所称玄房，则余稚年旧字也。

凌濛初还为《东坡禅喜集》写了个跋，也再次谈到冯梦祯点校的事——

岁之癸卯，开之先生有吴阊之约，招余同往，联舟以行，各有诗，今《快雪堂集》中所书正月订吴门之约是也。舟中煮茗相对，辄手一帙商榷。时嘉禾方刻《研北杂志》，先生为之正讹字数十，且多臆中，以为快。校竟，问余奚囊携得何书，余以《景德传灯录》及苏、黄相对。苏集旧多挂漏，而余盖稍益之者也。先生爱《传灯录》之精好，为书一跋，又点阅二《禅喜集》。在坐有释行忞，先生时举妙义相证，随笔其上方。吴阊返棹，二集皆卒业。向秘之笥中，迄今凡十九年，先生墓木已拱，而余亦镜有秋霜缕许矣。付之剞劂一新，恍如昨游，为之慨然。

为了增加这本书的名人效应，凌濛初把当时的著名文人陈继儒作的序也并引用，甚至包括陆树声的《题东坡禅喜集》和唐文献的《跋东坡禅喜集后》。

陈继儒是松江府华亭（今上海市松江区）人，字仲醇，号眉公、麋公。他自幼颖异，工于诗文、书画，从二十九岁开始，就焚儒衣冠，绝意科举仕进，隐居在小昆山，后居东佘山，关门著述。他学识广博，以"隐士"之名与三吴名士来往，其中也有不少高官豪绅，屡次皇诏征用，皆以疾辞。他在《东坡禅喜集·序》中写道——

唐宋而后，天下无才子。聪明辩才之士往往窜为高僧，如永明、觉范、大慧、中峰，其所为文章，纵横自在，有今之文人不能措其一语者。然而独网漏一眉山之长公。何也？长公少年之文，与栾城先生皆得老泉法，而终未尽其变。晚而游于禅那，与佛印、参寥诸子互呈伎俩，于是掀翻宝藏，以三寸辘轳舌，颠仆半生。譬张僧繇画龙，一点眼便欲昂首飞去；妖狐老猿窃获真人符箓，则千奇百怪，跳梁于青天白日之下，而终不可以尺组约束，今《禅喜集》是也。此集辑自徐长孺，而唐元徵欲刻之以示同志，且以广诸才子之学为文而穷于变者。长公为五祖戒后身，其母与子由弟皆亲梦见之。五祖戒陕右人，而长公七八岁亦时时梦游关中。宋二百年仅得此人，乃前生又为高僧所罗，五祖逸出之而始得为东坡，不者宋几无才子矣。

从陈继儒的这篇序中，可以看出，他并不是为凌濛初刊刻这本书而写的，而是先前为唐文献写的。

在一些研究凌濛初的专著或论文中，很多论及凌濛初的交游，总把这篇《序》作为凌濛初与陈继儒交游的论据，或者推断是凌濛初请陈继儒写的，可能都不准确。如果能细读这篇《序》，很容易就会发现这个问题。

凌濛初评点的这本《东坡禅喜集》，可能是徐长孺编撰的，由唐文献刊行于万历十八年（1590）。唐文献是陈继儒的华亭老乡，当时又是令人瞩目的丙戌科状元，陈继儒才给他写了这篇《序》。或者，凌濛初评点时也参照了其他更早的版本，但陈继儒、陆树声和唐文献的相关文字，大概是从唐文献刊刻的版本中引用而来。

唐文献在《跋东坡禅喜集后》中写道——

徐长孺汇集成编，余故喜而刻之，使天下老居士有生死心者一披此卷。或士大夫热闹中欲乞清凉扇子，不妨向子瞻案前烧一瓣香。其或心力勇猛，不愿作文字禅者，则请置之，毋以不肖为戎首。

从唐文献的这段文字里，也直接可以看到，当时他写这篇跋，是为自己刊刻这本书写的，编者是徐长孺。

凌濛初在刊刻这本书时，并没有把他评点的版本说清楚，他可能认为，附上陈继儒、陆树声和唐文献的相关文字，读者可以一目了然，不用再作详细说明。他在正文"卷一"题："真实居士冯梦祯批点，即空居士凌濛初辑增"，其实已经说得很明白，他主要做的是"辑增"工作，就是加了内容，使之更全更丰富了。

凌濛初辑增并评点的这个版本，他是用朱墨套印的，正文每半页八行，每行十八字，白口，中缝署书名、卷次、页次，有眉批和行间校字，被公认为是内容最全、印刷最精美的版本。

果然不出凌濛初所料，这两本书一经问世，也受到了读者的欢迎，获得了很好的经济效益。

后来，凌濛初还刻意把各家关于一书的评点批注汇辑在一起，谓之"集评"本。用这种思路，凌濛初刊刻了《选诗》"集评本"，套印的评家多至二十多人。

"集评本"集中了各家意见，有助于读者分析、比较，也为后来的研究保存了较多的史料，有其一定的价值。为了防止评点过多，珠目杂陈、泥沙俱下，影响套印本的质量，凌濛初在套印的分色上做文章，按底本所用不同颜色分色套印。评者若只有二人，朱黛以分其前后，以颜色区辨评家。评者若多于二人，以主要评家的评语为一色，其他各评家的评语为一色，尽量反映原书面貌。

凌濛初从事套版印刷虽较闵齐伋略晚，但刻书数量和质量却超过了闵齐伋，"凌刻"遂以其独特的套版印刷而名扬四海。

套版印刷术虽然不是凌濛初所创，但在他的努力下得到了迅速发展，并奠定了"凌刻"在套版印刷中的重要地位。它以崭新的书籍形式、大量的文史内容，方便了读者的阅读学习，丰富了人们的精神食粮，从一个侧面反映了当时中国的印刷水平之高，在世界印刷史上留下了浓墨重彩的一笔。

多年的刻书印书卖书，不仅传播了文化，也让凌濛初获得了丰厚的利润，成为一个不折不扣的商人。只不过，他算是从事文化产业的"儒商"。

6. 经商并不低贱

在刻书的过程中，凌濛初对商人的艰辛有了切身的体会，对商业的价值观与道德观有了全新的认识，对经商的看法也发生了改变。

凌濛初生活的晚明时代，虽然社会生产力达到了一定的水平，商品经济有了较快的发展，但受传统价值观的影响，重农抑商、尊士轻贾的思想仍占据主流。当时的传统价值体系中，行业的排列次序一般是"士、农、工、商"，商人从事的商业活动，被视为最末等的"贱业"，商人们长期处在受鄙视的社会最底层。明朝初期甚至作出过许多歧视性的规定，"商贾、技艺家器皿不许用银"，"商贩之家只许着绢布"，农民之家只要有一人经商"亦不许着细纱"……在这样的规定之下，一般人不愿意选择经商。

凌濛初出身官宦世家，从小就受传统思想教育，致力于读书修身，参加科举考试，以图从政做官。可是，他参加过多次考试后，发现了官场的黑暗及考场的不公，渐渐对科举失去了信心，才转而求其次，经商养家。即使经商，他也是发挥自身文化素养的长处，进行文化产品的生产、保存和传播，以保持自己儒雅的风度。他编撰、评点、刻印、校对的书籍，也大多数是为考生们服务，在普及历史文化、满足群众需求等方面，都有很重要的意义。

在经商过程中，凌濛初接触了很多商界的精英。他发现，经商的人也分很多类，有小商小贩，也有文人墨客，还有官宦后裔。大家在一起闲聊时，都很推崇王阳明的思想，也就是他说过的"工商以其尽心于利器通货者，而修治养具，犹甚士与农也"（《阳明全书》卷二五《芦庵方公墓表》)。凌濛初细细品味过这句话，也觉得很有道理。

在做套版印刷时，凌濛初接触了几个安徽歙县的著名刻工，又从刻工们那里听到了更让他难以置信的理念。

刻工们告诉他，在徽州，行商坐贾已经跻身人生理想，很多人不再以"拾朱紫"为唯一的奋斗目标。当地甚至有"商贾为第一等生业，科第反在次者"的说法，把经商看得比科举还高。他们还举了个例子，说是知县的孩子都不参加科考，幼时读书也只读商贾椎算之学，长大了直接去经商。

他们还津津乐道徽州儒商李大祈的故事。李大祈早年学习诗文，后弃儒经商，经营盐业，往返于淮、扬、荆、楚之间，腰包日渐隆起，曾豪言："丈夫志四方，何者非吾所当为？即不能拾朱紫以显父母，创业立家亦足以垂裕后昆。"(《三田李氏综宗谱·环田明处士松峰李公行状》)

耳濡目染中，凌濛初的思想观念开始渐渐发生变化。他觉得，经商应该和做官、种地一样，都是为了生活得更好，为了国富民强，甚至可以说，经商来得更快更直接，更"有益于生人之道"。

不仅仅是凌濛初，许多有识之士也越来越看重经商，认同商业意识。他们在追求科场功名的同时，也把眼光投向了商界，力求获得商业利润，增添生存所需的经济收入，形成儒商并重的文化氛围。因此，在凌濛初的家乡湖州及附近的杭州、嘉兴一带，经商已是蔚然成风。

正是在这种新思潮影响下，凌濛初才在经历了刻书卖书的实践后，写出了名垂青史的"二拍"，并在书里集中刻画了一大批弃儒经商的人物形象，生动描述了他们的商业活动。比如《转运汉遇巧洞庭红　波斯胡指破鼍龙壳》中的文若虚，《姚滴珠避羞惹羞　郑月娥将错就错》中的潘甲，《许察院感梦擒僧　王氏子因风获盗》中的王禄，《程元玉店肆代偿钱　十一娘云岗纵谭侠》中的程元玉，《叠居奇程客得助　三救厄海神显灵》中的程氏兄弟等。

正是基于刻书经商的实践，凌濛初的商业思想渐渐形成。他认为，经商并不低贱，完全可以当作光明正大的事业来做，还可以实现自我价值。

凌濛初重塑了他的商业价值观和道德观，准备安心经商，在刻书领域实现自己的人生价值。可是，这时却突然传来一个消息，又在他已然平静的内心深处，激起一波难以平复的涟漪。

7. 一个不愿放弃的机会

消息是从朱国祯那里传来的。

这时，朱国祯被召拜为礼部尚书兼东阁大学士，准备离乡赴京上任。他特意让人给凌濛初捎信，邀请凌濛初一起去北京，希望他去吏部参加谒选，并有推荐他、帮助他的意思。

凌濛初接到这个通知，觉得这是一个难得的机会，不由动了心。他这才意识到，他骨子里那"学而优则仕"的思想仍根深蒂固。

连续几天晚上，凌濛初徘徊在晟舍的夜色里，听着河渠中潺潺的流水声，艰难地做着抉择。他分析当时的政治形势，不理朝政的神宗帝已经不在了，新帝天启是不是励精图治？官场的腐败会不会有所改善？科场的风气会不会好一点？再说了，通过这几年的刻书卖书，家境已经有了明显改善，到北京谒选终是正途。一旦成功，有个济世救民的机会，也不枉多年所学；如果不成，还可以顺便在北京参加一次考试……渐渐地，赴京谒选的念头占了上风。

经过激烈的思想斗争，凌濛初做出了与朱国祯同行的决定，赴京谒选。

第六章 「淹留」北京

1. 北上

初夏的京杭大运河上，帆樯如林，舳舻云接，漕船、官船、商船、民船连绵不绝，一派生机勃勃的繁荣景象。

凌濛初站在船头，看两岸的秀美风景，以及来往穿梭的各种船只。

这时是天启三年（1623）的四月，他们刚从杭州出发，行驶在江南的温润富庶之地，沿途的景色可以用"秀美"来形容。运河在江南的很多河段，船只相对较多，除了漕船和官船，更多的是民船和商船。江南水系发达，船是普通百姓的主要交通工具；江南商业发达，商业运输也主要靠船。

连续几年在家刻书经商，凌濛初没怎么出远门，更没见识过运河上的"船阵"，这时看到这种景象，心里还是有几分新奇和激动。正看着，朱国祯让人请他去船舱喝茶，他赶紧回船舱。

回到船舱，凌濛初和朱国祯相对而坐，品尝了刚刚采摘的明前龙井茶，又谈起了相互关心的话题。

朱国祯这时已经六十五岁，虽然身体还不错，但毕竟年纪不饶人，心力已经不足了。多年前，他就从国子监祭酒任上辞官回乡，一直过着乡居生活，养成了淡泊的性格，与世无争的品行，虽在洪灾时上疏解民困，力请重修过荻塘，但他不愿再出来做官。早在两年前的天启元年（1621），首辅叶向高就推荐他担任礼部右侍郎，他推辞掉了。这次，还是叶向高推荐，直接让他担任礼部尚书，他再不答应就有点说不过去了。当然，他也听说了一些风言风语，知道朝廷高层斗争激烈，尤其是魏忠贤的势力越来越大，已经严重威胁到以叶向高为代表的东林党人，叶向高推荐他，可能也是希望得到他的帮助和支持。

朱国祯自然不会跟凌濛初谈论高层的政治斗争，更多地谈历史与文学。凌濛初虽然有很多独到的见解，但朱国祯是他父亲的朋友，比他又大二十多岁，应该算他叔叔辈，身份差别也太大，所以更多是虚心学习、随声附和。只是谈到戏曲等领域，他才发表一下自己的"本色"观点。

朱国祯很欣赏凌濛初，也对凌濛初屡试不中感到惋惜，才准备出手"拉"他一把，并对他有所期待。单纯因为与凌濛初及其父亲的朋友关系，他不至于提醒凌濛初进京谒选，更不可能叫上凌濛初同行。毕竟一路同行到京，最快也要一个多月，没有共同语言的话，聊天也没的聊。

这时的凌濛初虽然没有放弃仕途，却也在商界打拼了多年，对经商有了全新的认识。在与朱国祯聊天时，他大概会聊起前几年的刻书经商经历，以及他对经商的看法。

朱国祯这次去北京任职，职务是礼部尚书。这个部虽然排在吏部和户部之后，但却非常重要，因为礼部负责全国的思想宣传及文化教育，包括科举考试等。他根据当时的形势分析，叶向高推荐他，可能并不仅仅让他负责礼部，或许要兼做首辅的参谋助手，参与到高层政治斗争，甚至内阁的全面工作。因此，他考虑问题的角度也更宽泛，对经济问题也很感兴趣，这点恰恰是凌濛初的优势，两人聊得就更投机了。

郑龙采在《别驾初成公墓志铭》中写道："招诣同舟，访以经济之术"，特别强调了他们谈及"经济"，想必是朱国祯后来在某些场合提及与凌濛初谈论经济的事，或者凌濛初与朋友们谈起过。

朱国祯任礼部尚书半年后，就晋升为户部尚书、武英殿大学士，掌握全国的经济大权。凌濛初与他谈过"经济"，想必也让凌濛初引以为荣，偶尔会忍不住向亲友们"炫耀"一番。

在讨论交流或闲聊中，官船沿运河缓缓北行。当时，官船在运河上行驶，优先等级并不太靠前，甚至还不如考船，想快也快不了。运河上的行船顺序是："皇船第一、漕船次之、考船又次之、贡船再次之、官船更次之"，也就是说，为皇室运送贡品的"皇船"享有最高优先级，其次是关系到京师命脉的"漕船"，再就是赴京参加科举考试考生们乘的船，至于四方朝贡使节与官员的船只，只能排在更后面，只比商船、民船优先一些。

这样，朱国祯的官船用了半个月，还没到山东。不巧的是，他们正好碰上了这年的黄河决口，睢阳、徐州、邳州一带受灾，也严重影响了运河的航行，官船行驶的速度更慢了。

辗转近两个月，朱国祯的官船才在六月初到达北京，两人话别。

凌濛初找了个旅店住下，便准备去吏部谒选。

2. 参加谒选

谒选的意思就是赴吏部应选。按照当时的选官制度，读过国子监的贡生（又称监生），认为自己有本事，却未能在科举考试中成功，得到某个官吏的赏识后，就到吏部提交申请，等待时机，看能否被选任为官。

明朝的选官制度，在继承前朝的基础上，进行了不少的创新与发展。《明史》中详细记载——

> 选举之法，大略有四：曰学校，曰科目，曰荐举，曰铨选。学校以教育之，科目以登进之，荐举以旁招之，铨选以布列之，天下人才尽于是矣。明制，科目为盛，卿相皆由此

出，学校则储才以应科目者也。其径由学校通籍者，亦科目之亚也，外此则杂流矣。然进士、举贡、杂流三途并用，虽有畸重，无偏废也。荐举盛于国初，后因专用科目而罢。铨选则入官之始，舍此蔑由焉。是四者厘然具载其本末，而二百七十年间取士得失之故可睹已。

监生历事，始于洪武五年。建文时，定考核法上、中、下三等。上等选用，中、下等仍历一年再考。上等者依上等用，中等者不拘品级，随才任用，下等者回监读书。

由此可见，凌濛初所处的时代，已经不再是"一考定终身"了，有多种途径可以做官。荐举后以贡生参加谒选，就是一种很重要的途径。凌濛初的曾祖凌震，当初就是以廪贡身份参加谒选的，并成功谒选为湖广黔阳县学训导。

当然，参加谒选并不容易，成功率并不高。凌濛初三次中副贡，也在国子监读书多年，但一直没参加谒选，可能就是因为没有信心。

这次却不同，因为有朱国祯的举荐。朱国祯可是新上任的礼部尚书，主管全国的宣传教育，虽然职位比不了吏部尚书，但他兼任东阁大学士，同在一个办公室工作，面子应该是比较大的。

凌濛初满怀信心，去吏部办理了相关手续，就安心地等通知了。

这段时间，他没事可做，就在北京城转了转，熟悉京城的环境，感受京城的氛围，幻想有一天进入某个大衙门任职，哪怕是很低的职位。可是，一连几个月过去，他没听到半点消息。

凌濛初有些着急，几次想去拜访朱国祯，请他帮忙问问情况。可是，一想到朱国祯贵为尚书，又是新任职，可能特别忙，就不好意思去打扰他了。

事实上，朱国祯上任后，自己也在权力斗争中沉浮，日子很不好过。他知道，他能就任礼部尚书，是叶向高首辅推荐的，但他不知道，他正是以叶向高为代表的东林党与魏忠贤斗争的一枚棋子。就在叶向高举荐他的同时，魏忠贤也举荐了三个人，分别是顾秉谦、朱延禧和魏广微，并都获得了天启帝的恩准。于是，本来只有叶向高、韩爌、何宗周、史继偕的内阁，一下子又增加了四个人，使阁臣上班的地方"直房"都几乎容纳不下。

叶向高举荐朱国祯，本是想拉来朱国祯壮大自己的力量，却让魏忠贤有机会把他的心腹也安插进了内阁，反而改变了东林党在内阁一统天下的局面，使斗争形势更复杂化、白热化。

好在叶向高是首辅大臣，德高望重，东林党人还占据着主要职位，工作还不太难做。然而，他作为首辅，不能旗帜鲜明地支持东林党，只能在中间左右斡旋，制约魏党，保护东林党人。

作为辅臣的朱国祯，只能服从首辅的意志，协助首辅做这类工作，但客观上也跟随首辅，维护东林党人的利益。在这个过程中，他也很清楚地看到，皇帝是支持魏忠贤的，他们与魏忠贤的斗争必须讲究策略，并不是一件容易事。

在这种情况下，朱国祯自顾不暇，自然也顾不上凌濛初的事了。而且，这年是京察之年，也就是对两京的官员进行统一考核的年头，吏部尚书赵南星主持京察，天天在想如何清除异类，把政治斗争推向白热化，他也不可能为了凌濛初的事直接再给吏部打招呼。

凌濛初在等待中，也听到了一些小道消息，知道高层正在进行政治斗争，也听说了京察的事。在他的潜意识里，觉得这些可能是好事，他相信东林党人实力更强，大概会取得斗争的胜利。而京察正好可以弹劾处理一批官员，空出更多的"官缺"，他或许会有更多的机会。

可是，这年九月，凌濛初突然听到了一个不好的消息：朝廷"议裁冗员"，可能要大幅压减编制。他思忖，如果真是"议裁冗员"，那谒选的希望就不大了，那他是不是继续等下去，就是该考虑的问题了。可是，毕竟他是朱国祯带来的，走与不走，必须听听朱国祯的意见再说。

于是，凌濛初找了个机会，专程去拜访了朱国祯。

"议裁冗员"的具体情况凌濛初不清楚，朱国祯却是很清楚的。九月五日这天，刑科"给事中"解学龙上疏，其中写道——

　　额饷当核，额兵当清，军需当节，马兵当酌，冗将当裁。
洪武年间，文官五千四百余人，军职二万八千余人。万历时，
文官增至一万六千余人，军职增至八万一千余人。今日又不
知增加几倍。凡可裁者裁之，即可岁省饷数十万两。

　　"给事中"这个职位，品级虽然不高，但权力很大。他负责侍从、
谏诤、补阙、拾遗、审核、封驳诏旨、驳正百司所上奏章、监察六部诸
司、弹劾百官；还负责记录编纂诏旨题奏，监督诸司执行情况，受理冤
讼等，可以直接向皇帝请示汇报，听从皇帝直接指挥。因此，解学龙的
这个提议，立即得到了皇帝的允准。或许这正是皇帝的意思，借解学龙
之口提出来。

　　因此，"议裁冗员"的事，朱国祯给了凌濛初肯定的答复，但此事
会产生多大的影响，他自己也拿不准。

　　凌濛初坦率地汇报了自己的理解和分析，也提出了自己的想法和看
法，请朱国祯裁定。

　　朱国祯自然不会给出明确意见，但他也分析了形势，让凌濛初自己
拿主意。当时，他对形势的把握，应该会比凌濛初更准确，毕竟他掌握
着凌濛初不知道的信息。他或许会告诉凌濛初，形势是很复杂的，"议
裁冗员"也不一定是坏事，政治斗争受害的通常是斗争的双方，局外人
有可能从中得利。

　　事实上，朱国祯这次走进权力中心，就是政治斗争的受益者，他可
能有这个体会，也会委婉地告诉凌濛初。再说了，作为礼部尚书，他还
掌握着宣传和教育，他可能会勉励凌濛初，如果谒选不成，可以考虑去
北京国子监读书，再次参加科举考试。

　　凌濛初听了朱国祯的分析，就决定继续等待了。他觉得，这次来
北京，是经过激烈的思想斗争才来的，舍弃了很多的利益，也抱着很大
的希望，轻易不能言败，轻易不能放弃。再说了，有朱国祯的帮助和支
持，不管出现什么情况，总会有机会的。

　　于是，凌濛初坚定了谒选的信念，并做好了长期留在北京的准备。

他这时的经济实力已经大幅提升，长租一个住处，保持较好的生活条件，已经不是什么问题。

凌濛初"淹留"京城，让他耳闻目睹了高层政治斗争的残酷，亲身体验了京城多姿多彩的生活，对他更全面更客观地认识当时的社会形势，更深入更细致地了解普通民众的生活状况，都有很重要的意义，为他日后创作"二拍"准备了很多素材。

在这个过程中，凌濛初还认识了不少新朋友。其中有一个叫茅维的吴兴老乡，他接触得比较多。

3. 在"党争"边缘等待

茅维是当时著名散文理论家茅坤的儿子，比凌濛初大几岁，诗写得很好，也擅长杂剧。他在吴兴名气不小，与臧懋循、吴稼竳、吴梦旸并称"吴兴四子"，凌濛初早就知道，只是此前接触得不多。

姑姥爷吴梦旸多次对凌濛初提起过茅维，并以茅维的经历勉励他，因为茅维也是怀才不遇，但一直在努力。

这次，凌濛初在北京碰到茅维，颇有种同病相怜的感觉。两个人又谈起共同认识的熟人吴梦旸、董斯张等，凌濛初和吴梦旸是亲戚，茅维和董斯张是亲戚，彼此更觉亲切。

茅维的父亲茅坤与凌濛初的父亲凌迪知也熟悉，甚至与凌濛初的爷爷凌约言也有过交往。于是，两个人的共同语言更多了。

茅维读书很多，大概跟他父亲藏书丰富有关。他的父亲茅坤喜欢藏书，在当时称霸一方，书楼名"白桦楼""玉芝山房"，"藏书楼数十间，仍充栋不能容"。家里收藏的宋元刻本很多，为了便于查找，还编有《白桦楼书目》。在这种氛围中成长，他自然受了不少书香的熏染。

二人的交流，自然少不了对时政的失望。茅维向来以才华出众而自负，万历四十四年（1616）曾在这里考中乙榜，拟授翰林院孔目，协修国史，却没料到"以珰祸起"，没能就任。他曾经直接给皇帝写信，希望得到皇帝的召见，但没有收到任何回音。凌濛初还不如茅维，三次参加考试都仅中副贡，谒选的申请已经提交很久了，一点消息也没有。于是，两位年近五旬的才子，空有一身本领，却找不到用武之地，只能一起聊聊天，发发牢骚了。

茅维有很强烈的参政意识，甚至希望皇帝召见，与皇帝谈谈国家大事，无奈皇帝没理他。遇到了凌濛初，他自然也会和凌濛初谈论国家大事，谈论当时的政治斗争。

这时已经是天启四年（1624）的二月，京察结果公布，南北两京官员被弹劾处理的竟多达三百三十八人，人数是明朝有史以来最多的。这些被弹劾处理的，大部分是同东林党作对的"邪党"人物，主要是不赞同东林党抵制皇权、降低商税等主张，希望中央集权和政府财政不要被削弱得太厉害；还有一批本来不结党的人，只是在政治上与东林党人意见相左，也一概被打入"邪党"，受到了处理。

朱国祯在这次京察中受益，晋升为户部尚书、武英殿大学士，并总裁《国史实录》。不久，又加少傅兼太子太保，成了首辅叶向高身边的"红人"。

通过京察，东林党人把"邪党"差不多一网打尽了，大有要独霸朝政之势。可是，这些受处理的保守派官员，纷纷与东林党决裂，反过来跟魏忠贤的太监集团结了盟，成为阉党核心成员的主要组成部分。这些人与魏忠贤原本并无瓜葛，但对于东林党的共同敌对立场，让他们最终站在一条战线上，客观上反而增强了魏忠贤阉党的实力。因此，东林党人与魏忠贤的斗争，不仅没有得到缓解，反而愈演愈烈。

这年六月，都察院左副都御史杨涟弹劾魏忠贤，一口气列举了魏忠贤的二十四大罪状。廷臣们的上疏也风起云涌，给事中陈良训、许誉卿，抚宁侯朱国弼，南京兵部尚书陈道亨、侍郎岳元声等七十余人，纷纷上奏魏忠贤的不法之事。

对于弹劾魏忠贤，叶向高起初不赞成，他认为魏忠贤有皇帝的支持，不是那么容易扳倒的。因此，他没有参与东林党的弹劾，而是在中间加以斡旋。朱国祯的看法和叶向高差不多，便协助叶向高，做了不少协调矛盾的工作。

果然不出叶向高所料，皇帝不仅对群臣的激言无动于衷，根本不理会弹劾的奏章，还对杨涟大加申斥，说他"捕风捉影，门户之见，大胆妄言"。可以说，杨涟弹劾未成，反而助长了魏忠贤的气焰，让魏忠贤明目张胆地对东林党人痛下杀手。

这时，工部郎中万燝又上疏弹劾魏忠贤，说他想独揽天下政权。魏忠贤大怒，假传圣旨，直接把万燝用棍子打死了。叶向高的同乡林汝翥曾对为非作歹的太监曹进、傅国兴惩以笞刑，魏忠贤便让他的死党上奏皇帝，准备也给林汝翥廷杖之刑，借机给叶向高一点颜色看看。林汝翥怕被太监打死，逃出了城外，到遵化巡抚那儿投了案。魏忠贤怀疑林汝翥藏在叶向高的家中，便命令下属百余人包围了叶家，大抄大索，直到遵化巡抚将林汝翥押来北京才算了事。

叶向高历事三朝，德高望重，且一直阻止东林党人弹劾魏忠贤，这次魏忠贤欺负到他家门口，他才觉得忍无可忍了。于是，他也上疏请求罢免魏忠贤的职务，听其归回私第，以释中外之怨。没料到，他的奏章到了魏忠贤手里，魏忠贤又假传圣旨，叙述自己辅佐皇帝的功劳。他接到这道圣旨，对皇帝如此呵护魏忠贤很失望，便决定不再留下去。他再上疏辞职，皇帝不准，他又连上三十余疏，决意不再干了，皇帝只能恩准。

叶向高走了，韩爌接任首辅，更不是魏忠贤的对手，朱国祯的日子也不好过了。朱国祯尽量保持中立，公平公正办事，虽然双方都不满意，倒也都没得罪得太狠。

凌濛初和茅维身在京城，这些消息从各种途径传出来，他们也基本知道。他们都是文人，从心理上都支持东林党人，为朱国祯等人鸣不平。可是，他们也不敢多说什么，因为魏忠贤的爪牙无处不在，很多人一不小心就被他们抓走。

在这种情况下，凌濛初也不敢奢望谒选有什么消息了。倒是频繁有官缺空出来，朱国祯又还在内阁中，也让他还抱有希望，只能继续等待。

这期间，凌濛初和茅维经常在一起。有时在北京的大街小巷闲逛，有时在茶馆酒肆闲聊，日子倒也过得轻松愉快。

茅维此前多次来北京。早在万历二十五年（1597）就来过，还写了一首名为《丁酉北还述怀呈社中诸子》的诗；万历四十四年（1616）又来"北闱"参加过科举考试，并荣登乙榜，差点在北京当了官。他对北京很熟悉，也有很多当地的朋友，便带着凌濛初到处转，也把他的朋友们引见给凌濛初。

重阳节这天，茅维带着凌濛初去了一个特殊的地方，引见他认识了一帮朋友。

4. 重阳聚青楼

茅维带凌濛初去的地方，是一个妓女的住处。

这名妓女名叫郝月娟，虽然与京城的很多名妓相比，名气算不上很大，但在文人圈子里知名度较高。她长相雅致，能诗能文，对琴棋书画都有些研究，可以说多才多艺，很多文人都喜欢来她这里玩乐。

明朝末年的北京，娼妓之盛不亚于南京。谢肇淛在他的著作《五杂俎》中写道："燕云（北京及周边地区）只有四种人多，奄竖多于缙绅，妇女多于男子，倡妓多于良家，乞丐多于商贾。"阴太山在他的著作《梅圃余谈》中，也陈述了北京的娼妓之盛："近世风俗淫靡，男女无耻。皇城外娼肆林立，笙歌杂遝……"笔名"冰华梅史"的一个文人在其著作《燕都妓品》中也说："燕赵佳人，颜美如玉，盖自古艳之。矧帝都建鼎，于今为盛，而南人风致，又复袭染熏陶，其艳宜惊天下无疑。万历丁酉庚子间其妖冶已极。"

"冰华梅史"到底是哪个文人的笔名，如今仍搞不清楚，但他留下的这部《燕都妓品》，却把北京城里的著名妓女点评了一遍，颇具史料价值。他用科名、诗评以及《世说新语》里的故事，对妓女进行名次排列，并品评其才貌气质等。他先把某位妓女排在几名几甲，再用前人的诗句描写其气质风貌，继而借用《世说新语》品评人物的片断来影射所评的妓女，最后简叙其事迹及特色，可以说独具匠心。

凌濛初熟读《世说新语》，对这部《燕都妓品》欣赏有加。他觉得，"冰华梅史"用这种独特的方法点评妓女，能让读者在想象中去完成对妓女形象的描绘，很具文学色彩。

因此，跟着茅维走进郝月娟的住处，凌濛初也用"冰华梅史"的方法评估了一下郝月娟，觉得这位妓女已经超过了书里评价的很多妓女，可惜生得晚了一些，没机会进入"冰华梅史"的《燕都妓品》。

凌濛初多年前也是频繁出入烟花柳巷，甚至可以说是当时文人狎妓的代表人物之一，只是活动范围以苏州、南京和洛阳为主。这次在北京走进青楼，也算是驾轻就熟，很快就与妓女及朋友们玩乐在一起。

这天是重阳节，郝月娟为了迎接文人们的到来，做了精心的准备。她在房间里摆放了很多菊花，专门挑选了几个品种，造型和颜色都动了一番脑筋，让人走进来便觉赏心悦目。她给大家准备了茱萸香袋，发给每位到来的客人，让客人们随身携带。她也准备了"原装"的茱萸，客人们可以自取自戴，想佩戴在手臂上，或者插在头上，由客人自己决定。

重阳节还要喝菊花酒、吃重阳糕，郝月娟也都提前做了准备。菊花酒是重阳必饮、祛灾祈福的"吉祥酒"，用菊花泡制而成，味道稍微有一点苦，饮后可使人明目醒脑，具有祛灾祈福的吉祥寓意。重阳糕是用黄米面和白米面混合蒸成，糕上码有花生仁、杏仁、松子仁、核桃仁、瓜子仁等五仁，糕里夹着红枣、果脯、葡萄干等，周围贴着"吉祥如意"或"福寿禄禧"五彩花旗，既好吃又好看。

大家在一起边吃边喝，其乐融融。茅维喜欢写诗，便提议大家赋诗唱和。他即景生情，先作了一首——

刺促长安邸，

不知霜叶深。

佳晨谁饷酒，

胜友且披襟。

菊故东篱色，

歌疑易水音。

九秋将逝夕，

千里欲归心。

何地无离合，

相期直古今。

烟才消禁林，

月复皎成阴。

道路虞行李，

京华苦滞淫。

商飔缘底急，

一夜薄零侵。

后来，茅维把这首诗收入他的诗集《十赉堂丙集》第五卷，并起了个很长的题目：《甲子重九集葛震甫、于乙先、王开美、周安期、谭友夏、程应止、张葆生、沈定之、沈不倾、凌濛初、侄厚之，郝姬月娟邸中，限赋八韵，分得深字》。

这首诗的题目，把时间、地点、人物都写得很清楚，还把赋诗的"规矩"作了说明。从诗中可以看出，当时的气氛很好，大家喝酒赏菊作诗，但也伤感身在异乡，流露出离京回乡的想法……在场的人可能也都写了诗，只是质量参差不齐，没能很好地流传。

在这次聚会中，凌濛初结识了不少新朋友。

茅维在诗中提到的几个人，当时都已经有些名气，凌濛初与他们相识并交流，大概会有所收获。

葛一龙，字震甫，苏州府吴县洞庭山人。他们家曾经很富有，但他不像当地多数人一样去经商，而是读书好古。渐渐地，他们家便入不敷出，甚至到了破产的边缘。好在后来勉强就选，授云南布政司理问，人称葛髯，擅长写诗，有一定的名气。

王家彦，字开美，号尊五，福建莆田人。为人有大志，不拘小节，经常与人谈论侠义之事，期待能上战场马革裹尸。后来和凌濛初一样，在与起义军的战争中阵亡。

周永年，字安期，吴江人。他少年得志，才名很高，有《邓尉圣恩寺志》《吴都法乘》《怀乡斋词》等作品，和东林党的领袖之一钱谦益关系很好。后来，钱谦益为他写《周安期墓志铭》，收入钱谦益作品集《牧斋有学集》第三十一卷。

谭元春，字友夏，号鹄湾，别号蓑翁，湖广竟陵（今湖北天门市）人。他与同里钟惺同为"竟陵派"创始人，论文重视性灵，反对摹古，提倡幽深孤峭的风格，所作亦流于僻奥冷涩，有《谭友夏合集》。

程道寿，字应止，湖广孝感人，曾任过滁州的来安县知县，后来被农民起义军张献忠部俘杀。

张尔葆，字葆生，号二酉，山阴（今浙江绍兴）人，曾任过孟津县令，后升任扬州司马，分署淮安，督理船政。他是著名画家，与李流芳、董其昌齐名。

茅培，字厚之，会稽（今浙江绍兴）人，也是画家，善画兰竹。

凌濛初与他们交流，主要是倾听和学习，偶尔发表一点自己的意见。因为大家谈论的话题以诗为主，他对诗的研究相对较少，没有太多发言权。谈起散曲和杂剧时，他才会把自己的观点多说几句。

他们都是文人，也都关心政治，并大多支持东林党。对已经白热化的东林党与阉党的斗争，他们自然也会讨论。

茅维一向高调，可能会把凌濛初与朱国祯的关系告诉大家，大家也因此会对凌濛初刮目相看。毕竟朱国祯是户部尚书、内阁成员，不管有没有实权，那都是文人和官员们景仰的。

谈到各自的处境，大家都看好凌濛初，都劝他继续等下去，很可能会有个好结果。

其中有个人提了个建议，让凌濛初在等候谒选的同时，考虑去国子监读书，做下一次科考的准备。大家纷纷赞同，有的说，去国子监读书还不用考虑吃住问题，既方便又节约；有的说，如果符合条件，去国子监确实不错，还可以认识很多朋友；有的说，那里有很多藏书，看书也方便……有人还提起，茅维就是在南京没考上，又来北京才考中"乙榜"的。

茅维借机谈了自己的经历，也建议凌濛初如果谒选不成，就在北京的国子监读两年。在北京参加考试，或许会比他考得更好。

被大家这么一提醒，凌濛初动了心。他也觉得，来一趟北京不容易，确实可以读读"北雍"，试试"北闱"。换换考场，换换考官，成绩很可能会有提升，他前三次都中了"副贡"，也算一步之遥，如果略有提升，可能就会榜上有名。

这次聚会后，凌濛初更加坚定了留在北京等候谒选的决心，也开始考虑进国子监读书的事。按照规定，谒选不成功的副贡生，也可以申请进国子监读书，他便向相关机构提出了申请。

进入初冬，北京的气温越来越低，还经常刮起凛冽的寒风。一直在南方生活的凌濛初，适应不了北京又冷又干的气候，一下子病倒了。

茅维来看凌濛初，带了一些吃的，还有酒，坐在病床前与凌濛初聊天，宽慰他好好养病，等待谒选或入学的消息。他还专门写了一首诗，赠给了凌濛初，后来也收入了他的诗集《十赉堂丙集》中，题为《初冬访凌濛初病榻留赠一律》——

荒榛寒雨一江村，
过汝犹存旧席门。
手检窗书松尘帖，
日封药裹竹炉温。
悠然静理丹铅趣，

率尔欣留粗粝飱。

修敬维桑谁束赘，

祗余载酒未为烦。

凌濛初的病很快好起来，但谒选和入学都没有消息，他想找个机会去拜访一下朱国祯，汇报一下自己的情况，寻求一些帮助。

可是，他还没找到合适的时机，就听说朱国祯又高升了，想见一面更难了。

这年十一月，魏忠贤借机逐斥赵南星、高攀龙，韩爌与朱国祯一起上疏，陈述看法。魏忠贤知道后，下令切责，韩爌被迫辞职，朱国祯接任首辅。

朱国祯虽为首辅，但内阁中其余的人像顾秉谦、魏广微等，都是魏忠贤的心腹，他孤掌难鸣。在内阁中，魏广微等人行事，几乎是为所欲为，根本无视他这个首辅的存在。对此，他只是默默忍受，听之任之，明哲保身，只求无事。即使如此，魏忠贤的爪牙也没放过他，很快就有人上疏弹劾。他见此情形，知道内阁已经不再是自己的容身之地，首辅的职位不让出去，他们不会罢休，便接连三次上疏，以身体有病为由，请求回家养病。

皇帝恩准，朱国祯便离职回老家了。从十一月出任首辅，到十二月离职，他担任首辅的时间还不足一个月。他的谨慎与淡泊倒也没太得罪魏忠贤，他辞职时，皇帝还特意给他加官少傅，并荫子一人为中书舍人。回乡时还让人护送，且月廪、车夫等都按照旧制办理。

朱国祯匆匆忙忙离京，可能也没顾上知会凌濛初，但这么大的事，消息很快传到了凌濛初的耳朵里。

凌濛初不敢相信自己的耳朵，备受打击。可是，他也像朱国祯一样逃离北京吗？他觉得不能，虽然谒选可能没希望了，但他已经申请了国子监，准备在北京考一次，不能半途而废。再者，如果朱国祯一走，他也跟着回去，那他可能会被别人笑话，还不如靠自己本事和实力再考一次，考不考得中，都不白来。

为了"不白来"，凌濛初在等待的同时，又开始了刻苦的读书。除了读科举必须读的书，更多的是他喜欢的散曲。在读书的过程中，他也把散曲进行了分类，作了点评。

突然有一天，他产生了一个想法，借北京国子监藏书丰富的优势，系统地研究一下散曲，好好地分分类，编选一本书，也很有意义。

于是，他就开始着手编选这本书了。

5. 编选《南音三籁》

所谓"南音"，指的是"南曲"，也就是南方的戏曲。它兴起于北宋末年，是后来许多声腔剧种兴起和发展的基础，曾被称为"中国的百戏之祖"。它用南方音演唱，用韵较为宽松，曲调配合可以根据剧情需要作自由选择，音乐风格轻柔婉转，适合于情意缠绵的故事，有利于表现各个角色的思想感情，很受南方人的喜爱。后来传入北方，吸收了北曲的曲牌，形成了"南北合套"的形式，使北曲的刚劲与南曲的柔媚能兼容并济，丰富了音乐的表现力，到了元代后期，连盛行杂剧的北方也"亲南而疏北"（徐渭《南词叙录》），到了明朝，更是空前繁荣。

所谓"三籁"，指的是"天籁、地籁、人籁"，也就是三个档次。"三籁"的说法，最早是由庄子提出来的。在《庄子·齐物论》中，有这样的说法："地籁则众窍是已，人籁则比竹是已，敢问天籁。"他的意思是说，地籁是风吹过地上的自然孔窍而产生的声音，人籁是人们用乐器吹奏出来的声音，天籁则是风吹及万物时所发出的自然声音，一种有规律支配的声音。凌濛初用"三籁"评曲，就是要求戏曲要本色自然，他在《南音三籁》卷首的《凡例》中曾指出："曲分三籁，其古质自然，行家本色为天；其俊逸有思，时露质地者为地；若但粉饰藻缋，沿袭靡词者，虽名重词流，声传里耳，概谓之人籁而已。"

凌濛初在编选这本书之前，已经读过书中所录的大部分散曲，并提出了戏曲的"本色"理论。这次，他主要是搜集他没读过的一些散曲，尽可能地不遗漏好作品。

因此，他在北京更有优势，毕竟北京是全国藏书最丰富的地方，当初明成祖迁都时，就把很多书籍从南京搬到了北京。不仅国子监的彝伦堂藏书丰富，民间的八大书院，也都收藏了很多古籍善本和当时的流行书籍。

凌濛初有条件入读国子监，到底有没有就读，史料没有记载，但国子监的彝伦堂，是当时藏书最丰富的地方，他很可能会去，而且会经常去。

北京国子监又称"北监"或"北雍"，位于成贤街（今东城区国子监街 15 号），与孔庙相邻，始建于元朝至元二十四年（1287），是国家设立的最高学府和管理教育的行政机构。国子监的整体建筑坐北朝南，为三进院落，中轴线上依次排列着集贤门、太学门、彝伦堂、敬一亭等。其中，彝伦堂原名崇文阁，明永乐年间重建并改名为彝伦堂，早年曾是皇帝讲学之处，后改为监内的藏书处。

这个藏书的彝伦堂，学子们都会经常去，凌濛初需要查阅众多资料，当然更可能经常光顾。

在这里，凌濛初一边读书，一边做研究、分类和评点工作。他选收戏曲的标准，不仅仅从文学性的角度，还要顾及曲的合律与否，语言的本色与否。也就是说，他评定的标准，首先是合不合律，是不是"古质自然"；其次，他才考虑语言，是不是"行家本色"；最后还要考虑情感，是不是真情实感。

关于"天籁"之曲的评选标准，凌濛初在《南音三籁·叙》中有明确的说明——

　　自乐不传于今之世，而声音之道流行于天地之间者，惟词曲一种而已。曲有自然之音，音有自然之节，非关作者，亦非关讴者，莫知其所以然而然。通其音者可以不设宫调，解其节者可以不立文字，而学者不得不从宫调文字入，所谓师旷之聪，不废六律，与匠者之规矩埒也……从宫调、文字中准之，复从不设宫调、不立文字中会之，而自然之音节自出耳。

夫籁者，自然之音节也。蒙庄分别之为三，要皆以自然为宗。故凡词曲，字有平仄，句有短长，调有合离，拍有缓急，其所谓宜不宜者，正在自然与不自然之异，在芒忽间也。操一自然之见于胸中以律作者、讴者，当两无所逃，作者安于位置，讴者约于规程矣。孟万年论音曰："丝不如竹，竹不如肉"，以渐近自然。知此以言三籁，则有莫逆于心者乎？

凌濛初认为，词曲的音节是一种自然之物，有着自身的客观规律，反对作曲者或演唱者以自己的主观看法去改变或违背它。因此，对于精通音律者，可以不设宫调、不立文字，但对初学者来说，还是要从宫调、文字等具体的规范、技巧入手，最后达到对自然音节的掌握。

按照"古质自然、行家本色"的原则，凌濛初谨慎地选定"天籁"层次的套曲。他大力推崇本色派作品，元曲经典《拜月亭》《琵琶记》《白兔记》《牧羊记》等作品中的很多套曲，被评定为"天籁"，其中《琵琶记》《拜月亭》被选入"天籁"的套曲分别达二十四套和十二套，而全书的"天籁"套曲只有六十一套，占了一半还多。他在《拜月亭》【正宫·锦缠道】一曲后作了"尾批"，评价称："直上、诸余，皆本色语"；在《琵琶记》【正宫·雁鱼锦】一曲前作的"眉批"，也直言："不撑达、不睹事，皆词家本色语"；在《牧羊记》【仙吕·桂枝香】旁，他作的评点是："各末句俱用本色成句，殊近自然，自是元人之笔。"

凌濛初选择"天籁"之曲，还充分考虑"真色"，也就是真实的情感。《拜月亭》【仙吕入双调·销金帐】套曲，用了"这般萧索""这般沉疾""这般磨折"等十二个以"这般"开头的句子，充分展现了人物的内心世界，惟妙惟肖地刻画出人物的真情，他特别喜欢，评道："此曲诸阕，佳处人皆知之，然其神采，在十二个'这般'上。"梁辰鱼的【仙吕·月云高】《梦魂初觉》曲，他虽谈不上喜欢，但也肯定了其表达的情感："此似男答女前曲者，词意不及前，然亦饶有真色。"朱有的

《夜思》曲，他也是肯定了这一方面："调虽落江湖游腔，然自有真色，可喜。"

在编选过程中，凌濛初不仅从大处着眼，也从小处入手，注意把握衬字、犯调、韵律、句式等方面的细节，并对一些具体细节加以考订与论述。

首先，他注意区分正字与衬字。作者填词时，为了符合格律，有时会出现文义不连贯或不流畅的情况，于是使用衬字，弥补这一缺陷。但是，由于刻曲者对正字与衬字难以分别，刻出的戏曲就会出现不合格律的现象。这一点，他在《南音三籁·凡例》中作了说明——

> 曲每误于衬字。盖曲限于调，而文义有不属不畅者，不得不用一二字衬之，然大抵虚字耳。不知者以为句当如此，遂有用实字者，唱者不能抢过而腔戾矣。又有认衬字为实字，而衬外加衬者，唱者不能抢多字而唱又戾矣。固由度曲者懵于律，亦从来刻曲无分别者，遂使后学误认，徒按旧曲句之长短、字之多寡，而仿以填词，意谓可以不差，而不知虚实音节之实非也。相沿之误，反见有本调正格，疑其不合者，其弊难以悉数。

凌濛初编选这本书的目的，不仅作为曲体文学读本，供文人案头阅读，也想为初学创作者填词作曲提供规范与借鉴。因此，他考虑到，如果初学者对音律还不够精通，简单地仿照前人曲句的字数来填词，而不知该字句中可能包含衬字，便容易出现"以讹传讹"的现象。这样传下去，时间长了，甚至会导致见了本调正格，反而会怀疑其格律不合。

鉴于正字衬字不分存在诸多弊端，他在编选时就特别注意，严格区分衬字，"俱以细书别之"。

其次，凌濛初对戏曲的本调与犯调进行了严格的辨别和判断，并予以标注，不明确或疑似的也予以注明，存疑待考。他在《南音三籁·凡例》中也作了说明——

曲又易误于犯调，盖古来旧曲有犯他调者，或易其名，或止于本名下增一犯字，相沿之久，认为本调者多矣。度曲者懵然不知，按字句而填之；唱曲者习熟既久，反执此以改彼，其弊亦烦。此刻俱细查分出，间有未明，或已明而尚在疑似者，则志之上方以阙疑，盖慎之也。

所谓"犯调"，就是截取不同的曲调中的句子，或集两曲及两曲以上，组合成一支新的曲调。这在南曲称为"集曲"，北曲则称为"带过曲"。为了避免把集曲误解为原有的曲牌名，一般应在集曲后加"犯"字标明，但作曲者有时不严谨，没注明这个"犯"字。时间一久，后人就会把犯调误认为本调，甚至出现以犯调来纠正本调的情况，从而导致曲牌和宫调的混乱现象。

凌濛初严谨认真地审阅每一首曲子，最大限度地找出其中的"犯调"，纠正这一弊端。

还有，就是犯韵与借韵的问题。曲韵与诗韵有所不同，严格地说，曲韵不可入诗，诗韵也不可入曲。可是，有些作者常会把诗韵运用到戏曲创作中，甚至出现随便押韵的情况，这就是"犯韵"或"借韵"。为了给初学者提供更好的范本，凌濛初在编选《南音三籁》时，每首曲子后面，都注明了曲子的用韵，用了"别韵"或"借韵"的，都一一注明。有的甚至用了很多不同的韵，就明确指出"杂用某某韵"，让读者一目了然。

另外，凌濛初还重视"正腔正调"，强调规范，特意在曲文旁标注了"板眼"符号，区分了曲字中"闭口字"与"撮口字"。他在《南音三籁·凡例》中写道：

字之闭口者，止侵寻、监咸、廉纤三韵，人所易误忘者，则加〇以别之，从沈谱例也。其宜撮口者，《萃雅》偶及殊略，然其类甚繁，字字而注，则又太琐。今作小 ∆ 于左方，至鼻音，则止庚青一韵，原无别读，无论识字与否，不虑其不入鼻者。止姑苏城中土音，则以"庚"为"根"，"青"为"亲"耳。天下之正音，皆不然也，故不必复标识之。

这段文字，凌濛初把他如何标注"闭口字"与"撮口字"解释得很清楚，两个符号也很醒目，容易识别，为读者提供了方便。

最终，凌濛初选定了元明两代三十二位作家的南曲作品，包括散曲套曲一百套、小令二十八首，传奇剧曲一百三十六套、单曲十三支，收入《南音三籁》。编选完成后，他也没急着刊刻，而是一再修改打磨，后来又交给侄子凌瑞森（椒雨斋主人），请他协助点参，又请版画家王文衡配了十六幅精美的插图，才最后成书。

《南音三籁》问世后，既系统地传播了有代表性的南曲，又为南曲的创作者提供了严谨的格律规范，还为读者欣赏南曲提供了引导和鉴赏，引起当时戏曲界的广泛关注。冯梦龙在编撰《太霞新奏》时，就曾数次引用。

《南音三籁》对后世也产生了很大的影响，成为中国戏曲史上重要的曲谱文献和理论批评文献。清初康熙年间，袁园客重刊《南音三籁》，在其《南音三籁·题词》中，称赞《南音三籁》是"曲学"的经典之作，并与当时奉为典范的沈璟《南九宫十三调曲谱》作对比，直言《南音三籁》更胜一筹——

犹幸《三籁》一书，兢兢论板，为曲学正大典型。即家家户诵如《九宫》，若取而较之，《三籁》似胜一筹，何也？《九宫》之板间有沉滞，《三籁》之板绳用轻俏；《九宫》之篇章碎，《三籁》之体裁完；《九宫》事事泥古，《三籁》色色依今。非古俗尽弊，亦犹井田制之不可行于今日耳，非今日之俗尽善有胜于古者从之耳。

袁园客重刊《南音三籁》时，还请两位著名戏曲家写了《序》。他的伯父袁于令在《南音三籁·序》中，对《南音三籁》的曲谱文献价值给予了很高评价，也认为《南音三籁》的曲谱价值比《九宫谱》要高："自《九宫谱》出，协然向风，梨园子弟庶有规范，犹未若《三籁》一书之尽善也。""词不轻选，板不轻逗，句有增字，调无赘板，能使作者不伤于法，读者不伤于规，有功于声教不浅。"

明清之际的著名戏曲家李玉在《南音三籁·序》中，也盛赞《南音三籁》——

尔时集其尤者，有《词林逸响》《吴歈萃雅》诸刻，大都选摘祝、唐、郑、梁诸名家时曲，配以古今传奇中可咏套数，汇为一编，选者各出于眼，种种不同。而求其选最精、最当者，莫如《三籁》一书也。《三籁》分天地人三册，时曲戏曲尽属撷精掇萃。而其间句有乖劣，字有文谬，亥豕鲁鱼，悉为考正；转仇板眼，的有正传，真词家之津筏而歌客之金标也。

如今，《南音三籁》仍有明刻本和康熙刻本存世，另外《续修四库全书》第一千七百四十四册亦收入该书，因此流传颇广。一九六三年，上海古籍书店又出版了明刻本的影印本，为研究元明时期的戏曲提供了重要参考。

6.《绝交举子书》

在编选《南音三籁》过程中，凌濛初也一直在复习"功课"，做着再次参加科举考试的准备。

天启七年（1627）是丁卯乡试年。从春天开始，凌濛初就放下手头的其他事，一心只读圣贤书，反复练习八股文，甚至连朋友都很少见。这次准备的时间比较长，又换了考场，他铆足了劲，期待考出好成绩。

这年八月初八，四十八岁的凌濛初如期走进"北闱"，参加顺天乡试。

"北闱"指的是北京顺天贡院，地点在城东，如今的贡院西街、贡院东街附近。贡院建于明永乐十三年（1415），原址是元代的礼部衙门，建有考棚九千间，按千字文顺序排布。起初的考棚主要为木结构，在天顺年间曾经着过一次大火，烧死举子九十多人、伤人无数，到万历年间，吸取火灾的教训，将木质考棚改为砖墙瓦顶的房屋，还扩建了贡院，使考棚数量达到一万三千间。

北京贡院坐北朝南，院墙十分高大。院内东、西砖墙各开一砖门，门内有牌坊，东为"明经取士"，西为"为国求贤"；南墙外有砖影壁，墙之左右各辟一门，门内正中有"天开文运"牌坊；正中轴线有大门、二门、龙门，亦称三龙门，门内依次是明远楼、致公堂、内龙门、聚奎堂、会经堂、十八房等处。院内四角还有瞭望楼，主要用来监视。

凌濛初虽是第四次参加乡试了，却是第一次来到"北闱"。他走进戒备森严的贡院，不由被这里的宏伟气势所震慑，还有考官们的冷漠严肃，也和"南闱"有明显区别。因此，在进入考棚之前，通过严格的唱名、搜检，他已经有些忐忑了；尤其是被军士"押送"至考棚，他有种"囚犯"的感觉，心情更加紧张。

"北闱"的考棚较小，长五尺，宽四尺，后墙高八尺，前檐高六尺。按如今的算法，每尺相当于三十多厘米，一个考棚的实际面积不足两平米。在这么小的空间里，连坐着都不舒服，还要在里面睡觉，真够难受的。

八月九日，第一场考试开始。本场的考题是书义三道，经义四道，也就是考"四书""五经"。答题需要用"八股文"，这对提倡"本色"的凌濛初来说，没有优势可言。文章论述的内容要根据朱熹的《四书章句集注》等展开，分为破题、承题、起讲、入题、起股、出题、中股、后股、束股、收结等部分，精华部分是起股、中股、后股、束股。这四个部分不能随便写，必须用排比对偶句，文辞还要尽量追求优美华丽。凌濛初写得较吃力，但还是尽量按要求写完，并修改到自己基本满意。

第二场考的是实用文体写作，包括论一道，判语五条，诏、诰、表等各一道，这些都相对简单；第三场考"经史策五道"，也就是具体问题具体分析，凌濛初答卷也很顺利。

整整考了九天，终于考完了。

走出贡院时，凌濛初的自我感觉还是不错的，心里充满了希望。可是，几天后放榜，他再次大失所望。

其实，凌濛初不知道的是，他的失败主要在"八股文"上。他本来就不太擅长八股文，后来又致力于杂剧、散曲，提倡"本色"，潜移默化地远离八股文，他应考的能力不是提高了，而是下降了。而主考、同考官批阅试卷时，因为试卷很多，时间又很紧，经常就挑着阅，以八股文为重点，有时甚至"止阅前场，又止阅书义"，八股文写不好，很难得到考官的认可或赏识。

凌濛初在科场中屡遭挫折，耗磨了半生精力，对通过科举考试进入仕途失去了希望和信心。于是，他写下了《绝交举子书》，准备在杼山和戴山间筑一精舍，以归隐终老。

然而，"绝交举子"之念，只是凌濛初一时冲动，很快就被根深蒂固的功名心理与济世欲望所压制。因此，他一直没有归隐山林的准备，也没有终老乡间的举动。相反，他后来还是不死心，在六十岁高龄又去参加了一次科举考试。

虽然没能与科举彻底"绝交"，但这次失败之后，凌濛初再次把主要精力转移到写作上，而且把写作方向转移到通俗文学，开始写底层民众更喜欢的拟话本小说。于是，《拍案惊奇》横空出世，让他成为小说史上的重要人物之一。

第七章

拍案惊奇

1. 人生拐弯处

天启七年（1627）秋天的一个午后，秋风瑟瑟，细雨绵绵。宽阔的长江上，一艘船缓缓西行，驶往远处依稀可见的南京城。

船头上，一个书生打扮的中年人翘首远望，任冷雨肆意打在他的脸上身上。他圆脸短须，鼻正目明，皮肤也较白皙，只是岁月在他脸上留下了明显的皱纹。他头上绾着发髻，并缠绕了网巾，头发里分明已掺杂了不少银丝……

这位看上去饱经沧桑的书生，就是我们的主人公凌濛初。他参加完科举考试，立即就踏上了返回南京的船。

这年，凌濛初已经四十八岁。他从二十一岁开始，就怀揣梦想走进了乡试的考场，却屡屡失败。从杭州到南京，又从南京到北京，他先后考了四次，每次都是差一点，仅考中作为备榜的"副贡"。这次，他长时间在北京备考，准备得算是很充分了，结果却又名落孙山。

从弱冠年华，到即将"知天命"，岁月流逝丰满了沧海桑田，山河依旧却已物是人非。他看着越来越近的南京城，大概会想起他的青春岁月，想起他二十五岁时第一次来南京，那是何等意气风发，踌躇满志，而如今……他感受着秋雨的凉意，心头自是百味杂陈，不由一声长叹，转身回舱。

船在南京的码头靠了岸，雨也停了，凌濛初随大家一起下了船。

回到位于珍珠桥的家中，妾卓氏和两个孩子都很高兴，凌濛初的心情也好起来。

夜深人静，夫妻俩不免还是谈到了再次落榜。卓氏心疼地安慰他，鼓励他三年后再考。

凌濛初却摇头叹气，不打算再考了。他清醒地认识到，他再怎么努力，也不容易写好"八股文"，还是不再去自找没趣了。

卓氏了解自己的丈夫，知道凌濛初执着追求功名的心思，仍支持鼓励他。她认为凌濛初写得很好，只是没碰上识货的考官。或许下次就能行。

凌濛初知道卓氏的意思，但他觉得，人贵有自知之明，还是顺其自然，先继续读书，写点自己喜欢的东西，以后再另作图谋。

卓氏很高兴，理由是可以更多地和凌濛初在一起，不用再独守空房。

凌濛初不由心生歉疚，自己多年来矢志科考，没怎么照顾家，更没有好好陪伴年轻貌美的"如夫人"，应该好好补偿一下。他当即把卓氏拥入怀中……

回到南京，凌濛初又见到了很久不见的老朋友们。

在秦淮河畔的桃叶渡，朋友们特意为他接风，包括南京的旧友，还有从苏州来的几个书商。大家把酒叙旧，畅谈时事，也交流写作心得，谈下一步的打算。

席间，凌濛初不无伤感地谈到了他的忘年交潘之恒。因为在座的，大多都是潘之恒的朋友，还有潘之恒的第五个儿子潘弼时。

这时，潘之恒已经去世六年了，他的儿子潘弼时正在整理他的遗作《鸾啸小品》。

凌濛初谈起与潘之恒的交往，感念潘之恒对他的指导和帮助，大家纷纷附和。

长洲（今江苏苏州）人陈元素也在座，他与潘之恒交往三十多年，是潘之恒最好的朋友之一。他也怀念了一番潘之恒，并当场询问潘弼时，其父的遗稿在哪里？整理得怎么样了？

潘弼时坦率地告诉大家，遗稿都在他手里，正在整理，只是水平有限，进展很慢。

凌濛初当即表示，他刚回南京，正好没事做，可以帮潘弼时一起整理。

潘弼时表示感谢，但是婉拒了。他觉得这事也不急，自己慢慢整理就行了。

陈元素听了凌濛初的意思，便表示支持。他觉得，他和凌濛初都是潘之恒的好朋友，理应帮忙，潘弼时没必要客气。

潘弼时知道父亲与陈元素的关系非同一般，不好再拒绝，便答应了。

后来，潘弼时果然把正在整理的潘之恒遗稿都拿给了陈元素，凌濛初便和陈元素一起，选评整理了这些遗作，定名为《鸾啸小品》。刊行时，陈元素还特意写了一篇《潘景升〈鸾啸小品〉》，载于《鸾啸小品》的卷首，其中写道："选评之役，余与吴兴凌濛初氏，皆髯所弟畜。髯二十年以长，故不能字呼之。"

席间，同是来自苏州的一个叫安少云的书商听到了商机，便提出要求，让潘弼时把父亲的遗作交由他刊行。这个书商当时名气并不大，开了一个名叫"尚友堂"的刻书坊。

陈元素和安少云较熟，当即半开玩笑地拒绝，理由是潘之恒的这种书不一定能赚钱，建议安少云去找冯梦龙，刻一本冯梦龙的书。

于是，大家又转移话题，谈及当时的流行书籍——冯梦龙的"三言"。

这时，冯梦龙已经编撰了"三言"，反复刊行，影响很大。《喻世明言》（又名《古今小说》）大约刊行于天启元年（1621），《警世通言》刊于天启四年（1624），《醒世恒言》刚刚刊行。三部书各收小说四十篇，共计一百二十篇。这些小说的来源十分广泛，主要是宋、元两代的话本，经过冯梦龙的加工润色，打上了当时社会的烙印，反映了新兴市民阶层的思想感情和道德准则，深受广大读者欢迎。

安少云告诉大家，冯梦龙的《醒世恒言》刚刚刊行，卖得比前两本还要好，书商是大赚特赚。

陈元素便劝安少云，让安少云去争取一下，把冯梦龙的下一本书抢到尚友堂刊行。

安少云无奈地告诉大家，冯梦龙是吴县人，他的书大多由吴县天许斋刊行，金阊的很多书商都争取过，但争取不到。他跟冯梦龙又不太熟，就更不可能了。

说者无意，听者有心。凌濛初正考虑下一步做什么，安少云的话给他提了个醒。他已经写过一些历史题材的戏曲和杂剧，也涉猎过很多前朝的传奇和话本，写这类作品正好都用得上。

陈元素似乎看出了凌濛初的心思，便关切地问凌濛初下一步的打算。

凌濛初坦率地告诉大家，他不准备再参加科考了，读读闲书，写写自己喜欢的戏曲杂剧，或者也可以写点传奇或小说类的东西。

安少云听凌濛初也要写小说，当即奉承一番，建议凌濛初效仿冯梦龙，写一本"洛阳纸贵"的畅销书。

在座的朋友们都知道，凌濛初此前已经写出了杂剧《北红拂》《虬髯翁》《颠倒姻缘》等十余种戏曲杂剧，还有传奇作品《乔合衫襟记》《合剑记》《雪荷记》等，不仅受到了读者的欢迎，还受到了当时著名的戏曲家汤显祖的赞许。如果把写作风格略作转变，改写小说确实不难，便都附和安少云，鼓动凌濛初写小说。

凌濛初委婉地表示，可以考虑尝试一下。

安少云当场预约，写出来的小说由尚友堂刊行，并给了高稿酬的许诺。

凌濛初当时心里并没有底，更不敢抱多大希望，只是心中苦闷，想借以疏解。于是，他答应试试看，但没敢承诺写不写，什么时候写好。几天之后，安少云又主动找到他，预付了一笔订金，他便不好再推辞了。

安少云来找凌濛初说了些什么，如今我们无从得知，但可以想象，安少云说了很多怂恿凌濛初的话。

凌濛初在《拍案惊奇·序》中说："独龙子犹氏所辑《喻世》等诸言，颇存雅道，时著良规，一破今时陋习。而宋元旧种，亦被搜括殆尽。肆中人见其行世颇捷，意余当别有秘本，图出而衡之。"这段话的意思，就是解释了凌濛初写《拍案惊奇》的动机：冯梦龙的"三言"对宋元的话本进行了编辑和修订，雅俗共赏，借古喻今，刊行后大受读者欢迎，书商看到印行类似的书有利可图，就怂恿凌濛初也去编撰……

凌濛初说的这个"肆中人"，虽然没有明说是安少云，但从史料记载中找不出另外的人选，可能就是他。凌濛初自己也是有名的书商，早在十多年前就刊刻了许多好书，在雕版套印技术上甚至可以说"独步天下"，他却把《拍案惊奇》拿给安少云的尚友堂刊刻，绝非偶然。当时苏州的书坊刻书盛极一时，一批职业的出版商各显神通，策划、约稿、宣传、包装都做得很好，安少云和凌濛初早就认识，知道其文笔好，才主动向其约稿，可以算是合情合理。

"世间千里马常有，而伯乐不常有。"安少云作为一个出版商，慧眼发现了凌濛初，也成就了凌濛初，可以算一个伯乐。

这一天，凌濛初的人生在秦淮河畔拐了一个弯，从传统的科举求仕拐到了著书立说，且从传统的诗词歌赋拐到了流行的通俗小说。

"世与我而相违，复驾言兮焉求"，于是陶渊明选择了"采菊东篱下，悠然见南山"的闲情逸趣；"古来圣贤皆寂寞，唯有饮者留其名"，于是李白选择了"仰天大笑出门去，我辈岂是蓬蒿人"的潇洒。祖辈世代为官的凌濛初没能像陶渊明、李白一样，放弃自己的科举梦，但屡考不中，他也只能重新选择。

凌濛初在后来的《二刻拍案惊奇小引》中提起过当时的想法："丁

卯之秋事，附肤落毛，失诸正鹄，迟回白门，偶戏取古今所闻一二奇局可纪者，演而成说，聊舒胸中磊块。"这说明，凌濛初当时也希望通过小说的写作，来疏解心中郁郁不得志的"磊块"，便毅然接受了安少云的约稿。

自古以来，无数事实告诉我们，成功的人之所以成功，都是在面对转折点时，做出了正确的选择，或者经受住了严峻的考验。凌濛初矢志科举，连续四次参加乡试而不中，可以说经受了非常的考验与磨炼。眼看科举无望，他重新做出了人生选择，转而去编撰话本，从而让他成为中国文学史上的重要人物，为拟话本小说的发展作出了重要贡献，名垂青史。

可是，真正投入到写作中，凌濛初惊讶地发现，宋元的好故事都让冯梦龙选编得差不多了，他能写什么呢？

2. 在学习中创作

凌濛初要编撰拟话本小说，自然绕不过冯梦龙。因为当时的冯梦龙已经名扬海内，所著"三言"好评如潮，读者众多。

动笔之前，凌濛初找来了冯梦龙的"三言"，认真地拜读学习。他以前断断续续读过冯梦龙的作品，但当时不太喜欢通俗，便没有用心去读。如今再读，他惊讶地发现，"三言"确实很有意思，不仅情节曲折动人，还把老故事写出了新意，对人有所启迪，让人有所思考。他越读越有劲，越读越喜欢，不仅学到了很多以前不知道的知识，也从中找到了写作的感觉。

凌濛初找来唐朝的传奇、宋元的话本、本朝早期的戏曲，广泛涉猎，慢慢积累素材。当看到南宋著名文学家洪迈写的《夷坚志》时，他如获至宝，欣喜不已。书中收录的故事很多，取材繁杂，有梦幻杂艺、仙鬼神怪、医卜妖巫、释道淫祀，也有忠臣孝子、冤对报应、贪谋诈骗、风俗习尚等，大多神奇诡异，虚诞荒幻。不少故事反映了当时的现实生活，也有轶闻、掌故、民俗、医药，确实是不可多得的好材料。更重要的是，书中的很多好故事还没被冯梦龙收进"三言"，这无疑给了他"机会"。

《夷坚志》长达四百二十卷，以数千篇短篇小说展现了宋代社会的种种世相和人情百态，展现了丰富多彩的生活画面和时代风貌，是宋代社会生活、宗教文化、伦理道德、民情风俗的一面镜子，为后世提供了宋代社会丰富的历史资料，被认为是《搜神记》后中国志怪小说的又一座高峰。它的作者洪迈是南宋饶州鄱阳（今江西省鄱阳县）人，官至翰林学士、资政大夫、端明殿学士、宰执（副相）、封魏郡开国公、光禄大夫。他是一个勤奋博学的人，一生涉猎了大量的书籍，并养成了作笔记的习惯，乃至学识渊博，著书极多。除了《夷坚志》，他还有文集《野处类稿》、笔记《容斋随笔》等存世，其《容斋随笔》被誉为"垂范后世"的佳作，不仅有很高的文学价值，对当政者还具有资政、资治作用。

读到《夷坚志》支戊卷四的《张拱之银》时，凌濛初不由拍案叫绝，立即决定改编这个故事。

《张拱之银》的原文只有四百字左右，却讲了一个完整的故事——

江陵人张拱之，世以富雄州里。政和中，梦白衣人二十余辈拜揖于床下。问其何人，皆不答，旋没于地。心虽怪之，亦不以为绝异。已而每夕皆然。于是命仆掘于所没处，才深三尺，得大银二十枚，各重五十两，样制甚古，料以为千岁前物，一一花书之而藏于箧笥，不为子弟言，亦未尝非时阅视也。他日，又梦来别云："欲往长沙，助赵官人宅造屋。恨不得久从君游，然终当复来。"张疑焉，旦而发笥，空无所见矣，始大骇。欲穷其验，专诣长沙访之，果于善化县旁有赵宅，方兴工创大第，治厅事。张乃谒之，赵宿闻其名，亟出迎。坐少定，张起白曰："君家治第时，曾于土中获何物？"赵不复隐，告以得白金千两。张曰："乃我家故所蓄，每铤有花书。"取而视之，信然。张乃话前梦，愿以他银换易。赵欣然许之，张携归。唤锻匠镕为一巨球，当中穿窍，用铁索维絷，置于床脚，使不可复动。入夜常闻泣声。后经兵盗，不知所在矣。俗云张循王在日，家多银，每以千两铸一球，目为没奈何，正此类也。

这个故事正好讲到了凌濛初的心坎上。他屡试不第，刻书生意却做得很好，觉得冥冥中有个主宰，指引着人生的方向。也就是说，他有些相信宿命了，这也许就是"知天命"的前奏。

凌濛初提笔开写，一下子又想起了相关主题的一些佳作，便在开头部分列举出来。他想到了朱希真的名为《西江月》的词："日日深杯酒满，朝朝小圃花开。自歌自舞自开怀，且喜无拘无碍。青史几番春梦，黄泉多少奇才。不须计较与安排，领取而今见在！"这首词说的也是人生功名富贵总有天数，不如活得快乐一点。他感慨地写道，古往今来，多少英雄豪杰，该富的不得富，该贵的不得贵。能文的倚马千言，用不着时，几张纸盖不完酱瓿；能武的穿杨百步，用不着时，几杆箭煮不熟饭锅。及至那痴呆懵懂生来有福分的，随他文字低浅，也会发科发甲；随他武艺庸常，也会大请大受。真所谓时也，运也，命也！

他还想到了两句俗语："命若穷，掘得黄金化作铜；命若富，拾着白纸变成布。"想到了吴彦高的词："造化小儿无定据，翻来覆去，倒横直竖，眼见都如许！"想到了僧晦庵的词："谁不愿黄金屋？谁不愿千钟粟？算五行不是这般题目。枉使心机闲计较，儿孙自有儿孙福。"还想到了苏东坡的词："蜗角虚名，蝇头微利，算来着甚干忙？事皆前定，谁弱又谁强？"

综合这些名人的说法，他得出了结论："万事分已定，浮生空自忙。"以此为引子开始讲述这件奇事。

这时，他又读了另外一本名为《金陵琐事》的书，发现其中一篇与他正在写的这个故事异曲同工，便认真地研读了一番。这个故事名为《银走》，原文如下：

张汝璧，太学生秋渠兵宪子，淫荡不检，用银如土。秋渠遗以万余金，不数年用尽。将售住居，母云："吾预知汝浪费破家，埋有七千金在某处。"指其地取之，惟存空器而已。盛仲交乃其姨夫，曾与予谈之。

张治卿云，家有一亲，亦姓张，乃应天府承差。在湖塾住，曾将银一千两埋于厅堂墙下。偶一日，见埋银处地高起，如蛇行。急锄开视之，乃其银走出。因取兑之，乃是千金，殊未耗也。不数日，横遭人命事，千金用尽方得事妥。

江东门外坝上，有陈姓夫妻二人。半生拮据勤苦，积银二十四锭，约百金，千封万裹，缝于枕头内，逐日枕之。忽夜梦二十四白衣秀才，揖于庆前曰："别汝，去三牌楼鞠家去也。"夫妻惊醒，言梦皆同。遂开枕视之，银已去矣。夫妻数日不能去怀，因往三牌楼访于鞠家。鞠云，曾拾得银二十四锭，方延道士修醮，以答天地也。此友人陈孟芳谈。

《金陵琐事》问世的时间并不长，万历三十八年（1610）才刊刻成书。当时，凌濛初正醉心科举，没有心思看这类书，于是虽久居南京，却没认真读过这本南京掌故笔记。周晖这个人他是知道的，字吉甫，号漫士，又号鸣岩山人，出生在应天府（今南京）上元县，博古洽闻，多识往事，驰誉乡里，除了《金陵琐事》，还著有诗集《幽草斋集》、曲论《周氏曲品》等著作。这时周晖刚去世一年多，活到了八十岁高龄，是位德高望重的隐居高人。

《金陵琐事》记录的是明朝发生在南京的"掌故"，上涉国朝典故、名人佳话，下及街谈巷议、民风琐闻，所记信而有征，如海瑞事迹、倭寇犯南京等，都可以补正史之缺。凌濛初读周晖的这本书，不仅找到了好的故事，也学到了很多关注现实的手法，其后他在《拍案惊奇》里写了很多本朝的故事，可能是受到了周晖的一些影响或启发。

学习了《张拱之银》和《银走》，凌濛初用通俗易懂的"说话"手法对这个故事进行了改编，从而写出了《拍案惊奇》卷之一《转运汉遇巧洞庭红　波斯胡指破鼍龙壳》的"入话"。

所谓"入话"，指的是话本小说中的一种结构，类似引子，用于每篇话本之首。体裁不一，多为诗词韵语或小故事，是"说话人"在叙述正文之前，为了候客、垫场、引人入胜或点明本事之用。

凌濛初的这篇"入话"，写了足足有两千字，写出了"说话"的感觉，也吊起了读者的胃口。

此后，凌濛初讲了一个"转运汉"文若虚暴富的故事，也就是本卷的"正话"。他是受《泾林续记》卷三十八中"苏和暴富"的故事启发，但他把故事讲得更圆润更有味——

主人公文若虚"靠山山倒，靠水水流"，人们叫他"倒运汉"。一年，他运了一批扇子去北京贩卖，可他的扇子一到北京，当地就开始下雨，很少有人出门买扇子。好不容易等到天晴，扇子上的字画却发了霉。好在文若虚多才多艺，人也俏皮，才混了口饭吃。一次出海远航，他就抱着玩玩的态度，用一两银子的本钱，买了一筐洞庭红，也就是太湖洞庭山出产的橘子，不过是为了路上解渴。但就是这一筐橘子，在一个海外的码头上，居然卖出了八九百两银子，相当于现在人民币三十万的天价。后来，船靠在一个海岛上避风，他上岛转了转，捡到了一只大"乌龟壳"，居然是龙子褪下的躯壳。里面二十四节肋骨，每节肋骨中都有一颗很大的夜明珠。最后，波斯商人以五万两银子的价格买下。文若虚从一个穷光蛋，一下子变成了大富翁……

除了运气好，文若虚能发财的一个原因是他同船的人所说的，那就是心地比较仁厚。这是正能量的东西，他在小说中告诉读者，财富是对美德的奖赏。

不仅故事生动，有思想内涵，凌濛初还采用了很多文学手法，单是景物描写就与众不同，使小说更富感染力。他在描写海中即景时，使用了这样的句子——

行了数日，忽然间天变起来，但见：

乌云蔽日，黑浪掀天。蛇龙戏舞起长空，鱼鳖惊惶潜水底。艨艟泛泛，只如栖不定的数点寒鸦；岛屿浮浮，便似没不煞的几只水鹅。舟中是方扬的米簸，舷外是正熟的饭锅。总因风伯太无情，以致篙师多失色。

那船上人见风起了，扯起半帆，不问东西南北，随风势漂去。隐隐望见一岛，便带住篷脚，只看着岛边使来。看看渐近，恰是一个无人的空岛。但见：

树木参天，草莱遍地。荒凉径界，无非些兔迹狐踪；坦迤土壤，料不是龙潭虎窟。混茫内，未识应归何国辖；开辟来，不知曾否有人登。

凌濛初把杂剧的手法用在了话本里，使文字更有意韵，更有节奏感，是境，是景，水乳交融，情景映衬；是意，是情，相辅相成，相济相生。

李白在黄鹤楼上看到了崔颢的《黄鹤楼》，赞叹不已，为之倾服，发出了"眼前有景道不得，崔颢题诗在上头"的感慨。后来，李白游金陵凤凰台。心有所感，信手写了《登金陵凤凰台》，只用两句"凤凰台上凤凰游，风去台空江自流"就概括了崔颢那首诗的大部分诗意。李白虽然借鉴了崔颢的诗，但李白的诗更加凝练，可以说是借鉴与创新的典范。

同样，凌濛初借鉴了前人的作品，也不是简单的改编，而是提炼升华，使璞玉变成了美玉，让浑金变成了纯金。

3. 贤内助

南京的秋天绚烂斑斓。在秋风的吹拂下，古城的色彩换成了暖暖的金黄或橙红，仿佛慈祥的老者抿了一口浓郁的高粱红，脸颊上泛起了满足的红晕。

凌濛初家的庭院里，银杏树也变得金黄，树叶如坠玉般纷纷而下，撒落一地的绣锦。阳光透过瓦檐上紫藤的缝隙，窸窸窣窣地洒落在地上，渲染满院的意象。写作之余，他喜欢在院子里走一走，或低头沉思，或仰天追问，在金色的秋光里寻找收获的感觉。

有时，他也会离开家，到秦淮河边走一走，感受桨声灯影，追思古往今来，寻找灵感和素材。甚至携着仆仆的风尘，来到长江边，感受滚滚江水沉淀的清幽与怀想。长江水独对空蒙的苍天，苍穹间仿佛悬挂着一幅巨幕，历史在天地间演绎着跨越时空的传奇，那些金戈铁马、刀光剑影、帝王风流、王侯逐鹿、佳人红颜、英雄血泪，一幕幕铺向远方，与天空融为一体……这时，他的思绪便活跃起来，油然进入到某个历史故事中。

不管是在家里，还是外出散步，凌濛初常把卓氏带在身边，有时还带上儿子凌葆和凌楚。这年凌葆已经十二岁，凌楚也有八岁了，都在附近的学堂读书。由于他此前先在晟舍老家经营刻书，常四处奔走，后又去北京参加谒选，淹留京城，再后又去北京参加乡试……他在家的时间并不多，陪老婆孩子的时间就更少了。如今他在家里写作，正好有机会陪家人，共享天伦之乐。

卓氏是位多才多艺的女子，陪着凌濛初散步时，总是静静地听凌濛初讲正在写的故事，偶尔插话表达自己的看法。她对诗词歌赋都有研究，也看过不少书，发表的观点往往与凌濛初不谋而合。因此，两人的散步既锻炼了身体，也为凌濛初提供了写作的思路甚至灵感。

一个秋日的黄昏，凌濛初和卓氏走在离家不远的玄武湖边。秋风掠过湖面，拂到脸上，带着些轻微的寒意。凌濛初全身心地写作，颇感疲倦，被这清凉的湖风一吹，倦意顿时消散无踪，有的只是清爽与快乐。

凌濛初把目光投向湖边，金黄的银杏树，火红的枫树，还有红的黄的菊花，顿觉一股成熟的气息扑面而来。大自然像一个丹青妙手，精心用粗细不一的线条，五彩缤纷的颜料，勾画出一幅又一幅色彩斑斓的图画，让人心旷神怡。

卓氏提醒他，湖边还有洞庭红，他在书里写到过。

在刚刚写完的《转运汉遇巧洞庭红　波斯胡指破鼍龙壳》里，凌濛初确实选了洞庭红这个"道具"。洞庭红俗称晚橘子，经霜方红，深秋或初冬采摘，耐储运，贮存到深冬仍鲜如初摘，而味道则比初摘时更鲜甜。"芳香超胜，为天下第一。浙东、江西及蜀果州皆有柑，香气标格，悉出洞庭下。又有'三日手尤香'之词，则其芳烈又不待言而知。"（《吴郡志》）他的书中也作了描写："红如喷火，巨若悬星。皮未皱，尚有余酸；霜未降，不可多得。元殊苏井诸家树，亦非李氏千头奴。较广似曰难兄，比福亦云具体。"

两人相视而笑。

天色将晚，湖边凉意渐浓，夫妻二人携手回家转。路过一个街角时，有小摊贩正在卖大闸蟹，也在拿秋说事，说这时的螃蟹最肥："金秋菊黄蟹正肥，持螯饮酒滋筋髓。"

卓氏当即买了几只，准备清蒸大闸蟹，给凌濛初好好补一补。

第二天，卓氏把大闸蟹清蒸了，这是最能够保留原汁原味的方法。蟹肉洁白晶莹，蟹黄细滑鲜嫩，全家人一顿美餐。

卓氏还专门给凌濛初温了一壶酒，让他"持螯饮酒滋筋髓"，美妙滋味难以言喻。

凌濛初当然是酒足饭饱，干劲更大了。

卓氏想方设法改善伙食，既保证营养，又不断变换花样，让凌濛初全身心地投入写作。她还积极做好后勤保障工作，每天细心地为凌濛初准备笔墨纸砚，泡茶倒水，捶背揉肩，甚至帮忙翻找资料。凌濛初每写完一卷，她都做第一读者，也担当校对的角色。

《拍案惊奇》四十卷，洋洋四十万字，在当时来说堪称巨著。凌濛初只用了不到一年的时间就顺利完成，这在用毛笔手写的时代，速度是惊人的。可见，卓氏的后勤保障工作做得很到位，起到了巨大的作用。

凌濛初文思泉涌，越写越兴奋，越写越激情飞扬。他在作品里写了很多反映女性解放的内容，也有男欢女爱的文字，让他自己似乎也年轻起来。在这个过程中，他经常从想象中走回现实，与卓氏恩爱一番。

冬末春初，乍暖还寒时，卓氏惊喜地发现，她又一次怀了孕。

于是，夫妻俩一起进入了孕育状态。不同的是，凌濛初孕育的是一部文学名著，卓氏孕育的是他们的爱情结晶。等待他们的，将是双喜临门。

除了卓氏这位贤内助，凌濛初的写作还受到了朋友们的关注和支持，以陈元素和潘弼时为最。因为，当时他们三人一起整理潘之恒的遗作，接触的机会较多。

4. 朋友的支持

凌濛初写完《转运汉遇巧洞庭红　波斯胡指破鼍龙壳》，立即拿给陈元素和潘弼时，请他们指教。

陈元素和凌濛初一样，都是潘之恒最好的朋友之一，因为整理潘之恒的遗作，才真正走到了一起。接触之后，二人都觉得志趣相投，而且文风接近，有很多共同语言。

几天之后，凌濛初又与陈元素和潘弼时见面，便迫不及待地问他们的看法。

陈元素没有立即回答，而是拿出潘之恒的《亘史》，让凌濛初考虑改编一下其中的几个故事。

凌濛初当然拜读过《亘史》，也知道其中的很多故事适合改编，但他坦率地表示，轻易不敢改编潘之恒的东西。

潘弼时是潘之恒的儿子，知道凌濛初与父亲潘之恒的关系。凌濛初一直把潘之恒当作老师，其最初创作戏曲和杂剧也多受潘之恒的影响，得到过潘之恒的指教，可以说亦师亦友。因此，他也把凌濛初当成好朋友，也建议凌濛初参考他父亲的《亘史》，改编其中的一些故事。

陈元素提示，"豪侠卷"的《刘东山遇侠记》，"女侠卷"的《韦十一娘传》，"吴艳卷"的《苏小小》，都可以考虑改编。

潘弼时则建议选一些本朝的故事，比如《亘史》里的《两滴珠》。

凌濛初也觉得，可以多写些本朝的传奇故事。至于女巫假冒公主的事，他在《西湖游览志余》中也看到过，很有意思。而《两滴珠》写的是两个类似的故事：一个是女巫假冒公主，另一个是妓女假冒新娘。他曾听潘之恒讲过，前者潘之恒也是在《西湖游览志余》中看到的，后者则是潘之恒老家发生的真人真事。

事实上，女巫假冒公主的故事在很多文献中都有不同程度的记载，包括《四朝闻见录》乙集《柔福帝姬》、《鹤林玉露》卷十一、《宋稗类钞》卷四《权谲》、《宋人轶事汇编》卷三、《三朝北盟会编·炎兴》下帙四十、《宋史》列传卷第七《公主》等，而《两滴珠》中的叙述更为具体——

> 西湖志余：靖康之乱，柔福公主北去。建炎四年，有妄女子诣阙，自称柔福，自虏中潜归，诏宫人视之，其貌良是，问以旧事，仿佛能言之，但以足大为疑。女子颦蹙曰："金人驱逐如牛羊，跣足行万里，宁复有故态耶？"高宗恻然，诏授福国长公主，下降高世荣。其时，汪龙溪草制，词曰："彭城方急，鲁元当困于面驰；江左既兴，益寿宜充于禁脔。"绍兴十二年，显仁太后回銮，言柔福死虏中久矣，始知其诈，付诏狱，乃女巫也。尝遇宫婢，言其貌酷类柔福，遂以旧宫之事告之，因而为诈。乃伏诛，前后赐赉四十万缗，籍入宫，此与滴珠事颇类，故附录于此。

至于妓女假冒新娘的故事，是徽州府休宁县（潘之恒老家）发生的真实事件，潘之恒做了详细记录。

在《两滴珠》中，故事发生的时间、地点、人物都讲得很清楚，"事在万历甲辰年，太守梁公，休宁令李公，歙令方公也"。经查《徽州府志》，万历甲辰（三十二）年（1604），徽州知府是梁应泽，休宁县令是李乔岱，歙县县令是方承郁，都和《两滴珠》中所载姓氏完全吻合。

凌濛初当即作出决定，改编《两滴珠》。陈元素和潘弼时都表示赞同。

在创作《拍案惊奇》卷二《姚滴珠避羞惹羞　郑月娥将错就错》时，凌濛初基本采用了潘之恒《两滴珠》的素材，包括入话和正话。在叙述过程中，无论故事的人物、时间、地点，还是故事情节，也都没有大的改编。只是为了表达的需要，在故事的细节方面做了一点变动。比如，他将《两滴珠》中故事的原发生地"海阳"改为更广为人知的"休宁"（海阳是休宁的旧名，一直沿用至今，今天的休宁县城所在地就叫海阳镇）。他将原作中的"舅舅、舅姑"改为"公公、婆婆"，更突出了姚滴珠受害的封建性。还有一些其他细节上的差异，但主要内容大同小异。

本卷故事的大致情节是这样的：女主人公姚滴珠新婚后不久，丈夫潘甲被公公逼出门去经商，自己也遭到公公辱骂，一气之下，她决定先回娘家去。不料，在渡口，却撞上了本地一个名叫汪锡的无赖。这汪锡是个掮客，专门从事勾引良家女子的勾当，骗色骗财。汪锡和他的干娘略施小计，姚滴珠半推半就，就住在汪锡专门安排的房子里，做了有钱人的外室。姚家一个在外经商的亲戚，在浙江衢州柳巷花街里见到一个女子，错当成姚滴珠，还把这事告诉了滴珠的父亲姚公。姚公命儿子姚乙去领回妹子。到了衢州，姚乙发现那位妓女只是长得特别像自己的妹妹，名叫郑月娥。为了帮郑月娥脱离烟花行业，姚乙将错就错，将郑月娥领回家，将她当成妹妹姚滴珠，并交给妹夫潘甲。潘甲认出不是自己的妻子，仍通过官府寻找姚滴珠。最后，在官府的参与下，乐不思蜀的姚滴珠终于被找了出来。结果，无赖汪锡受到了应有的惩罚，姚滴珠也结束了长达两年的外室生涯，被丈夫潘甲领回了家……

在作品中，凌濛初塑造了一个民间女子姚滴珠的形象，通过书写姚滴珠的爱情和命运，表现他的妇女观和婚恋观，体现了男女平等的思想。他说姚滴珠"生得如花似玉，美冠一方"，家道也殷实，可惜误听媒人之言，嫁到破落户屯溪潘家。离家出走遇到了掮客汪锡后，汪锡向她求欢，被她拒绝，说明她并不是一个随便的人。可是，她却在汪锡安排的雅舍里，做了大财主吴大郎两年之久的外室，这其中也有姚滴珠自愿的成分。他还写到了姚滴珠与吴大郎"千恩万爱"，说明她的贞洁观念已土崩瓦解，性意识已开始觉醒。如果不是后来由于郑月娥引发官司，事情败露，滴珠可能会做更长久的外室。

在凌濛初的感情经历中，也碰到过几个敢爱敢恨的女人，尽管都是妓女，但都对他付出了真情，有的甚至为他去死。他从心里欣赏这样的女人，想为她们点赞，也想让更多的女人勇敢地去追求自己的幸福。于是，他塑造了姚滴珠的形象，并给了主人公一个很好的结局，以此唤醒女性心中的自我。

按照当时"饿死事小，失节事大"的传统观念，作者在书中把这样的女人打入十八层地狱，也丝毫不为过，最起码也可以让她死无葬身之地。而凌濛初没有这样做，他根据故事的基本事实，让小说中的姚滴珠仍然回到了潘家，继续过她的小日子。这样的安排，可以说主人公是幸运的。

凌濛初呼唤那些依然在苦苦等待和煎熬中的女人，改变传统的逆来顺受的生活方式，勇敢面对自己的情感需求，追求人性的解放。这在当时来说，虽然有些理想化，却符合人性的需求，尤其是写到了很多女人的心坎上。

写完《姚滴珠避羞惹羞　郑月娥将错就错》，凌濛初又拿给陈元素、潘弼时，又赢得了不少"赞"。

陈元素觉得，凌濛初把姚滴珠写得活起来了，不仅有血有肉，还有了自己的感情。

陈元素之所以有如此的评价，是因为潘之恒在《两滴珠》里只讲了故事的本原，并没赋予主人公以感情。比如潘之恒写滴珠嫁到潘家后："新妇不甘食，习拣作，将倚市门而招金夫，乃得逸耳。滴珠颇具丰姿，愤其语为亵，已侵晓，奔诉母家，泣于渡口。"而凌濛初却写得很细，把她的思想感情都写出来了——

滴珠独自一个，越发凄惶，有情无绪。况且是个娇养的女儿，新来的媳妇，摸头路不着，没个是处，终日闷闷过了。潘父潘母看见媳妇这般模样，时常急聒，骂道："这婆娘想甚情人？害相思病了！"滴珠生来在父母身边如珠似玉，何曾听得这般声气？不敢回言，只得忍着气，背地哽哽咽咽，哭了一会罢了。

一日，因滴珠起得迟了些个，公婆朝饭要紧，猝地答应不迭。潘公开口骂道："这样好吃懒做的淫妇，睡到这等日高才起来！看这自由自在模样，除非去做娼妓，倚门卖俏，撺哄子弟，方得这样快活像意。若要做人家，是这等不得！"滴珠听了，便道："我是好人家儿女，便做道有些不是，直得如此作贱说我！"大哭一场，没分诉处。到得夜里睡不着，越思量越恼，道："老无知！这样说话，须是公道上去不得。我忍耐不过，且跑回家去告诉爹娘，明明与他执论，看这话是该说的不该说的！亦且借此为名，赖在家多住几时，也省了好些气恼。"算计定了，侵晨未及梳洗，将一个罗帕兜头扎了，一口气跑到渡口来。

尽管凌濛初对陈元素的表扬很得意，也还是谦虚了一番。

陈元素则提醒他，这种故事要注意把握分寸。百姓尤其是女流肯定喜欢，但主流社会怕是难以接受。

陈元素的提醒不是没有道理，后来《拍案惊奇》长期被列为禁书，不能不说是他的先见之明。当时，凌濛初也知道这样写可能会触犯某些人，尤其那些道貌岸然的所谓"理学家"，但他不想改变自己的初衷。他觉得，如果人云亦云，那他写作的意义就不大了，也难以写出好作品。

凌濛初答应着，继而与陈元素、潘弼时商量下一步的创作计划。

潘弼时建议改编《刘东山遇侠记》。他提示凌濛初，他父亲当初是从宋懋澄的《九篇别集》中得来，可以找《九篇别集》参考一下。

凌濛初答应着，心里已经在构思这个故事的写法了。至于《九篇别集》中的相关文字，他确实也要找来读一读，对比一下《刘东山遇侠记》，看看有何不同，也利于吃透其中精髓，以期更好。

潘之恒的《刘东山遇侠记》来源于宋懋澄的《九篇别集》卷二《刘东山》，改动不是太大，但每处改动都让语言更贴切，使故事情节更紧凑。凌濛初则大多采用了潘之恒的说法，又加以细化，加以通俗化，还加了些动作描写和心理描写。

比如，宋懋澄在《刘东山》中写道："明日束金腰间，骑健骡，肩上挂弓，系刀衣外，于跗注中藏矢二十簇。"潘之恒只改了三个字，把"跗注中"改为了"两膝下"。凌濛初则加以渲染："东山睡到五更头，爬起来，梳洗结束。将银子紧缚裹肚内，扎在腰间，肩上挂一张弓，衣外挎一把刀，两膝下藏矢二十簇。"

在凌濛初笔下，时间更加具体，人物有了动作，不仅更好读，也更容易理解。

宋懋澄的《刘东山》中有："乃二十左右顾影少年也，黄衫毡笠，长弓短刀，箭房中新矢数十余。"潘之恒只改了两个字，把"数十"改为了"二十"。凌濛初则加以解释："却是二十岁左右的美少年，且是打扮得好，但见：黄衫毡笠，长弓短刀，箭房中新矢二十余枝。"

宋懋澄在《刘东山》中写道："又引箭曰：东山晓事人，腰间骡马钱一借！"潘之恒还是只改了两个字，把"一借"改为了"快送"。凌濛初则加以细化："又将一箭引满，正对东山之面，大笑道：'东山晓事人，腰间骡马钱快送我罢，休得动手！'"

宋懋澄在《刘东山》中写道："少年持其手曰：'莫作莫作，昔年诸兄弟于顺城门，闻卿自誉，令某途中轻薄，今当十倍酬谢。然河间负约，魂梦之间，时与卿并辔任邱路也。'"潘之恒这里只改了一个字，把"任邱"的"邱"改为了"丘"。凌濛初则改动较大："少年跳离席间，也跪下去扶起来，挽了他手道：'快莫要作此状！快莫要作此状！昔年俺们众兄弟在顺城门店中，闻卿自夸手段天下无敌，众人不平，却教小慈溪在途间作此一番轻薄事，与卿作耍，取笑一回。然负卿之约，不到得河间。魂梦之间，还记得与卿并辔任丘道上。感卿好情，今当还卿十倍。'"

宋懋澄在《刘东山》中写道："十八兄自饮，计酒肉略当五人，复出银笌篱，举火烘煎饼自啖。"潘之恒还是只改了一个字，把"烘"改为了"作"。凌濛初的改动也比较大，主要是解释说明："众人不敢陪，只是十八兄自饮。算来他一个吃的酒肉，比得店中五个人。十八兄吃阑，自探囊中，取出一个纯银的笌篱来，煽起炭火，做煎饼自啖，连吃了百余个。"

……

凌濛初把宋懋澄和潘之恒的文言语句都改成了通俗的白话文，将人物形象、对话、心理描写都具体化，使故事更丰满。在小说的结尾，他还增加了揭示神秘少年身份的叙述，加入了一些劝世之语，让人回味和反思。

写完卷三《刘东山夸技顺城门　十八兄奇踪村酒肆》，凌濛初趁热打铁，很快又写出了卷四《程元玉店肆代偿钱　十一娘云岗纵谭侠》。这一卷他也是改编自潘之恒《亘史》外篇《女侠》卷九之《韦十一娘传》，又参考了《太平广记》《夷坚志》《剑侠传》《女红余志》等众多文献。

此后，凌濛初还改编了潘之恒一些作品，但写着写着，他就把触角伸得更远，甚至涉及了冯梦龙已经写过的东西。

5. 冯梦龙的影子

凌濛初之所以要写作《拍案惊奇》，就是因为前面有了冯梦龙的"三言"。安少云见"三言"发行量很大，刊刻的书商赚了很多钱，才鼓动凌濛初去写类似的东西，有点像"命题作文"。

因此，凌濛初写作之初，必须研究冯梦龙的作品，以免"跑题"。

在研究的过程中，他就开始写了，因为书商希望越快越好，可能还给了他一定的时间限制。于是，他的写作不可避免地受到了冯梦龙作品的影响，作品也带上了冯梦龙的影子。即使到今天，"二拍"也一直排在"三言"之后，像"三言"的影子一般；凌濛初的大名也一直排在冯梦龙之后，像冯梦龙的影子一般，甚至有人认为"三言二拍"都是冯梦龙创作的。

冯梦龙出生于万历二年（1574），比凌濛初大六岁，是南直隶苏州府吴县长洲（今苏州）人。他俩算是同时代的人，都出自名门，也有类似的经历，都走不通科举之路，转而从事文学创作。只是冯梦龙转得更早，成名更早。

凌濛初离开家乡到南京定居后，交游很广，可能与冯梦龙有过接触，只是历史上没有相关的记载。但他们有共同的朋友，这是可以确定的。董斯张、袁中道、曹学佺等，都是凌濛初的朋友，有的关系还挺好，而这几个人，也都和冯梦龙关系不错。因此，即使二人没有直接交往，通过彼此的朋友，可能也是相互知情的。

在研读冯梦龙的作品时，凌濛初发现，"三言"中很多卷章，出自冯梦龙本人的笔记小说《情史》《智囊》《古今谭概》。单是出自《情史》的，就有十六卷之多。也就是说，冯梦龙在编撰"三言"前，已经准备了大量的素材，"三言"无非是把文言变成了白话。而且，这些笔记小说也大都源自前人的文献，很多仍有改编的价值。

于是，凌濛初找到了一个"捷径"，从冯梦龙的笔记小说入手，挑"三言"尚未涉及的故事，再参考前人的作品，进行"再改编"。

在读冯梦龙的《情史》卷三《狄氏》时，凌濛初就喜欢上了这个故事。他再翻典籍，发现冯梦龙所记狄氏事见于本朝陶宗仪的《说郛》卷十一《清尊录·狄氏》，大同小异，便果断地决定也写一写这个故事，于是把这个故事放在了《拍案惊奇》卷六《酒下酒赵尼媪迷花　机中机贾秀才抱怨》的入话。

陶宗仪的《说郛》卷十一《清尊录·狄氏》中记载："有滕生者，因出游，观之骇慕，丧魂魄归"，冯梦龙只改了一个字，把"观"改成了"见"。凌濛初改编时，改成了文学叙述："于时，西池春游，都城士女欢集。王侯大家，油车帘幕，络绎不绝。狄夫人免不得也随俗出游，有个少年风流在京候选官的，叫做滕生，同在池上。看见了这个绝色模样，惊得三魂飘荡，七魂飞扬。"

三年前，凌濛初去北京参加谒选时，也曾"淹留京城"，于重阳日与茅维、谭元春、葛一龙、王家彦、周永年、程道寿、张尔葆等人一起，共集妓女郝月娟邸所，饮酒赋诗。这段故事他写得很生动很具体，大概也加进了自己的亲身体会。

冯梦龙在《情史》卷十八《邵御史》中讲了一个乌将军的故事，另有钱希言的《狯园》卷十六、陆容的《菽园杂记》卷八、《坚瓠己集》卷一《长髯客》及《玉蜻蜓》等，也有类似记载，只不过有的故事情节变动较大。凌濛初把这个故事写进了《拍案惊奇》的卷八《乌将军一饭必酬 陈大郎三人重会》。

冯梦龙在《情史》卷三《王生》中讲了一个"王生巧得妻"的故事，另有《古今闺媛逸事》卷五《将错就错》、陶宗仪的《说郛》卷十一《清尊录》、潘永因的《宋稗类钞》卷四《闲情》等多种记载。凌濛初把这个故事写进了《拍案惊奇》卷十二《陶家翁大雨留宾 蒋震卿片言得妇》的入话。

冯梦龙在《智囊》卷二十七《杂智部·啮耳讼师》中的儿子打父亲的故事，另有民间盛传的《徐文长故事》之一《咬耳胜讼》跟这个故事类似。凌濛初把这个故事写进了《拍案惊奇》卷十三《赵六老舐犊丧残生 张知县诛枭成铁案》的入话。《智囊》卷七《明智部·张晋》记录了儿子杀父亲的事，正好符合本卷的主题，凌濛初便写进了本卷的正话，并配诗道："从来父子是天伦，凶暴何当逆自亲？为说慈乌能反哺，应教飞鸟骂伊人。"

冯梦龙在《智囊》卷二十八《杂智部·石子》和《古今谭概》卷二十二《儇弄部·石轵子》中，讲的都是杭州府贾秀才设计助李生夺回被奸僧霸占房舍的故事，凌濛初把它写进了《拍案惊奇》卷十五《卫朝奉狠心盘贵产 陈秀才巧计赚原房》的入话，《智囊》卷二十七《杂智部·文科》所记金陵陈秀才巧计赚回被卫朝奉霸占房产的故事，正好符合本卷的主题，凌濛初便写进了本卷的正话，并配诗劝世："人生碌碌饮贪泉，不畏官司不顾天。何必广斋多忏悔？让人一着最为先。"

冯梦龙在《智囊》卷二十七《杂智部·老妪骗局》讲的老媪设骗局的故事，本朝王同轨《耳谈类增》卷五十二《新塘镇盗》也有类似的记载，凌濛初把这个故事写进了《拍案惊奇》卷十六《张溜儿熟布迷魂局　陆慧娘立决到头缘》的入话。

冯梦龙在《智囊》卷二十七《杂智部·丹客》、《古今谭概》卷二十一《丹客》中讲的丹客的故事，另有本朝的王象晋在《剪桐载笔·丹客记》中也写到过，凌濛初把它写进了《拍案惊奇》卷十八《丹客半黎九还　富翁千金一笑》的正话。

冯梦龙在《智囊》卷十六《捷智部·仓卒治盗》中讲述的智杀奸僧的故事，本朝王同轨的《耳谈》卷七《临安寺僧》、《耳谈类增》卷五十四《临安僧》以及《海刚峰先生居官公案》卷二第三十回《击僧除奸》等也有记载，凌濛初把它写进了《拍案惊奇》卷二十六《夺风情村妇捐躯　假天语幕僚断狱》的入话。但凌濛初对这个故事进行了更为细致的描述，也更富感染力：

冯梦龙在《智囊》中写的这样一段话："吴有书生，假借僧舍，见僧每出必锁其房，甚谨。"凌濛初改编为："话说临安有一个举人，姓郑，就在本处庆福寺读书。……那郑举人在他寺中最久，与他甚是说得着，情意最密。凡是精致禅室，曲折幽居，广明尽引他游到。只有极深奥的所在一间小房，广明手自锁闭出入，等闲也不开进去，终日是关着的，也不曾有第二个人走得进。"

——《智囊》中写道："见门未钥，愕然，问生适可何所见，答曰：无有。"凌濛初改编为："广明见房门失锁，已自心惊；又见郑生有些仓皇气质，面上颜色红紫，再眼瞟去，小木鱼还在帐钩上摇动未定，晓得事体露了。问郑道：'适才何所见？'郑生道：'不见什么。'"

——《智囊》原文："僧怒，剔刀拟生曰：'可就死，不可令吾事败，死他人手。'生泣曰：'容我醉后，公断吾头，庶惝然无觉也。'"凌濛初改编为："广明道：'便就房里坐坐何妨！'挽着郑生手进房。就把门落了闩，床头揳出一把刀道：'小僧虽与足下相厚，今日之事，势不两立。不可使吾事败，死在别人手里。只是足下自己晦气到了，错进此房。急急自裁，休得怨我！'郑生哭道：'我不幸自落火坑，晓得你们不肯舍我，我也逃不得死了。只是容我吃一大醉，你断我头去，庶几醉后无知，不觉痛苦。我与你往来多时，也须怜我。'"

——《智囊》原文："僧许之。生佯举杯告曰：'庖中盐菜乞一茎。'僧乃持刀入厨。"凌濛初改编为："广明也念平日相好的，说得可怜，只得依从。反锁郑生在里头了，带了刀，走去厨下，取了一大锡壶酒来，就把大碗来灌郑生。郑生道：'寡酒难吃，须赐我盐菜少许。'广明又依他到厨下取菜了。"

——《智囊》原文："生急脱布衫，塞其壶口，酒不泄，重十许斤，潜立门后。俟僧至，连击其首数十下，僧闷绝而死。"凌濛初改编为："见酒壶罍巨，便心生一计，扯下一幅衫子，急把壶口塞得紧紧的。连酒连壶，约有五六斤重了。一手提着，站在门背后。只见广明搪门进来，郑生估着光头，把这壶尽着力一下打去。广明打得头昏眼暗，急伸手摸头时，郑生又是两三下，打着脑袋，扑的晕倒。郑生索性把酒壶在广明头上似砧杵槌衣一般，连打数十下，脑浆迸出而死，眼见得不活了。"

……

另外，凌濛初还参考了冯梦龙的《情史》卷三《张幼谦》《刘尧举》、《智囊》卷九《察智部·奉使者》等，写出了《拍案惊奇》卷二十九《通闺闼坚心灯火 闹图圄捷报旗铃》、卷三十二《乔兑换胡子宣淫 显报施卧师入定》和卷三十三《张员外义抚螟蛉子 包龙图智赚合同文》，借鉴了主要的故事情节及诸多细节，也增加了情景描写和心理活动，使小说更生动更耐读。

凌濛初不仅学习冯梦龙的写法，还直接改编冯梦龙写过的故事，却仍能写出新意。

凌濛初继续写作过程中，渐渐找到了创作的总体思路，也找到了感觉。尤其在利用资料方面，他大胆地借鉴前人，并推陈出新，开创了话本小说创作的新模式。

用了不到一年的时间，凌濛初就把《拍案惊奇》写了出来，虽有些细节不太满意。他在序中写了一些谦辞，做了一些解释——

> 语有之："少所见，多所怪。"今之人，但知耳目之外，牛鬼蛇神之为奇，而不知耳目之内，日用起居，其为谲诡幻怪非可以常理测者固多也。昔华人至异域，异域咤以牛粪金；随诘华之异者，则曰："有虫蠕蠕，而吐为彩缯锦绮，衣被天下。"彼舌挢而不信，乃华人未之或奇也。则所谓必向耳目之外索谲诡幻怪以为奇，赘矣。
>
> 宋元时，有小说家一种，多采闾巷新事为宫闱承应谈资。语多俚近，意存劝讽；虽非博雅之派，要亦小道可观。近世承平日久，民佚志淫。一二轻薄恶少，初学拈笔，便思污蔑世界，广摭诬造，非荒诞不足信，则亵秽不忍闻。得罪名教，种业来生，莫此为甚！而且纸为之贵，无翼飞，不胫走。有识者为世道忧之，以功令厉禁，宜其然也。
>
> ……不知一二遗者，皆其沟中之断芜，略不足陈已。因取古今来杂碎事可新听睹、佐谈谐者，演而畅之，得若干卷。其事之真与饰，名之实与赝，各参半。文不足征，意殊有属。凡耳目前怪怪奇奇，当亦无所不有，总以言之者无罪，闻之者足以为戒，则可谓云尔已矣。若谓此非今小史家所奇，则是舍吐丝蚕而问粪金牛，吾恶乎从罔象索之？

在这篇序中，凌濛初简要解释了他选取素材的思路，以蚕吐丝为例，说明自己是如何追求小说令人惊奇的艺术效果的。他告诉读者，绸缎锦衣是由蚕吐的丝制成，对一般中国人来说是一种常识，毫不足怪，但对那些没有采桑养蚕业的国家人民来说，就很难相信如此美丽的丝绸居然来源于一种蠕动的虫。凌濛初举这个例子，就是要说明，"奇"就在日常生活中，不必到耳目之外求取。

在序中，他批判了当时社会风气淫靡，小说创作堕入恶道，申明自己的创作是想劝诫读者，"不为风雅罪人"。

尽管凌濛初在序中写了一些谦虚的话，但他的自我感觉总体是良好的，也信心满满。

卓氏看后觉得挺好了，安少云也赞不绝口，只是陈元素等朋友提了一些建议。他本想再改一改，但安少云等不及，只好匆匆地交稿了。

出版前，为了更方便读者阅读，凌濛初又在文前加了五则《凡例》——

一、每回有题。旧小说造句皆妙，故元人即以之为剧。今《太和正音谱》所载剧名，半犹小说句也。近来必欲取两回之不侔者，比而偶之，遂不免窜削旧题，亦是点金成铁。今每回用二句自相对偶，仿《水浒》《西游》旧例。

二、是编矢不为风雅罪人，故回中非无语涉风情，然止存其事之有者，蕴藉数语，人自了了；绝不作肉麻秽口，伤风化，损元气。此自笔墨雅道当然，非迂腐道学态也。

三、小说中诗词等类，谓之蒜酪。强半出自新构；间有采用旧者，取一时切景而及之，亦小说家旧例，勿嫌剽窃。

四、事类多近人情日用，不甚及鬼怪虚诞。正以画犬马难，画鬼魅易，不欲为其易而不足征耳。亦有一二涉于神鬼幽冥，要是切近可信，与一味驾空说谎，必无是事者不同。

五、是编主于劝戒，故每回之中，三致意焉。观者自得之，不能一一标出。

在《凡例》中，凌濛初提到了本书以现实题材为主，并表达了"画犬马难，画鬼魅易"的观点。他认为，犬马大家经常见到，要画得逼真传神，很不容易；而鬼魅大家没见过，没有客观的鉴赏标准，画者可以随意发挥，反而好画。小说家脱离现实，描写鬼怪蛇神，这是避难就易。唐朝以前的中国小说，大多是搜神述异，距离实际生活很远。到了唐朝，小说开始把目光转向现实社会，但其主要描写对象还是那些不经见之事、非凡俗之人，所以称之为"传奇"。而他从殊方异闻的记述转向了现实生活的描写，主要写普通人的日常生活，写人们在日常起居中那些不能用常理去推测的事情，读者也许会更感兴趣。

他还提到了性描写，"非无语涉风情……绝不作肉麻秽口"，告诉读者有这方面内容，但不多，"雅道当然"。这也许正是《拍案惊奇》吸引普通百姓的一个亮点，因为当时说教的东西太多，这不啻为一种"解放"。

凌濛初写完《凡例》，对自己的创作理念有了更清晰的认识，也更看好自己的小说了。

然而，这时的凌濛初没想到也不敢想，他会因此一举成名。

亲友们虽然都感觉小说很好，但大家谁也没想到，这本书会成就一个名垂青史的小说家。

6. 一鸣惊人

崇祯元年（1628）十月的一天，古城苏州的金闾商业街像往常一样热闹，车水马龙，人头攒动。在一家名为尚友堂的刻书坊门前，已经排起了长长的队伍，分明是在抢购某一本书。

当时的苏州是全国最繁华的城市之一，经济和文化双向繁荣，闾门至枫桥的十里长街上，万商云集，人文荟萃。著名诗人唐寅（唐伯虎）作有《闾门即事》，极言其繁盛："世间乐土是吴中，中有闾门更擅雄。翠袖三千楼上下，黄金百万水西东。五更市卖何曾绝，四远方言总不同。若使画师描作画，画师应道画难工。"

繁华的城市，发达的商贸，人们在富足的生活之余，也越来越追求文化娱乐消费，买书藏书读书是最重要的形式之一。于是，在这条著名的商业街上，很多刻书坊应运而生，在商贾云集的金阊地区形成了一个颇具规模的书业文化区。当时浙江有一个著名藏书家叫胡应麟的，曾经专程来苏州买书，并描写了书业文化区的实景："凡姑苏书肆，多在阊门内外及吴县前，书多精整，然率其地梓也……余所见当今刻书，苏（州）、常（熟）为上，金陵（南京）次之，（杭州）又次之，近湖（州）刻、歙（州）刻聚精，遂与苏、常争价……"（《少室山房笔丛》卷四《经籍会通四》）

苏州的刻书坊驰名于世，以小说戏曲为主打的金阊书业最负盛名，经常有人在这里排队买书。然而，今天却是尚友堂前出现了排队买书现象，很多人想不通。这可是一家名气不大的刻书坊，以前也没刻出多少好书。

于是，有人就猜测："莫不是冯梦龙又有新作？"

"不会吧？冯梦龙去年刚出了《醒世恒言》，哪有那么快。他写一本书一般要三年。"有人立即否定。

有人附和："冯梦龙的书大多由吴县天许斋刊行，也不可能拿到尚友堂。"

有知情者释疑："不是冯梦龙的书。作者名气不大，但书好，名叫《拍案惊奇》。"

单单《拍案惊奇》这个书名，就吊起了很多读者的胃口，在街头巷尾快速传播着。有幸先睹为快的人，纷纷分享读书的心得，但因书中奇人奇事很多，分享者常常卖关子，更添许多悬念。一传十，十传百，买书者络绎不绝，读书者如痴如醉，作者凌濛初也越来越受到读者的关注。

新书卖得好，最高兴的莫过于尚友堂的老板安少云。他把凌濛初请到苏州，一起庆祝新书的刊行。

这天，两个人坐在离尚友堂不远的一个茶馆里，隔窗静观尚友堂前的热闹景象。其实，更多的书已经装上书船，开始运往南京、杭州等地，更远的北京、武昌也开始有订单。

凌濛初和安少云坐在一起，相互祝贺，相互感谢。

凌濛初当然要表示感谢，因为没有安少云，可能就不会有《拍案惊奇》。是安少云主动约稿，屡屡催稿，才让他在这么短的时间内完成作品的。安少云在这本书的刊刻上花费的心思也不少，宣传工作更是做得很到位，乃至书还没出来，很多人都已经知道，都准备要买一本看看了。

安少云在刊刻《拍案惊奇》时，先在扉页上发了个广告——

即空观主人，胸中磊块，故须斗酒之浇；腹底芳脬，时露一脔之味。见举世盛行小说，遂寸管独发新裁，撷拾奇衺，演敷快畅。原欲作规箴之善物，矢不为风雅之罪人。本坊购求，不啻拱璧；览者赏鉴，何异藏珠。

安少云把求购、阅读《拍案惊奇》说成"拱璧""藏珠"，不管他是不是真的这么看，都有"广告语"之嫌，起到了很好的宣传作用。他说凌濛初写作《拍案惊奇》是在宣泄举业失意的苦闷，以游戏笔墨求取精神的慰藉，也是为博读书人的眼球。从商业角度来看，他的广告语包含了浓厚的逐利欲望，却也在客观上推动了《拍案惊奇》的发行，乃至引起轰动效应。

《拍案惊奇》问世后，果然销路很好。在后来的《二刻拍案惊奇小引》中，概括了销售的盛况："支言俚说，不足供酱瓿；而翼飞胫走，较捻髭呕血、笔冢研穿者，售不售反霄壤隔也。"

销售如此火爆，连凌濛初自己也始料未及，他感叹道："文诳有定价乎！"

7. 双喜临门

正像凌濛初在《拍案惊奇》中写的一样，凌濛初本人似乎也成了

"转运汉"，好事一件接一件。《拍案惊奇》刚刚诞生不久，他的第四个儿子也诞生了，名副其实的"双喜临门"。

凌濛初给这个儿子取名叫凌囊，很多人不太理解，其实正合了他当时的心情。"囊"有"收藏盔甲、弓矢的器具"的意思，影射了凌濛初收藏自己的"科举"之心，过一种全新生活的心态。

这时，凌濛初至少已经有七个孩子，四儿三女。其中大儿子和三个女儿是原配夫人沈氏所生，都已长大成人。三个女儿还早早订了婚，大女儿许配给武康骆宏璧，二女儿许配给仁和冯延生（冯梦祯的孙子），三女儿许配给海宁徐尔宏，可能都已完婚。

第八章

二刻拍案惊奇

1. 火爆与冷遇

《拍案惊奇》的问世，让凌濛初一下子成为名人，成为畅销书作家。此前，虽然他也已经有了些名气，但仅仅局限在文化圈尤其是戏曲界，这次却走进了普通读书人的视野，并产生了轰动效应。

凌濛初的名气越来越大，《拍案惊奇》的销售也越来越火爆。尚友堂第一版印的书，很快就卖完了，他们赶紧加印，还是一售而空。别的刻书坊看到商机，也纷纷刊刻《拍案惊奇》，从这次盛宴中分一杯羹。有的甚至直接盗版，很快就把书推向了市场，间接助推了《拍案惊奇》的火爆。《拍案惊奇》的传播速度，简直像长了翅膀在飞、长了腿在跑。

后来，《拍案惊奇》的版本除了尚友堂本，又先后刊刻了覆尚友堂本、消闲居本、聚锦堂本、松鹤斋本、万元楼本、同文堂本、鳣飞堂本、文秀堂本、同人堂本、细燕野堂本等十几种不同的版本，可见它在当时受欢迎的程度。

《拍案惊奇》卖得很好，普通读者的评价也很高，但在当时的文化圈里，却没得到多少好评，就连他的几个好朋友，也只是口头上认可或恭维，没有给他写点评论文字。当时，小说并不为主流社会所看重，精英们崇尚诗文，把小说看作"绪余"，难登大雅之堂。再者，凌濛初写《拍案惊奇》的目的，也只是为了给读者提供一些"娱乐"，创作时谈不上严肃认真，也没有精心构制、细心打磨，难免有粗糙肤浅之嫌。还有，书中抨击了当时的官场，肯定了爱情和人欲，甚至有不少在当时看来很"露骨"的色情描写，受到了主流文化的轻视或抵制。

凌濛初清醒地认识到这些，自己也没把《拍案惊奇》当回事。因此，在书商为了利益请他再写一本时，他没有立即动笔，而是把精力又投入到学习和思考中。

这次，他把目光投向了主流文化最看重的经典之一《诗经》。

2. 从《言诗翼》到《圣门传诗嫡冢》

凌濛初此前已经熟读《诗经》，并学习过很多名家的评点，尤其是以训诂、考据、义理为重的《诗经》研究者的观点。

这次，凌濛初再读《诗经》，温故而知新，自己又有很多领悟。同时，他还重点读了孔门两个弟子的作品《诗序》和《诗传》，准备把这部作品与《诗经》放在一起研究。

此后，凌濛初搜集了众多研究者的评点，全方位进行了研究。他不仅读了朱熹的《诗集传》、朱善的《诗解颐》，又读了钟惺的《批点诗经》、徐光启的《毛诗六帖讲意》、沈守正的《诗经说通》、陆化熙的《诗通》、魏浣初的《诗经脉讲意》、唐汝谔的《毛诗微言》等，在学习的基础上进行了辨析。他觉得朱熹的点评更多是道德评价，拘泥于理学，拘泥于科举制义，并因道德教化而显得呆滞；朱善的点评没有紧密联系诗句及诗题材本身，仅从"理"的角度大书特书，演化为"天理"与"人欲"的阐释，过分拔高诗歌的义理，失却诗歌的原旨，也丧失了《诗经》作为诗的韵味。相反，钟惺、徐光启、沈守正、陆化熙、魏浣初、唐汝谔等人的评点，不是将《诗经》视为承载义理的经典，而是将其视为文学体裁之诗，评点其句法、字法、章法等，更能体味诗的生动气韵与无穷之趣。

在阅读思考过程中，凌濛初形成了自己的思路。他决定，把《诗序》和《诗传》列于《诗经》每篇之前，先《序》后《传》，再以钟惺、徐光启等人的点评以及自己的点评为之"翼"，并依据钟惺的《批点诗经》加以圈点，定名为《孔门两弟子言诗翼》。他在《言诗翼·叙》中，表达了自己编撰这部书的初衷——

> 诗之为道，《三百篇》实为鼻祖，其遣词命意，布格炼字，后人所撚髭呕心，癖性躭而苦思瘦，终不能窥其藩篱者也。自宋人以其说说《诗》而《诗》病，自今人以宋人之说衍为帖括以说《诗》而《诗》愈病。今《诗》说之在世者无非救苜蓿之饥，副羔雉之急，其于《诗》之词、之意、之格、之字，概在所略而不讲……襄景陵钟敬伯于燕邸示余以所评《诗》本，独为《三百篇》开生面，盖其品骘扬榷之法，一如古今诗流之于五七言，不作老经生诠解章句体。余为击节不置，业序而行之矣。已而执此言求诸近代之深于《诗》而有成撰者，得数家焉。其为品骘扬榷如伯敬之为，见者不乏，第未免没诠解章句体中，不能以评《诗》自见耳。

凌濛初直言《诗经》是诗的鼻祖，在遣词命意、布格炼字等方面都为后世所效法。可是，从宋人到今人，很多人不把《诗经》当诗来看，而是将其视为获取功名的途径，重诗之义理，而不讲"之词、之意、之格、之字"……他赞成钟惺视《诗经》为诗，用气象、章法、虚实、诗境等评诗的标准来解诗，并以此法为标准搜寻其他点评。

凌濛初不仅辑录了钟惺、徐光启、陆化熙、魏浣初、沈守正、唐汝谔等人对《诗经》的评点，自己也以句法、字法、章法点评了《诗经》里的九十四首诗，品味《诗经》之妙，重现《诗经》之貌。

他主要从字、词、句与章法结构方面赏析。《曹风·蜉蝣》对"说"

当"如"字读，他点评道："此读之妙"；《鄘风·蝃蝀》中四个"也"字，他认为：用之"大奇"；《郑风·缁衣》中"敝""还"二字，他评价："句法奇创"……

他也从字词品诗之情景。《郑风·风雨》中的"如晦"，他点评道："如月晦日也。写黑暗之状如画，且以两字变叠字作末章，便觉不板。诗家之法，其妙可以意会"；《陈风·东门之枌》中的"握"，他点评道："见手授也，昵甚。"

他特别关注诗歌的情景，喜欢用诗句描绘景象。他点评《周南·芣苢》道："口不道乐，乐意满前。后人拟极富贵语，不取'笙歌归院落，灯火下楼台'，而取'梨花院落溶溶月，柳絮池塘淡淡风'，亦得此意。""笙歌"句直接流露富贵气象，"梨花"句所写之景，不沾任何华贵之词，闲适、安逸之象却比前者更能凸显温润富贵品格。

他也关注诗歌言外之意。他点评《大雅·云汉》时指出："通诗不露一'雨'字，自是诗人用意，为后来诗家不露本题法门。"点评《郑风·风雨》道："诗家之法，其妙可以意会"，将己意隐含在具体的描写中；评《召南·简兮》前三章："只叠叙目前事，言外之旨，傲愤已满怀矣，不必再添一语。"评该诗最后一章："西方不实以何地，美人不实以何人。诗人下语含蕴婉切，正不得以文武丰镐凿之。"

在点评时，凌濛初注重"诗法"，常用"句法""字法""诗家之眼""诗家妙法""诗家门户"等论诗的说法，对遣词造句、章法结构、人物形象、情景描写等进行赏析，更凸显出《诗经》的诗意与奇妙。

崇祯三年（1630）春天，《孔门两弟子言诗翼》编撰完成，凌濛初拿回晟舍，请自己的兄弟侄子及亲朋好友帮忙校阅。他的同乡沈汝法、表兄潘湛、堂兄凌瀛初、侄子凌义渠、侄子凌璪都先后校阅，他的儿子凌琠也参与了校阅。

这次，凌濛初特意请了侄子凌义渠校阅，是因为凌义渠已经于天启四年（1624）考中了举人，接着又在天启五年（1625）连中了进士，成了凌家当时最负盛名的代表人物。

让长子凌琠参与校阅，主要是想让凌琠学习。凌琠这年已经二十五岁，虽然入了学，但学业一般，他还指望儿子能更进一步。再者，他也开始考虑刻书接班人的问题，让儿子熟悉熟悉相关知识。

侄子凌义渠不仅参与了校阅，还为这本书写了序。他在《言诗翼·序》中写道：

> 叔初成氏沉酣于《诗》，不以诸家之诂训者言《诗》，而以诸家之品评者言《诗》，深得言《诗》之三昧者也。盖《诗》之情之趣尽在语言文字之外，而宋儒必规核之语言文字之中，所以辨析愈多，于《诗》转没交涉。东坡云："言诗即此诗，定知非诗人。"又云："若还声在指头上，何不于君指上听。"即诗言诗，是独求声于指，宋儒之所为通病耳。余瘝寐此道者有年，未通籍时，为功令所锢，不得不一禀诸宋。窃自幸《诗》之道广，《诗》之义深，而《诗》之境活，无论横说竖说，揣摩之皆可以得其性情，通其志意。宋儒能以其说锢，诗人不能以其所说之途并锢。言诗者无穷之趣，浅浅深深，疑离疑合，能转法华者，固止见其辩才无碍，不为所困也。初成叔操此旨以求诸言《诗》家，所谓孰得皮而孰得髓，业已了了。诠次观之，颐解而以子夏《序》、子贡《传》冠诸首，为大证明师。正令转法华者求而自得之语言文字之外，不亦《诗》家传宗心印乎哉！往在长安见肇敏氏言有子贡《诗》，述其义例之妙，与今本迥别，而向以未及见之为恨。今初成叔广蒐而得之，以咤示余。其首标孔氏传、卫端木赐子贡述，固即肇敏氏之所见本也。风、雅位置异同处，大堪击节如肇敏言。惜叔氏所辑以成，仅得采录以从今本，不复易置。闻叔氏云行且别有以阐扬之。果尔，宋儒当卷舌退矣。

凌义渠不仅盛赞凌濛初编撰此书的独辟蹊径，也谈了自己对《诗经》的看法，以及对《言诗翼》的评价。他觉得，凌濛初以句法、字法、章法来评点《诗经》，可以让读者更好地欣赏《诗经》的文学韵味，也更容易理解《诗经》的义理精髓。

《孔门两弟子言诗翼》编撰完成后，凌濛初没在自家的刻书坊刻印，而是拿到南京，请"季泰"刊行。之所以请其他书坊刊行，可能是考虑销售，毕竟南京的学子和文人都比较多，销路可能更好。如今，南京大学图书馆所藏的《孔门两弟子言诗翼》，就是由季泰所刻的崇祯三年（1630）刻本，每页九行，每行二十字，白口，四周单边，并声明是由凌濛初"手授秘本"。台湾"中央研究院"也收藏了这本书的手抄本，题为"崇祯庚午春季吴兴凌濛初书于遁园之夕佳楼"，可能也是抄自季泰的刻本。

《孔门两弟子言诗翼》刊行后，销路一般，影响也不太大。不仅没得到主流文化圈的肯定，甚至还有说风凉话的，只是没人直接批评而已。后来，《四库全书总目》虽然收录了此书，但在评价它时，还颇有鄙弃之意："以选词遣调、造语练字诸法论三百篇，每篇又从钟惺之本加以圈点，明人经解，真可谓无所不有矣。"

如今看来，《孔门两弟子言诗翼》对后世研究《诗经》，还是有很大裨益的。凌濛初辑评六家之言，从文学的角度审视《诗经》，正是对《诗经》原貌的恢复。因为，《诗经》的本质是文学性的，他对《诗经》的用字、结构、意境、言外之意乃至主旨的把握，才是把握了《诗经》的精髓，为全方位研究《诗经》奠定了很好的基础。

凌濛初编撰《孔门两弟子言诗翼》，可以说煞费苦心，也付出了很多时间和精力，但问世后没达到他的预期。他很不甘心，便继续学习和研究，在《孔门两弟子言诗翼》基础上，又添加了毛传、郑笺，以《诗传》冠各篇之首，互考其异同，并在末尾附录《申公诗说》，编撰了一部内容更丰富更全面的书。他为这本书起了个书名——《圣门传诗嫡冢》。

这本书编成后，凌濛初自我感觉还是很满意的，甚至有点不谦虚的成分。这在他的自我评价中极其少见，可能当时特别自信。他在《圣门传诗嫡冢》的序中写道：

　　盖余读毛氏《诗》而有数疑焉：邶、鄘两国错纪卫事，说者谓其地他日并属卫也，然何以不去其名而鼎列为三，却无分别，一疑也；豳何以有风？巡狩陈诗不及祖国，居东诸作无与于豳，二疑也；鲁何以为颂？考牧饮酒绝是风体，作泮作庙稍似雅音而俚，非告神之乐歌，三疑也；《桑扈》《鸳鸯》《裳华》《采菽》何异于《蓼萧》《湛露》之篇？《楚茨》《南山》《大田》《甫田》何异于《良耜》《载芟》之颂？又《颇弁》之于《行苇》，《隰桑》之于《菁莪》，或为全盛之章，或为陈古之刺，强为别则不见有微词在句字之间，比而同则不合置雅音于极衰之后，四疑也。乃毛本序说，自汉以传，虽夹漈力辨其妄，紫阳细索其瘕，或至尽更其说，时亦小有易置，而终不敢移其篇第，以类相从，徒使读者从违皆不安，惟有仍袭固然，莫或究诘耳！今得子贡《传》，览而群疑皆释；复得申公《说》，一证而阙义皆完。郑氏不必牵经以合《序》，朱子不必泥文以害志，学者亦不必鉴别解以抗前闻。如薄雾见朝晞，暗中燃炬烛，何其快也。然而窃又有疑者：谓朱子及见二书耶？则驳《小序》者不遗余力，而显相抵牾处，颇可借援，不闻假手；谓朱子不见二书耶？则方欲帚破陈说，横伸己义，而时用申公句语，若出臆中。赋、比、兴三义，亦强半相合；谓见而秘诸帐中耶？则朱子著述饶能自用，况获此的传明证，何不如以《仪礼》正笙歌，真阴从其本而自为一家言？故疑于经者，得二书而释，而疑朱子于二书者，再三不得其解矣。黄文裕谓《传》即《鲁诗》，郭相奎谓《鲁诗》以《关雎》为刺，今《传》不侔，不敢确以为然。乃申公则正鲁人，其说则正鲁诗也。说《关雎》亦示尝为刺，且大略与《传》相合，则子贡《传》之为《鲁诗》何疑？岂郭相奎又未及见《申公诗说》耶？汉尊经术而重师承，各立博士，分门别户，竞相角胜，犹有传，有不传。今功令固人，古义悉废，学者安于固陋，一见异同，骇而欲走，虽博学好事家，犹或未深考，何惑乎疑端之种种也？余不欲古学之日湮，乃取子贡《传》，从其次而行之，而申公之《说》、毛公之《传》、郑氏之《笺》皆附见焉，使学者自证其同异，自析其短长。总之，去古未远，其次圣门渊源之自，较之千百世以后率臆悬揣者，必有当也，固名之曰《传诗嫡冢》，不敢任为《三百篇》之功臣，亦冀以剖数千年之疑案云尔。

在这篇"自序"中，凌濛初自以为对圣门传诗的渊源探究，比千百年来率意而为的要高明很多，甚至可以解决千百年来《诗经》的疑案。然而，他当时不知道，他引用的《诗传》及《申公诗说》，并不是子贡和申培的原作，而是擅长伪造古书的藏书家丰坊所作。其实，当时不仅他不知道，很多文人都不知道，很多人相信《诗传》就是子贡的作品。后来被发现是丰坊伪作，又经过很久的辨伪和证伪过程，才得到公认。

当时，凌濛初编撰完《圣门传诗嫡冢》，对这本书的期望值是很高的，乃至于舍不得轻易刊刻出来。为了增加这本书的附加价值，打造销售的名人效应，他决定找一个有地位、有名望、有文化的人写个《序》，再考虑刊印。

凌濛初想来想去，觉得有个人比较合适，就是当时担任福建副使的潘曾纮。为此，他还专程跑了一趟福建。

3. 福建求序

崇祯四年（1631），凌濛初辗转来到福建，见到了潘曾纮。

潘曾纮，字昭度，与凌濛初同为乌程人。万历年间进士，先后担任过河南新蔡、商城、高阳的知县，后升任河南学史、福建副使，在凌濛初的亲戚朋友中，算是在任的较高级别官员了。他与凌濛初的亲戚关系，缘于潘凌两家世为姻戚。凌濛初的爷爷凌约言，娶的是随州判官潘应元的女儿、著名水利专家潘季驯的堂姐，凌约言去世后，潘季驯还写了挽诗；凌濛初的叔叔凌稚隆，把一个女儿嫁给了潘仲骖的儿子潘文阳，而潘曾纮是潘仲骖曾孙。因此，他与凌濛初的关系，可以算是比较近的亲戚关系，而且凌濛初的辈分还要大两辈。

这时的凌濛初虽然还没做官，但在文人圈里名气已经不小了，潘曾纮还是很尊重他。因此，当他提出请潘曾纮写序时，潘曾纮还是表示了谦让，并向他推荐了一个人。

潘曾纮推荐的是他的同事何万化。他的理由很简单，何万化当时任福建提学副使，负责全省的学校教育及科举考试等政务，由他作序更有权威性。

凌濛初也认同潘曾纮的看法，便委托潘曾纮找何万化。

潘曾纮把凌濛初的《圣门传诗嫡冢》转给何万化，并把凌濛初的情况简单地作了介绍，请求何万化帮忙写序。何万化自然要给潘曾纮面子，又听说凌濛初与曾经的礼部尚书朱国祯关系很好，多了些亲切感，于是欣然以应。

何万化，字宗元，上海人，天启二年（1622）进士，授南京兵部主事，后来升任礼部郎中，出京任职作了福建提学副使。他像当时的很多官员一样，都熟读过《诗经》，再看《圣门传诗嫡冢》，算是轻车熟路。初读此书，他有些意外，可越看越惊喜，转而真心实意地推荐了。他在《传诗嫡冢》的序中写道：

> 西吴凌子初成，穷经嗜古，尝以合子夏序为《孔门两弟子言诗翼》，已深玩笃好。更合鲁诗、毛传、郑笺诠正，以己意名曰《圣门传诗嫡冢》。寅长潘昭度先生，其戚也，居闽，尝出示余索序。予始而谔，继而喜，渐觉其义味之有沁于予心也。

在序中，何万化先介绍了《圣门传诗嫡冢》的基本情况，又说了潘曾纮让他写序的缘由，再写对这本书的感受。他并没写多少溢美之辞，但他的身份特殊，还是起到了很好的推介作用。

在与何万化的接触过程中，凌濛初还认识了漳浦的李瑞和，并与之进行了交流。

当时，李瑞和正在苦读，准备参加下一次科举考试。听说凌濛初已经考了四次，便把他的文章拿给凌濛初，请凌濛初指点批评。

凌濛初看了李瑞和的文章，备加赞赏，自愧不如。他断言，李瑞和肯定能考中，只是早点晚点罢了。

对于凌濛初的赏识，李瑞和十分感激。他虽知道凌濛初的话里有鼓励的成分，但还是从中汲取了很大的信心。

拿到何万化的序，凌濛初便回到晟舍，开始刊刻《圣门传诗嫡冢》。他的表兄潘湛和儿子凌琛参与了校对工作。

凌濛初刊刻《圣门传诗嫡冢》特别用心，可能是对这本书的期望值特别高的缘故。他不仅又写了"自序"，还亲笔手书，并用了"写刻"，把自己的书法也刻印出来。他是用行书写的，写得很认真，字体隽秀，精致美观，刻出来的也基本保持了书法的风貌。在"自序"的最后，他用了"吴兴后学凌濛初撰并书"的署名，特意告诉读者，这是他的书法作品。

《圣门传诗嫡冢》刊刻时，凌濛初按照刻书的惯例，又在书前加了七条《凡例》——

> 篇次，悉以子贡《传》，与今毛诗本不同。条理井然，最宜详习。
>
> 《小序》，或云子夏作，或云毛苌作，或云卫宏作。然毛于经有传，而于《序》无传，疑是毛公笔。苏氏截首句为子夏，而以下芟之，以为另出一手。朱子以为得失未尽当然，或非出于一人，不可考矣。今仍毛本，全载篇首。次之《传》后者，诗次从《传》，而《家语·弟子解》，子夏少于子贡故也。
>
> 诗中事有出于《左氏传》者，列之本诗前，《小序》后，

亦是圣门一斑。

《申公诗说》与子贡《传》相近，其说皆为诗题，不作注脚。然申为汉儒，非孔氏及门者，故另为一卷，不杂置篇首。

诗有六义，赋、比、兴，其三也。毛氏《传》止得兴、赋，而绝不见比，竟少一义。申公三义皆备，朱子全用之，而诗章微有不同。今俱载其说，学者所宜考以见得失云。

子贡《传》有考补、续考、续说，俱郭相奎蜀中原本，不载姓名，不知出自谁手。其云测者，则豫章万尚烈也。

《传》《序》异同之义，毛、邓合离之说，颇自不少。窃为参考评驳，以正诸海内，附诗篇总章之下，悉冠以愚按云。

在《凡例》中，凌濛初又详细解释了《圣门传诗嫡冢》的编撰情况，尤其说明了编入诸家序文的想法和初衷，也等于是为本书作宣传。

刻版印刷时，凌濛初也很用心。他不仅用了"写刻"，还写了很多眉批，排版每半页十行，每行二十字，正文中缝有书名、卷别、页码、双鱼尾……印刷也用最好的纸张，最好的墨，印出来的书简直无可挑剔。

刊刻《圣门传诗嫡冢》，在史料记载中，大概算是凌濛初的最后一次刻书。此后的家族刻书，他基本都交给了子侄，没再具体参与。因此，可以说，《圣门传诗嫡冢》的刊行，是他从事刻书业的封关之作。

然而，《圣门传诗嫡冢》刊行后，也像《孔门两弟子言诗翼》一样，并没引起多大反响，可以说远远没达到凌濛初的预期。他很失望，一度觉得难以接受，可他当时已经过了"知天命"之年，头脑里已经有了"谋事在人，成事在天"的理念，也便很快释然。他分析原因，觉得可能主要有两个：一是这类书相对较多，读者可选择的余地大；二是这类书大多由知名儒士编撰，他的名望不够，读者信任度低。他不得不重新审视自己，对自己的相关能力产生了怀疑，觉得自己不宜再编撰这类书籍了。

然而，书已经刊刻出来，印的数量也不算少，凌濛初还要考虑卖书的问题，否则有可能赔钱。他独自回到南京，多方推销自己的新书，可是收效甚微。

正在凌濛初为《圣门传诗嫡冢》的遇冷而沮丧时，安少云却告诉他一个好消息，《拍案惊奇》已经再版多次，仍然很畅销。他听了高兴不起来，感叹世事无常，一心追求的得不到，不经意的却意外有大收获。由此，他也觉得，自己写这类东西似乎更擅长，写起来更得心应手。

于是，在安少云再次怂恿他写"续集"时，凌濛初爽快地答应了。

4. 在书商的怂恿下

在南京珍珠桥的寓所里，凌濛初开始续写《拍案惊奇》。为了《言诗翼》和《圣门传诗嫡冢》的刊刻和发行，他长时间住在老家晟舍，南京的书房"玉光斋"已经尘封很久了，尤其是几年前写《拍案惊奇》时搜集的资料，已经落上了尘土。他逐一翻出，小心地擦拭干净，认真地阅读甄别。不久，他就找到了几份有价值的资料，并渐渐有了思路。

凌濛初续写《拍案惊奇》，究其原因，主要还是《拍案惊奇》卖得好，比自己费尽心思、"捻髭呕血"写成的学术著作好卖得多。还有一个重要原因，就是书商的怂恿和请求，或者还有高额稿酬的诱惑。他在《二刻拍案惊奇小引》中，道出了他当时的情境及想法——

> 丁卯之秋事，附肤落毛，失诸正鹄，迟回白门。偶戏取古今所闻一二奇局可纪者，演而成说，聊舒胸中磊块。非曰行之可远，姑以游戏为快意耳。同侪过从者索阅一篇竟，必拍案曰："奇哉所闻乎！"为书贾所侦，因以梓传请。遂为钞撮成编，得四十种。支言俚说，不足供酱瓿；而翼飞胫走，较捻髭呕血、笔冢研穿者，售不售反霄壤隔也。嗟乎，文讵有定价乎？
>
> 贾人一试之而效，谋再试之。余笑谓："一之已甚。"顾

逸事新语可佐谈资者，乃先是所罗而未及付之于墨，其为柏梁余材、武昌剩竹，颇亦不少。意不能恝，聊复缀为四十则。其间说鬼说梦，亦真亦诞，然意存劝戒，不为风雅罪人，后先一指也。

竺乾氏以此等亦为绮语障，作如是观，虽现稗官身为说法，恐维摩居士知贡举，又不免驳放耳。

在这里，凌濛初还告诉读者，上次写作时，他搜集了很多素材，并进行了严格的取舍，有些上次舍弃的素材，其实还可以再用。并强调这些素材有的"说鬼说梦，亦真亦诞"，但都是为了劝戒。

凌濛初首先翻找到的资料，是南宋浙江括苍（今丽水）人俞文豹在《吹剑录外集》里讲的一个故事。这是一个梦故事："王文正公之父，见破旧文籍，必加整辑，片言一字，不敢委弃。一夕，梦孔子曰：'汝敬吾书如此，吾遣曾参为汝子。'因名曰曾。甫弱冠，省、殿试具第一。"

凌濛初觉得，这个故事对劝戒读书人看书很有意义，便决定把它写到作品中。于是，他便写下了卷一《进香客莽看金刚经　出狱僧巧完法会分》的入话——

宋时，王沂公之父爱惜字纸，见地上有遗弃的，就拾起来焚烧；便是落在粪秽中的，他毕竟设法取将起来，用水洗净，或投之长流水中，或候烘晒干了用火焚过。如此行之多年，不知收拾净了万万千千的字纸。一日，妻有娠将产，忽梦孔圣人来吩咐道："汝家爱惜字纸，阴功甚大。我已奏过上帝，遣弟子曾参来生汝家，使汝家富贵非常。"梦后果生一儿，因感梦中之语，就取名为王曾。后来连中三元，官封沂国公。

这是一个因果报应的故事，正好与佛家的理论相符，凌濛初就翻阅佛教书籍，找出一个相对应的故事，作为这一卷的正话。

思路对了，事情做起来就事半功倍。很快，他就在《金刚持验》和《受持果报》里找到了一个故事，内容大同小异。故事讲的是明朝嘉靖四十三年（1564）大饥荒时的一件事：苏州洞庭山某寺，藏有唐代诗人白乐天（白居易）书写的《金刚经》全卷，视为镇寺之宝。这年，寺中僧众饥饿，主僧不得已，取出此经，抵押给山塘的王宦，得五十石米作为食物。后来，王宦施米、归还经书，僧人领回寺庙。过湖时，盛赞王宦高德。船上众人请开经一看，僧人刚展开经书，忽然刮来大风，揭去经书前数张，飘空入云不知去向。僧人懊悔不已。三年后，有一位上级官员，听到此经威名，就诬陷僧人下狱，逼他献出经书。上官看到此经不是全卷，不满意，便释放了僧人，归还了经书。僧人过湖，又遇到大风，便停船上岸，进一个小村里避风。到一老渔民家，看见墙壁上粘贴着几年前遗失的数张经文，毫无伤损。僧人便询问来历，渔民说："三年前，有一道火光，落到田中，惊奇去看，见是字纸，就粘在墙壁上。"僧人悲泣顶礼，称颂护法韦驮菩萨，详细讲述了始末，说："如果不是前次那阵神风，则经书已归豪门；如果不是今天这阵神风，则经书难以完璧复原。"渔民也因此感悟改业，捐重金装裹经页，归还了寺庙。

找到这个故事，凌濛初欣喜不已，很快便写出了"卷一"《进香客莽看金刚经　出狱僧巧完法会分》的正话。当然，他不是简单地辑录，而是充分发挥了他的想象力和创造力，把一个几百字的小故事，写成了一篇洋洋万言的小说，有情有景，有人有物，而且赋予了思想感情，可以说是创作出了完全不同的作品。

在写作过程中，凌濛初还把自己对政治经济的看法写到书里，对官府在经济管理中的作用进行了精妙的论述。写到嘉靖四十三年（1564）的大饥荒，米价猛涨，官府严控米价，各处禁粜闭籴，外地的米也进不来。他分析说，年荒米贵的年份，官府应该"静听民情，不去生事"，少不了会有一些有本钱的商人，为赚价差，从外地价低的地方贩米来卖，家里有屯米的财主，"贪那贵价"，也会把家里囤积的米拿出来销售，这样市场的米就会越来越充足，价格也就渐渐降下来了。偏偏那些

"不识时务执拗的腐儒做了官",一遇到荒年,就禁止米买卖,怕本地米外流,却不明白,一旦禁止市场交易,市面上米越来越少,价格自然水涨船高。老百姓不明白,当官的也抱怨,却不知道,官府越是"行荒政","反致越荒"。

凌濛初的此段论述,道出了市场经济的内涵所在,在他那个时代,可能算是很有见地的经济理论了。

5. 改编与创作

再次提笔写《拍案惊奇》,凌濛初已经有了经验,可以说轻车熟路。他反复研究前人的笔记、小说或民间传说,学习借鉴别人讲过的故事,按照自己的思路改编或创作,因而写得很轻松,很惬意,有时甚至陶醉其中。

于是,他一边查找翻阅资料,一边写作,《二刻拍案惊奇》便一卷一卷地写了出来:

——卷三《权学士权认远乡姑　白孺人白嫁亲生女》的入话故事,凌濛初是依据《晋书·列传》中的《张华》而改编,正话故事则是依据叶宪祖的《丹桂钿盒》而创作。

——卷四《青楼市探人踪　红花场假鬼闹》的入话故事,凌濛初借鉴了周密的《齐东野语》,正话故事没找到相关资料,可能是他依据民间传说虚构的。

——卷五《襄敏公元宵失子　十三郎五岁朝天》的入话故事,凌濛初改编自宋代岳珂的《桯史》卷一《南陔脱帽》,正话故事则是他依据《夷坚志补》卷八的《真珠族姬》及冯梦龙的《情史》卷二《王从事妻》而创作。

——卷六《李将军错认舅　刘氏女诡从夫》的入话故事,凌濛初是依据《夷坚丙志》卷十四《王八郎》而改编,正话故事则是依据瞿佑的《剪灯新话》卷三《翠翠传》而创作。

——卷七《吕使君情媾宦家妻　吴太守义配儒门女》的入话故事，凌濛初是依据金代刘祁的《归潜志》卷九《念奴骄》和宋代辛弃疾的《窃愤录》而改编，正话故事则是依据《夷坚支戊》卷九的《董汉洲孙女》而创作。

——卷八《沈将仕三千买笑钱　王朝议一夜迷魂阵》的入话故事，凌濛初是依据《夷坚支丁》卷七的《丁湜科名》而改编，正话故事则是依据《夷坚志补》卷八的《王朝议》而创作。

——卷九《莽儿郎惊散新莺燕　龙梅香认合玉蟾蜍》的入话故事，凌濛初改编自《太平广记》卷四百八十六《无双传》，正话故事则是他依据叶宪祖的《四艳记·素梅玉蟾》而创作。

——卷十《赵五虎合计挑家衅　莫大郎立地散神奸》的入话故事，凌濛初改编自《夷坚志补》卷六的《叶司法妻》，正话故事则是他依据宋代周密的《齐东野语》卷二十《莫氏别室子》而创作。

——卷十一《满少卿饥附饱扬　焦文姬生仇死报》的入话故事，凌濛初改编自《夷坚甲志》卷二《陆氏负约》，正话故事则是他依据《夷坚志补》卷十一的《满少卿》而创作。

——卷十三《鹿胎庵客人作寺主　剡溪里旧鬼借新尸》的入话故事，凌濛初改编自《晋书·列传》中的《阮籍》，正话故事则是他依据《夷坚志补》卷十六的《嵊县山庵》而创作。

——卷十四《赵县君乔送黄柑　吴宣教干偿白镪》的入话故事，凌濛初改编自《夷坚志补》卷八的《临安武将》，正话故事则是他依据同书同卷的《李将士》及《吴约知县》而创作。

——卷十五《韩侍郎婢作夫人　顾提控掾居郎署》的入话故事，凌濛初改编自陈良谟的《见闻纪训》，正话故事则是他依据陆延枝的《说听》而创作。

——卷十六《迟取券毛烈赖原钱　失还魂牙僧索剩命》的入话故事，凌濛初改编自《夷坚支戊》卷五的《刘元八郎》，正话故事则是他依据《夷坚甲志》卷十九的《毛烈阴狱》而创作。

——卷十七《同窗友认假作真　女秀才移花接木》的入话故事，凌濛初改编自李昌祺的《剪灯余话》卷二《田洙遇薛涛联句记》，正话故事没找到相关资料，可能是他依据听来的故事虚构的。

——卷十八《甄监生浪吞秘药　春花女误泄风情》的入话故事，凌濛初改编自谢肇淛的《五杂俎》卷十一《物部》，正话故事则是他依据《许公异政录》而创作。

——卷十九《田舍翁时时经理　牧童儿夜夜尊荣》的入话故事，凌濛初改编自宋代何子远的《春渚纪闻》卷二《瓦缶冰花》，正话故事则是他依据《冲德至德真经》卷三的《周穆王》而创作。

——卷二十一《许察院感梦擒僧　王氏子因风获盗》的入话故事，凌濛初改编自《夷坚志补》卷五的《楚将亡金》，正话故事则是他依据《许公异政录》而创作。

——卷二十三《大姊魂游完宿愿　小姨病起续前缘》的入话故事，凌濛初改编自《太平广记》卷一百六十《李行修》，正话故事则是他依据《夷坚志补》卷八的《真珠族姬》而创作。

——卷二十五《徐茶酒乘闹劫新人　郑蕊珠鸣冤完旧案》的入话故事，凌濛初取材于冯梦龙的《智囊》卷十《察智部·吉安老吏》，正话故事则是他依据祝允明的《九朝野记》卷四《嘉定少年徐达》而创作。

——卷二十七《伪汉裔夺妾山中　假将军还姝江上》的入话故事，凌濛初改编自宋代司马光的《涑水记闻》卷七，正话故事则是他依据《耳谈类增》卷三十二的《汪太公归婢》而创作。

——卷二十八《程朝奉单遇无头妇　王通判双雪不明冤》的入话故事，凌濛初改编自王同轨的《耳谈》卷七《老圃瓜异》，正话故事则是他依据同书同卷的《徽富人革》而创作。

——卷二十九《赠芝麻识破假形　撷草药巧谐真偶》的入话故事，凌濛初改编自《夷坚支甲》卷六的《西湖女子》，正话故事则是他依据京师老狼的《灵狐三束草》而创作。

——卷三十《痊遗骸王玉英配夫　偿聘金韩秀才赎子》的入话故事，凌濛初改编自王同轨的《耳谈》卷四《易万户》，正话故事则是他依据冯梦龙的《情史》卷十六《王玉英》而创作。

——卷三十二《张福娘一心贞守　朱天锡万里符名》的入话故事，凌濛初改编自《夷坚志补》卷十的《魏十二嫂》，正话故事则是他依据同书同卷的《朱天赐》而创作。

——卷三十三《杨抽马甘请杖　富家郎浪受惊》的入话故事，凌濛初改编自杨循吉的《苏谈·姚少师广孝雅量》，正话故事则是他依据《夷坚丙志》卷三的《杨抽马》而创作。

——卷三十四《任君用恣乐深闺　杨太尉戏宫馆客》的入话故事，凌濛初改编自宋代庞元英的《谈薮》，正话故事则是他依据《夷坚支乙》卷五的《杨戬馆客》而创作。

——卷三十五《错调情贾母詈女　误告状孙郎得妻》的入话故事，凌濛初改编自王同轨的《耳谈》卷十一《陈列妇》，正话故事则是他依据冯梦龙的《情史》卷十《吴松孙生》而创作。

——卷三十六《王渔翁舍镜崇三宝　白水僧盗物丧双生》的入话故事，凌濛初改编自《古今谭概》卷十八的《临安民》及《夷坚志补》卷七的《丰乐楼》，正话故事则是他依据《夷坚支戊》卷九的《嘉州江中镜》而创作。

——卷三十七《叠居奇程客得助　三救厄海神显灵》的入话故事，凌濛初改编自唐代韦瓘的《周秦行记》和《后土夫人传》，正话故事则是他依据蔡羽的《辽阳海神传》而创作。

——卷三十八《两错认莫大姐私奔　再成交杨二郎正本》的入话故事，凌濛初改编自《夷坚丁志》卷七的《大庾疑讼》，正话故事则是他依据王同轨的《耳谈》卷三《徐德妇》而创作。

——卷三十九《神偷寄兴一枝梅　侠盗惯行三昧戏》的入话故事，凌濛初改编自宋代沈俶的《谐史》，正话故事则是他依据《古今谭概》卷二十一的《谲知部·黄铁脚》和《谲知部·海刚峰》而创作。

……

其他各卷，凌濛初也大多依据前人的笔记、小说等素材而创作，或者听到民间传说后润色加工，也有的直接虚构而成。

在写作过程中，凌濛初甄别不同的素材，分类纳入，再三权衡，确定对其改编或"再创作"。其中，一部分"入话"选取的素材，常常改动较小，尽量沿用原作所述的故事内容，只是语言上改为话本语言，更通俗易懂，有的增加了一些议论说教的内容。而"正话"及另一部分"入话"，则用艺术的手法，给"老故事"赋予"新内涵"，用通俗生动的语言，使作品更好读更有味，用细致的描绘和深邃的思考，展现当时的社会风貌及思想文化特色，可以说就是创作新作品。

卷二《小道人一着饶天下　女棋童两局注终身》的入话，凌濛初是依据梅鼎祚的《青泥莲花记》卷七《记从一·谢天香》改编。原作中有如下两句："谢遂以其袖当笔，书'秋芳'二字……父老遂命刻之石"，他则改成了百余字，有情有景有动作，还有心理活动——

> 谢天香看见瓦盆里墨浓，不觉动了挥洒之兴，却恨没有大笔应手。心生一计，伸手在袖中摸出一条软纱汗巾来，将角儿团簇得如法，拿到瓦盆边蘸了浓墨，向石上一挥，早写就了"秋芳"二字……父老一面就命勒石匠把三字刻将起来，一面就请王秀才坐了首席，谢天香陪坐，大家尽欢吃酒。

至于卷二的正话，凌濛初依据的是《夷坚志补》"卷十九"的《蔡州小道人》，但故事也进行了大篇幅的再创作。

卷五《襄敏公元宵失子　十三郎五岁朝天》的正话故事，凌濛初是依据冯梦龙的《情史》卷二《王从事妻》而创作。原作中有如下两句："亟告府募访，不得……初上车疾行，入狭径，至古神堂。鬼卒执兵杖夹侍，坐者髯如戟，面阔尺余。"他则据此创作了两百多字的情景片断，有描写有比喻，还有细节刻画——

> 急具事状，告到开封府。府中晓得是王府里事，不敢怠慢，散遣缉捕使臣挨查踪迹。王府里自出赏揭，报信者二千贯，竟无下落。不题。
> 且说真珠姬自上了轿后，但见轿夫四足齐举，其行如飞。

真珠姬心里道："是顷刻就到的路，何须得如此慌走？"却也道是轿夫脚步惯了的，不以为意。及至抬眼看时，倏忽转湾，不是正路，渐渐走到狭巷里来，轿夫们脚高步低，越走越黑。心里正有些疑惑，忽然轿住了，轿夫多走了去。不见有人相接，只得自己掀帘走出轿来，定晴一看，只叫得苦。原来是一所古庙，旁边鬼卒十余个各持兵杖夹立，中间坐着一位神道，面阔尺余，须髯满颊，目光如炬，肩臂摇动，像个活的一般。真珠姬心慌，不免下拜。

卷十《赵五虎合计挑家衅　莫大郎立地散神奸》的入话故事，凌濛初改编自《夷坚志补》卷六的《叶司法妻》。原作中有如下一句："台州司法叶荐妻，天性残妒，婢妾稍似人者，必痛挞之，或至于死，叶莫能制。"他则加以渲染，写得更具体更极致更富感染力——

　　宋绍兴年间，有一个官人，乃是台州司法，姓叶名荐。有妻方氏，天性残妒，犹如虎狼。手下养娘妇女们，棰楚梃杖，乃是常刑。还有灼铁烧肉，将锥搠腮。性急起来，一口咬住不放，定要咬下一块肉来；狠极之时，连血带生吃了。常有致死了的。妇女里头，若是模样略似人的，就要疑心司法喜他，一发受苦不胜了。司法那里还好解劝得的？虽是心里好生不然，却不能制得他，没奈他何。

卷十一《满少卿饥附饱扬　焦文姬生仇死报》的入话故事，凌濛初改编自《夷坚甲志》卷二《陆氏负约》。原作中有如下一句："未数月而媒妁来，陆氏与相周旋，舅姑责之，不听。才释服，尽携资适苏州曾工曹。"他则依据故事的需要，设置了场景，虚构了对话，使之更通俗易懂——

　　死后数月，自有那些走千家管闲事的牙婆每，打听脚踪，采问消息。晓得陆氏青年美貌，未必是守得牢的人，挨身入来与他来往。那陆氏并不推拒那一伙人，见了面就千欢万喜，烧茶办果，且是相待得好。公婆看见这些光景，心里嫌他，说道："居孀行径，最宜稳重。此辈之人没事不可引他进门。况且丈夫临终怎么样吩咐的？没有别的心肠，也用这些人不着。"陆氏由公婆自说，只当不闻。后来惯熟，连公婆也不说了。果然与一个做媒的说得入港，受了苏州曾工曹之聘。公婆虽然恼怒，心里道："是他立性既自如此，留着也落得做冤家，不是好住手的。不如顺水推船，等他去了罢。"只是想着自己儿子临终之言，对着两个孙儿，未免感伤痛哭。陆氏多不放在心上，才等服满，收拾箱匣停当，也不顾公婆，也不顾儿子，依了好日，欢欢喜喜嫁过去了。

卷二十八《程朝奉单遇无头妇　王通判双雪不明冤》的正话故事，凌濛初是依据王同轨《耳谈》卷七《徽富人革》而创作的。原作中有如下一段："曰：'杀人即可抵罪，匿头何意？'郡不能决，下某及其夫于狱。以咨与其里人，里人皆不省。"他则展开想象力，细化了事情的经过，丰富了对话的内容——

　　程朝奉诉道："便做道是强奸不从，小人杀了，小人藏着那颗头做甚么用，在此挨这样比较？"王通判见他说得有理，也疑道是或者另有人杀了这妇人，也不可知。且把程朝奉与李方哥多下在监里了，便叫拘集一干邻里人等，问他事体根由与程某杀人真假。邻里人等多说："他们是主雇家，时常往来的，也未见甚么奸情事。至于程某是个有身家的人，贪淫的事或者有之，从来也不曾见他做甚么凶恶歹事过来。人命的事，未必是他。"通判道："既未必是程某，你地方人必晓得李方家的备细，与谁有仇，那处可疑，该推详得出来。"邻里人等道："李方平日卖酒，也不见有甚么仇人。他夫妻两口做人多好，平日与人斗口的事多没有的。这黑夜间不知何人所杀，连地方人多没猜处。"

卷三十六《王渔翁舍镜崇三宝　白水僧盗物丧双生》的入话故事，凌濛初改编自《古今谭概》卷十八的《临安民》。原作有如下一句："沈生贪而黠，心知为五通神也，再三虔拜，乞一小富贵。客笑而颔之。"他则增加了人物的心理活动，揣摩了人物的语言，使之更生动更可信——

　　沈一是个乖觉的人，见了光景想道："世间那有一样打扮的五个贵人？况他容止飘然，多有仙气；只这用了无数的酒，决不是凡人了，必是五通神道无疑。既到我店，不可错过了。"一点贪心忍不住，向前跪拜道："小人一生辛苦经纪，赶趁些微末利钱，只够度日。不道十二分天幸，得遇尊神，真是夙世前缘，有此遭际。愿求赐一场小富贵。"五客多笑道："要与你些富贵也不难，只是你所求何等事？"沈一叩头道："小人市井小辈，别不指望，只求多赐些金银便了。"五客多笑着点头道："使得，使得。"

总之，凌濛初改编或创作的故事，虽然很多能找到出处，但他不是一般的编选，而是进行了大幅度的润色与加工，甚至进行了脱胎换骨般的"再创作"。很多故事到了他的笔下，已经变成了有血有肉有灵魂的新作品。

被誉为"古典小说戏曲研究开拓者与奠基人"的孙楷第先生，曾在他的《三言二拍源流考》中说："凌氏的拟话本小说，得力处在于选择话题，借一事而构设意象；往往本事在原书中不过数十百字，记叙琐闻，了无意趣，在小说则清谈娓娓，文逾数千，抒情写景，如在耳目；化神奇于臭腐，易阴惨为阳舒，其功力实亦等于创作。"

6. 再次双喜临门

《二刻拍案惊奇》写完后，凌濛初按照之前的约定，还是直接交给了安少云，由苏州尚友堂刊刻发行。

这时，正是深秋十月，凌濛初在收获的喜悦中，又得到了家乡传来的好消息——卓氏又给他生了一个儿子。于是，他匆匆忙忙赶回晟舍，看望很久不见的卓氏，以及刚刚出生的儿子。

凌濛初已经五十三岁，也算是老来得子了。他的父亲在五十二岁时才有了他，他这时能再添一个儿子，颇有些自豪和得意。他觉得，他两次写《拍案惊奇》，都给他带来了好运气，都是双喜临门，也算是对他屡试不第的一种安慰或补偿。

回到晟舍，见到了老婆孩子，凌濛初欣喜之余，赶紧给儿子起了个名字——凌槩。这个"槩"的意思，是用皮带绑扎加固车辕而成的装饰，他期望儿子像加固的车辕，壮壮实实的，也期待儿子能像车辕一样，起到承上启下的作用，拉好家族这辆略显沉重的大车。

凌濛初在家里享受天伦之乐，安少云却有点等不及了。

安少云拿到书稿后，就立即安排工人们进行了刊刻，很快就刻好了雕版，准备印刷，可一直等不到凌濛初前来。

于是，安少云找到了当地一个号称"睡乡居士"的文人，写了一篇《二刻拍案惊奇·序》，便迫不及待地刊行了。

《二刻拍案惊奇》问世后，销售的现场依然火爆，畅销程度比"初刻"有过之而无不及。凌濛初的名气已经很大了，读者们等他的新作又等了好几年，新书自然更好卖。

睡乡居士在《二刻拍案惊奇·序》里，给予了凌濛初很高的评价，也在客观上助推了新书的销售。他在《序》中写道——

尝记《博物志》云："汉刘褒画《云汉图》，见者觉热；又画《北风图》，见者觉寒。"窃疑画本非真，何缘至是？然犹曰人之见为之也。甚而僧繇点睛，雷电破壁；吴道玄画殿内五龙，大雨辄生烟雾。是将执画为真，则既不可，若云赝也，不已胜于真者乎？然则操觚之家，亦若是焉则已矣。

今小说之行世者，无虑百种，然而失真之病，起于好奇。知奇之为奇，而不知无奇之所以为奇……

即空观主人者，其人奇，其文奇，其遇亦奇。因取其抑塞磊落之才，出绪余以为传奇，又降而为演义，此《拍案惊奇》之所以两刻也。其所掫撞，大都真切可据。即间及神天鬼怪，故如史迁纪事，摹写逼真，而龙之踞腹，蛇之当道，鬼神之理，远而非无，不妨点缀域外之观，以破俗儒之隔见耳。若夫妖艳风流一种，集中亦所必存。唯污蔑世界之谈，则戛戛乎其务去。鹿门子常怪宋广平之为人，意其铁心石肠，而为《梅花赋》，则清便艳发，得南朝徐庾体。由此观之，凡托于椎陋以眩世，殆有不足信者夫。主人之言固曰："使世有能得吾说者，以为忠臣孝子无难；而不能者，不至为宣淫而已矣。"此则作者之苦心，又出于平平奇奇之外者也。

在这段文字里，"睡乡居士"不仅给了凌濛初"其人奇，其文奇，其遇亦奇"的高度评价，也对当时的小说创作发表了自己的观点。他认为，小说创作"幻易而真难"，而小说"失真之病"的根源，在于作者"好奇"却又"不知无奇之所以为奇"；小说的"真"不同于一般事实，但又绝不是"赝"，而是胜于一般事实的艺术真实。因此，他指出，小说作者要留意于"目前"的"物态人情"，追求"真"的艺术境界，就能创作出比生活现象更逼真的艺术真实。

"睡乡居士"的这些小说理论，其实就是他看了《二刻拍案惊奇》之后的评价与思考，当然也是"初刻"《拍案惊奇》的特点和优势。《二刻拍案惊奇》刊行后，读者自然而然地就把两本书放在一起看了，合称"二拍"。

两本书合在一起，按凌濛初在《二刻拍案惊奇小引》中的"复缀为四十则"的说法，应该是合计八十卷，可不知什么原因，后世能看到的只有七十八卷。《二刻拍案惊奇》的卷二十三是重复，卷四十不是小说，只能算是"充数"的。

七十八篇小说，洋洋百万余字，"二拍"已不再是以往话本、笔记、小说的收录和改编，而是凌濛初创作的拟话本小说。它更贴近普通百姓的生活，更真实地反映了当时世俗社会的整体风貌，更逼真地刻画了社会各阶层人物的群像特征。不仅如此，凌濛初还通过贪官廉吏、才子佳人、媒婆娼妓、农夫商人、小偷强盗、流氓骗子、尼姑道士等系列人物形象的描写，表达了自己的吏治观、商业观、人才观、宗教观等思想观点。

因此，"二拍"不仅是当时政治文化生活的"浮世绘"，也是社会各阶层人物的"众生相"。

7. "浮世绘"与"众生相"

在"二拍"中，凌濛初描绘得最多的，要算是官场和官吏。据不完全统计，"二拍"涉及官场和官吏的小说，多达四十篇，超过了"二拍"小说的一半。这些小说塑造了一系列贪官、酷官、淫官等反面形象，也有主持正义、为民申冤的好官形象，但以反面为多。他通过反面官吏群像的塑造，揭露与批判当时官场的黑暗腐败。

凌濛初塑造的贪官众多：《进香客莽看金刚经　出狱僧巧完法会分》中的柳太守、《青楼市探人踪　红花场假鬼闹》中的杨金宪、《王渔翁舍镜崇三宝　白水僧盗物丧双生》中的浑耀、《贾廉访赝行府牒　商功父阴摄江巡》中的贾廉访、《韩秀才乘乱聘娇妻　吴太守怜才主姻簿》中的梁士范、《田舍翁时时经理　牧童儿夜夜尊荣》的掌文衡等。他们为了实现个人贪欲，不仅收受贿赂，还巧取豪夺、贪私枉法，甚至谋通强盗，亲自做贼，到了谋财害命的程度。贾廉访"做官却做贼"，竟设局骗取了亲家的财物，何其贪婪。浑耀为抢宝镜，竟将白水寺僧法轮活活打死，令人发指。

凌濛初塑造的庸官酷吏也不少：《恶船家计赚假尸银　狠仆人误投真命状》中的长洲知县、《迟取券毛烈赖原钱　失还魂牙僧索剩命》中的合江知县、《两错认莫大姐私奔　再成交杨二郎正本》中的大庾知县、《许察院感梦擒僧　王氏子因风获盗》中的吴帅，甚至包括《硬勘案大儒争闲气　甘受刑侠女著芳名》中南宋大儒朱熹，他们有的智力低下、主观臆断，有的心胸狭隘、严刑逼供，有的糊涂昏庸、只知捶打，轻者让清白者蒙冤，重者让受害者丧命。

凌濛初塑造的"淫官"，道德败坏，不知廉耻。《赵县君乔送黄柑　吴宣教干偿白镪》中的吴宣教，贪淫好色，才中了别人设下的圈套，偷鸡不成反蚀一把米；《吕使君情媾宦家妻　吴太守义配儒门女》中的吕使君，贪图朋友之妾的美色，在朋友重病期间就勾引其妾，丑态百出，朋友刚死就迫不及待地占有其妾，竟毫无愧色。

当然，凌濛初也写了不少好官：《赵六老舐犊丧残生　张知县诛枭成铁案》中的张晋、《姚滴珠避羞惹羞　郑月娥将错就错》中的徽州府梁太守、《顾阿秀喜舍檀那物　崔俊臣巧会芙蓉屏》中的薛御史、《李公佐巧解梦中言　谢小娥智擒船上盗》中的浔阳郡张太守、《西山观设箓度亡魂　开封府备棺追活命》中的开封府尹李杰、《青楼市探人踪　红花场假鬼闹》中的谢廉使等。他们"吏才敏捷""见事精明"，能主持正义，细致调查，为民申冤，严惩罪犯。

通过塑造这些官吏形象，凌濛初褒少贬多，对当时官场的黑暗进行了有力的批判。除了抨击官吏的贪、酷、淫，还抨击朝廷公开卖官鬻爵，揭露地方乡宦横行乡里，甚至暴露了当时"官即是盗"的丑恶现实。他不仅通过塑造人物来批判，还直接在作品里发表评论，直言官场的腐败，抨击官吏的贪酷。他在《恶船家计赚假尸银　狠仆人误投真命状》中写道：

　　　　如今为官做吏的人，贪爱的是钱财，奉承的是富贵，把那"正直公平"四字，撇却东洋大海。明知这事无可宽容，也将来轻轻放过；明知这事有些尴尬，也将来草草问成，竟不想杀人可恕，情理难容。那亲动手的奸徒，若不明正其罪，被害冤魂，何时瞑目？至于扳诬冤枉的，却又六问三推，千般锻炼。严刑之下，就是凌迟碎剐的罪，急忙里只得轻易招，搅得他家破人亡。害他一人，便是害他一家了。只做自己的官，毫不管别人的苦，我不知他肚肠阁落里边，也思想积些阴德与儿孙么！

凌濛初用这种近乎责骂的语言，抨击和劝诫为官做吏的人，也真算是用心良苦了。由此，他也提出了如何做官的思考。他认为，作为审案的官吏，不能先入为主，动不动就刑讯逼供，要仔细了解案情，认真思考分析，谨慎做出判断；他还认为，官吏要通达时务，应变世情，不可只读"四书""五经"，还要在实践中学习各种知识，增强才智。这些，都表达了他对好官的呼唤，也是对"选官"标准的一种期待。

作为一个热衷科举的文人，一个"屡中副车"的秀才，凌濛初在"二拍"中，也塑造了众多秀才形象。

凌濛初塑造的秀才，很多是重情蔑礼的。张幼谦、闻人生、凤来仪等，都是这样的秀才。他们反对封建礼教、追求爱情自由，不仅不拘泥于礼法，还大胆超常，对未婚同居行为毫不在意，甚至宽容女性的贞节问题。

《酒下酒赵尼媪迷花　机中机贾秀才报怨》中的贾秀才，妻子遭流氓骗奸，痛不欲生，他不但不责怪妻子，反劝她不要寻短见。失身一事不但没造成夫妻间的隔阂，反而立志坚贞，越相敬重，情投意合，白头偕老。

《吕使君情媾宦家妻　吴太守义配儒门女》中的史生，对妓女薛倩一往情深，当吴太守问他愿不愿意娶薛倩时，他的回答是："淤泥清莲，亦愿加以拂拭。"并说到做到，光明正大地娶了这个妓女为正室夫人。

凌濛初通过这些秀才的思想和行为，表达了他反对礼教束缚、倡导个性解放的思想。他主张，必须肯定人的自然欲望和内心情感，顺应人的自然本性，去追求物质和精神生活的满足。

智慧胆略过人的秀才，凌濛初也塑造了不少。

《伪汉裔夺妾山中　假将军还姝江上》中的汪秀才，胆略过人，"见识能作弄强盗"，为了夺回被洞庭大盗柯陈兄弟抢去的爱妾，他假装成新任的游击将军，前往强盗聚集的地方，拜会这些连官府也怕三分的大盗。他与大盗们猜拳行令，喝酒吃肉，以豪侠之气慑服了大盗。在大盗来船中回拜时，他留住他们饮酒看戏，等船行出数十里时，晓以利害，迫使他们送回了爱妾。

《卫朝奉狠心盘贵产　陈秀才巧计赚原房》中的贾秀才、陈秀才，也是见识高强，干事果断，所作所为极富豪侠气概。贾秀才心灵机巧，仗义助人，发现有人恃强凌弱，他便出奇计以胜之。李生贫穷，欠了庙里的慧空和尚一百两银子，实在还不起，就用房子抵了债。贾秀才给了他救济，让他去找慧空赎房子，和尚却硬说添造了许多房子，让他补钱。贾秀才得知后，就设计偷了慧空的僧衣僧帽穿戴了，开了他家后窗，嘻着脸调戏对楼大户人家的妇女。结果，慧空没法再在那套房子里立足，甘愿以原价奉还。陈秀才的房子，是被一个叫卫朝奉的乘人之危占了去，而且不想再还给他。他看到河里漂来一具死尸，就让仆人陈禄去投靠卫朝奉，暗中把死尸的一条腿带去，埋在了卫家，然后就找地方躲着了。过了一个月，陈秀才就谎称陈禄是家中逃奴，来卫家要人。卫家交不出人，陈秀才就让人把陈禄埋的人腿挖出来，并声称要控告卫朝奉杀人。卫朝奉害怕了，只得哀求陈秀才，息事宁人，甘愿把房子还回去。两个秀才都是凭着自己的聪明才智，与邪恶势力进行了斗争，并最终取得了胜利。

凌濛初此前已四次参加科举考试，体现了他对科举仕宦的重视与迷恋。因此，他的笔下也少不了痴迷科举的秀才。

《华阴道独逢异客　江陵郡三拆仙书》中的江陵副使李君，把考取功名作为光宗耀祖和取得荣华富贵的手段，也把能否考取当作验证自己学问的方法，可是在考场上屡战屡败，连续十次不第，仍不愿放弃。最后，他不得不用钱买通主考官，才终于榜下及第。

《酒下酒赵尼媪迷花　机中机贾秀才报怨》中的贾秀才，妻子遭流氓骗奸，他反劝妻子不要寻短见，其中原因，不只是他宽容妻子的失贞，更重要的，还是他怕此事影响他的科举大业。他劝妻子时说出这样的话："你死了，你娘家与外人都要问缘故。若说了出来，你落得死了丑名难免，抑且我前程罢了。"这句话，不经意地表达了他心里的真实想法，从中可以看出，在他的心里，"前程"才是占第一位的。

在"二拍"中，凌濛初还塑造了众多女性形象。她们中，有的聪明能干、才艺过人、巾帼不让须眉，有的不畏礼教、敢爱敢恨、追求婚姻自由，都有其鲜明的个性，并实现了自己的梦想或追求。比如：为民除恶的韦十一娘、有仇必报的谢小娥、独立自主的闻蜚娥、见识高明的陆蕙娘、以死殉情的刘翠翠、还阳自荐的王玉英、主动求欢的静观、至死不渝的杨素梅等。

《程元玉店肆代偿钱　十一娘云岗纵谭侠》中的韦十一娘，剑术高超，料事如神，爱憎分明，嫉恶如仇。她严禁弟子们宰杀野鸡和兔子，却诛杀了蜀地贿赂徇私、私通关节的某试官，充分展现了其剑侠风采。

《同窗友认假作真　女秀才移花接木》中的闻蜚娥，才学过人，武艺精熟。她不仅女扮男装，四处寻找社会关系，替父亲申明冤情，还替男同学魏撰之撮合婚姻。她自己也不顾"父母之命，媒妁之言"，不讲门第与金钱，完全凭自己的意志选择了爱情与婚姻。

《李公佐巧解梦中言　谢小娥智擒船上盗》中的谢小娥，为了寻访杀害父、夫的强盗，女扮男装，遍历江湖，靠打零工维持生计。在浔阳郡，她见有出榜雇工者，问是申兰，合梦中所言，就有心投了他家。她冤仇在身，日夜提心吊胆，不仅没露出丝毫破绽，而且用自己的勤勉工作赢得了申兰的信任。看见申兰出没踪迹，又认识旧物，小娥已知他就是杀人凶手，但她仍不动声色，等另一仇人申春露面。一日，申春前来饮酒，小娥殷情服侍，把群盗尽皆灌醉，手刃申兰，又叫上平时用心结交的邻人同擒申春。

《李将军错认舅　刘氏女诡从夫》中的刘翠翠，与金定同窗读书，相知相恋，并互赠情诗。当父母因金家贫寒表示反对时，翠翠说："今若不依我，我只是死了，决不去嫁别人的。"在翠翠的抗争下，终于如愿以偿，结为恩爱夫妻。但不久战乱，翠翠被李将军掠走，强逼为妾。金定历尽险阻，终于找到翠翠，两人却不敢相认，只能以兄妹相称。金定相思成疾而死，翠翠也从于地下，做了一对鬼夫妻。

《莽儿郎惊散新莺燕　龙梅香认合玉蟾蜍》中的杨素梅，和书生凤来仪一见钟情，传话递书，互赠情物，私订佳期。正要欢爱时，却被凤来仪的两位朋友搅散。由于再无约会之机，两人思念日增，当双方家长都给他们订下门当户对的亲事时，杨素梅做好了以死殉情的准备，凤来仪也有了应变的计划，最后姻缘巧合，有情人终成眷属。

通过这些女性形象的塑造，凌濛初强调了男女平等，肯定了女性对情欲的积极追求，甚至对那些受情欲驱使而失去贞操的女性表示了极大的宽容和同情，不仅展示了当时的个性解放思潮，也体现了他具有进步意义的妇女观。

凌濛初刻书经商，引领了套版印刷的潮流，赢得了可观的利润。可以说，作为一个商人，他算是比较成功的。在经商的过程中，他接触了形形色色的商人，对商人这个群体比较了解，也对经商这个职业有了全新的认识。

因此，凌濛初在创作"二拍"时，涉及了大量商业活动，塑造了众多商人形象。《转运汉遇巧洞庭红　波斯胡指破鼍龙壳》中的文若虚，《叠居奇程客得助　三救厄海神显灵》中的程宰，《程元玉店肆代偿钱　十一娘云岗纵谭侠》中的程元玉，《青楼市探人踪　红花场假鬼闹》中的纪老三，《乌将军一饭必酬　陈大郎三人重会》中的王生，都忠厚老实、勤劳能干，对事业执着追求、顽强拼搏，并最终获得了成功。

文若虚在国内经商破产，濒临绝境。一个偶然的机会，搭上了一艘去国外经商的船只，并用区区一两银子买了些洞庭红带着。没料到，这点洞庭红却备受当地人青睐，让他一下赚了八百多两银子。在回国途中，他又捡到了一只内藏无数珍宝的龟壳，转手就收获了巨额财富，一下子由破落户成为远近闻名的大富商。

程宰因经商破产，流落他乡，后经海神指点，先低价收购药材、丝缎、粗布等日用品，再适时高价抛售，仅用四五年时间就翻了身，最终大获成功。

《乌将军一饭必酬　陈大郎三人重会》中的王生，一开始运气不好，外出经商，屡屡遭劫，但在其婶母的鼓动下，仍坚持不懈。最终，他时来运转，意外地发了财，而且，自此以后，他再出去做生意，每回都很顺利。没过几年，他家就成为当地的大富之家。

凌濛初不仅刻画了众多商人形象，也在作品中表达了他对商人和经商行业的看法。他借小说中的人物之口，说出了"做些买卖也是正经""经商亦是善业，不是贱流"等观点，并公开宣称，"徽州风俗以商贾为第一等生业，科第反在次着"，把经商成就的大小，视为价值评判标准。这些描写和评论，鲜明地体现了当时社会价值观念的变化。

在"二拍"中，凌濛初还塑造了许多各行各业的典型人物，包括和尚、尼姑、道士，盗贼、流氓、骗子等。

当时，和尚、道士算是一个特权阶层，很多被封官晋爵，委以重任。许多和尚、道士利用特权，在社会上招摇过市、胡作非为，形成一种特殊的黑暗势力。文人们鄙视这种特权，厌恶这种黑暗势力，经常口诛笔伐。

凌濛初也不例外。他用自己的笔，不遗余力地揭露了一批道貌岸然的和尚、尼姑、道士，讽刺了他们的种种洋相丑态、罪孽劣迹，并进行了批判和鞭挞。《酒下酒赵尼媪迷花　机中机贾秀才报怨》中的静乐院主慧澄，《西山观设箓度亡魂　开封府备棺追活命》中的道士黄妙修，《夺风情村妇捐躯　假天语幕僚断狱》中的庆福寺和尚广明与太平禅寺和尚大觉，还有《王渔翁舍镜崇三宝　白水僧盗物丧双生》《闻人生野战翠浮庵　静观尼昼锦黄沙巷》等卷中的出家人，不是贪色好淫，就是图财害命，最后都因虚伪丑恶、作恶多端而不得善终。

凌濛初写盗贼人物也比较多，这跟当时社会动荡、官吏横行、盗贼四起有关，也算是反映时代风貌，揭露社会险恶，批判风气颓败。他对盗贼的看法有所不同，不仅没有一棍子打死，甚至还赞颂了"盗亦有道""盗亦有才"，塑造了不少知恩图报、行侠仗义的"侠盗"形象：《乌将军一饭必酬　陈大郎三人重会》中的乌将军、《刘东山夸技顺城门　十八兄奇踪村酒肆》中的十八兄、《神偷寄兴一枝梅　侠盗惯行三昧戏》中的懒龙、《伪汉裔夺妾山中　假将军还妹江上》中的陈柯兄弟等，都是他赞颂的"有道"之盗，也就是具有豪侠精神的绿林好汉。当然，他也写了不少打家劫舍、谋财害命的盗贼：《李公佐巧解梦中言　谢小娥智擒船上盗》中的申春、申兰，《顾阿秀喜舍檀那物　崔俊臣巧会芙蓉屏》中的顾阿秀，《许察院感梦擒僧　王氏子因风获盗》中的王林，都是"罪状山积，难以枚举"的恶人。

凌濛初还写了不少流氓、骗子，揭露当时的纲纪陵夷、世风日下。《姚滴珠避羞惹羞　郑月娥将错就错》中的汪锡、《恶船家计赚假尸银　狠仆人误投真命状》中的邹老人、《痴公子狠使噪脾钱　贤丈人巧赚回头婿》中的姚公子、《丹客半黍九还　富翁千金一笑》中的道士、《沈将仕三千买笑钱　王朝议一夜迷魂阵》中的郑十歌与李三郎、《赵五虎合计挑家衅　莫大郎立地散神奸》中的赵家五虎等骗子，为了捞取钱财，设下圈套，诱使他人上当受骗，以致受害人毁家败产。他们手段卑鄙无耻，骗法千奇百怪，可见当时的社会风气差到什么程度。

在"二拍"中，凌濛初用他的如椽大笔，描绘了他所处时代的世俗生活场景，涉及官场商场、文苑妓院、佛寺道观、绿林江湖，全方位地真实地反映了当时社会风貌，堪称一幅全面描绘当时世间风情的"浮世绘"。他在作品中塑造的人物，涉及三教九流，囊括好坏中庸，形形色色，栩栩如生，可以说描绘了当时各种人物面貌精神的"众生相"。

《二刻拍案惊奇》问世后，受到了读者的热烈欢迎，同时也带动了初刻《拍案惊奇》的销售，"二拍"一起翼飞胫走。火爆的销售，给书商带来了巨额的利润，也让凌濛初收获颇丰。

凌濛初在创作上取得了巨大的成功，普通读者的恭维之辞充溢耳畔，给了他满满的自豪感。但是，像初刻《拍案惊奇》一样，主流文化圈再一次漠视，甚至还有不大不小的批评的声音。毕竟，他在作品里揭露和批评了当时的官吏、僧道及文人，写了很多男欢女爱尤其是女性解放的内容，这些都是主流文化圈乃至官场不愿看到的。

有些朋友甚至委婉地劝他，别再写这类登不了大雅之堂的东西了，还是好好读书、科举入仕才是正道。

这种批评和规劝，正好击中了凌濛初的痛处。于是，他心里刚刚"疏"掉的"磊块"，又重新聚集起来。

8. 济世心结

崇祯六年（1633），岁值癸酉，又是一个乡试年，五十四岁的凌濛初虽然没有参加，但看着老老少少的学子们奔赴科场，他的心里很不是滋味。

这时，凌濛初听到一个消息，年近六旬的冯梦龙已于庚午科参加了乡试，并如愿入了贡，又以岁贡做了丹徒（今镇江）训导。相比冯梦龙，他年轻六岁，于是心里那份济世的愿望又蠢蠢欲动起来。

凌濛初出身官宦世家、书香门第，受传统"忠君报国"思想影响深远。当时的大明王朝，内忧外患，风雨飘摇：农民起义军已经攻进河北，接连攻陷赵州、西山、顺德、真定、邢台等地，声势大振；后金兵则攻占了旅顺，总兵官黄龙和游击李惟鸾都战死疆场；山西又发生了瘟疫，百姓死伤无数，甚至蔓延到军营，让军队的战斗力大减……他听到这些消息，更忧国忧民，恨不得立即主政一方，救民于水火。

凌濛初分析了当时的形势，觉得再次参加乡试，还要等三年之后，而且也没有把握考中，还是以副贡的身份参加谒选，看有没有机会。

朋友们知道了他的想法，也纷纷为他出谋划策，建议他找找身处官场、职务比较高的亲戚朋友，看谁能帮忙举荐一下，以利谒选。

凌濛初盘点了自己的"关系网"，觉得还是先去找潘曾纮。这时，潘曾纮已经从福建去了江西，升任江西右布政使，算是一方大员了。如果潘曾纮肯帮忙，那后面的事情就简单多了。

于是，凌濛初立即启程，去南昌找潘曾纮。

这年五月，凌濛初到了南昌，见到了潘曾纮，并说明了来意。

潘曾纮虽然答应了，但建议凌濛初稍微等一等。可能他当时已经知道，很快他又会提升，想等提升后再为凌濛初考虑。

凌濛初当然听潘曾纮的，表示感谢之余，也郑重地表态，愿意为潘曾纮效力。潘曾纮正好有点私事，需要去福建处理一下，他就自告奋勇，愿意为潘曾纮跑一趟福建。

崇祯七年（1634），潘曾纮升任佥都御史、南赣巡抚后，立即聘凌濛初为"幕"。

第九章

仕途晚景

1. 击楫澄清之志

潘曾纮升任的南赣巡抚，可不是一般的巡抚，全衔为"巡抚南赣汀韶等处地方提督军务"。衙门驻江西的赣州（治今江西赣州市），管辖范围却不只是江西的赣州府，还有南安府、建昌府，以及广东的惠州府、潮州府、南雄府、韶州府，湖广的郴州府，福建的汀州府等。管辖范围很大，权力也很大，可以统管以上各府的军事权，相当于赣、湘、粤、闽的"剿贼"总指挥。

南赣巡抚的主要任务是"剿贼"，可活跃于这片区域的"贼"并不多，很多时候便没事干。后来虽然也管民政，但只局限在驻地赣州府，其他各府的民政还是归各省的巡抚管辖。

潘曾纮担任南赣巡抚时，"剿贼"的局势发生了很大变化。由于保定、河南、山西诸路官军围剿起义军，起义军转而南下，由合营而分军，分别攻入四川、湖广等地，有继续南下之势。南赣当地的贼寇闻风而动，经常骚扰官军，潘曾纮一上任，就被贼寇折腾得够呛，还要面临来自朝廷的压力。

潘曾纮急需"募兵买马"，扩充实力，更希望召集一批有志之士，共同"剿贼"。于是，他便想到了一直"怀才不遇"的凌濛初，准备把凌濛初召到自己麾下。

凌濛初听到这个消息，可能是有所失落的。他本来是想得到潘曾纮的推荐，通过谒选正式进入官场，而潘曾纮却只聘他做幕僚。幕僚不属于国家官吏的正式编制，他并不甘心。

因此，凌濛初接到潘曾纮的通知后，慨然有击楫澄清之志："使吾辈得展一官，效一职，不出生平筹划以匡济时艰，亦可贵乎经笥之腹、武库之胸邪！"

凌濛初有"副贡"的资历，可以参加谒选，这是做官的正常途径。于是，他立即动身，再次奔赴北京，去吏部谒选。

凌濛初这次去北京，史料没有记载其具体行程，更不知道他在北京是如何运作的。不过，可以想象得到，他到了北京，第一个要见的，应该是他本家的侄子凌义渠。

凌义渠考中进士后，被任命为行人，也就是掌管传旨、册封等事的朝官，直接跟高层打交道。崇祯三年（1630），他又升任礼部给事中，可以直接辅助皇帝处理政务，并监察礼部之弊误，纠弹官吏，有驳正制敕违失之权。

凌濛初是长辈，年龄也比凌义渠大十一岁，又是本族支系的长房当家人。因此，凌义渠不管做什么官，他都可以坦然地以叔叔身份去见，甚至可以批评指导几句。

凌义渠对凌濛初这个叔叔还是很尊重的，在考中进士后，仍配合凌濛初刊刻《孔门两弟子言诗翼》，参与点评并作《序》，就可见一斑。因此，听了凌濛初的来意，凌义渠当然赞同叔叔参加谒选，并表示尽力帮忙。尽管他不在吏部，但跟吏部的给事中熟悉，说句话可能很管用。

凌义渠可能也不赞成叔叔去做潘曾纮的幕僚，因为他知道南赣巡抚的主要任务是"剿贼"，在那里做幕僚并不是什么好差事，也不太适合凌濛初。他可能会帮叔叔分析当时谒选的形势，打听哪些职位出现了空缺，进而谒选一个更合适的职位。他跟叔叔可能会知无不言，因为这时的身份已经不一样，说话的分量也不一样了，跟皇帝都能"知无不言"，并让皇帝改变主意，何况跟自己的叔叔。

凌濛初听了凌义渠的分析，觉得很有道理，立即听从了凌义渠的意见。

凌义渠尽心尽力地帮助凌濛初，而且效率很高。于是，凌濛初如愿以偿，以副贡资格选得上海县丞一职。

上海县丞这个职位，可不是容易谒选的，那可是"经济强县"的二把手。再者，县丞一般由举人、恩贡、拔贡担任，而凌濛初只是"副贡"，能够谒选成功就更不容易了。

凌濛初终于有了一个梦寐以求的做官的机会，开启了他的仕宦之途。

2. 赴上海任职

崇祯八年（1635），五十六岁的凌濛初风尘仆仆地前往上海，就任上海县丞。

凌濛初出任上海县丞的时间，有几种不同的说法，也都各有依据。第一种说法是崇祯四年（1631），依据是清代同治年间俞樾等编纂的《上海县志》，其卷一二的《职官表》记载，县丞凌濛初是"崇祯四年任"；第二种说法是崇祯七年（1634），依据是《乌程县志》："崇祯甲戌（崇祯七年）以副贡授上海丞，署海防事"；第三种说法是崇祯八年（1635），依据主要是《松江府志》，其记载的李瑞和任职时间："崇祯七年进士，授松江推官，崇祯八年就任"，而郑龙采的《别驾初成公墓志铭》说李瑞和曾经在凌濛初上任时迎接过，且凌濛初在上海任职长达八年时间，崇祯十五年（1642）才离开；第四种说法是崇祯十二年（1639），依据是清代同治年间闵宝梁编纂的《晟舍镇志》，其卷五曾记载凌濛初出仕之年为"崇祯己卯"，即崇祯十二年（1639）。

综合分析，第三种说法最有说服力，而且与第二种说法不矛盾。凌濛初崇祯七年（1634）授上海丞，崇祯八年（1635）到任，很正常，李瑞和也是崇祯七年（1634）授松江推官，崇祯八年（1635）到任的。最重要的是，这两种说法的依据更可信，《乌程县志》和《松江府志》都是明末清初官方编纂的，离凌濛初任职的年代不算远，同时代的郑龙采撰写《别驾初成公墓志铭》，也不至于把凌濛初"在上海任职八年"这么大的事弄错。而第一种说法依据的《上海县志》，编纂的年代是清代同治年间，离凌濛初任职的年代太远，时间相差了两百多年；第四种说法依据的《晟舍镇志》，编纂的年代也是清代同治年间，时间差太长，又不是官方编纂的，更没有权威性。

因此，凌濛初到上海任职，大约是崇祯八年（1635）初，与李瑞和到任的时间差不多。李瑞和比凌濛初到上海早，只是不清楚李瑞和早到多少天。

凌濛初一到上海，就见到了老朋友李瑞和。他曾在福建看过其文章，并与之交流，断言李瑞和很快就会考中功名。

李瑞和是特意来接凌濛初的。这时的他已经就任松江府的推官，算是凌濛初的顶头上司，能够以老朋友身份来接凌濛初，算是给了凌濛初一个很大的面子。

凌濛初当然知道这一点。他也听说李瑞和不久前中了进士，授松江推官，还准备择机去拜访呢，没想到李瑞和亲自来接，感觉有点受宠若惊。

二人见面寒暄。李瑞和谦虚地称凌濛初"老师"，感慨凌濛初"屈于是"，并感谢凌濛初的"知遇之恩"。凌濛初兴奋之余，也不客气地以"伯乐"自居，并恭维李瑞和只是刚刚起步，一定能步步高升，成为"千里马"。

凌濛初来到上海任职，正好碰上老朋友担任他的上司，对他开展工作自然大有好处。李瑞和也是刚来松江府任职，年轻没有经验，很需要像凌濛初这样的下属拥护和支持。因此，二人一拍即合，在此后的工作中可能也会经常联络，并相互支持。

凌濛初就任上海县丞，尽管官职不高，毕竟是多年努力的结果，谒选的过程也费了很多周折，可以说"来之不易"。因此，凌濛初非常珍惜这个岗位，尽心尽力地做好本职工作。

当时的上海县，是经济强县之一。植棉业、纺织业都很兴盛，是全国最大的棉纺织业中心，布匹行销全国，远销海外，有"木棉文绫，衣被天下"之称。苏州人王鏊曾在《上海县志·序》中说："松江一郡，岁赋京师至八十万，其在上海十六万有奇。重以土产之饶，海错之异，木棉文绫，衣被天下，可谓富矣。"《上海县志》中也有记载："人物之盛，财赋之伙，盖可当江北数邑，蔚然为东南名邑。"

可想而知，凌濛初在一个经济强县当县丞，权力和责任都很大，工作量也比一般的县要大得多。

县丞也是朝廷命官，正八品，任免归吏部负责，知县没有权力管。县丞的主要职责是辅佐知县，主管全县的文书档案、仓库、粮马、征税等，泛称为"左堂""二公""少尹"，手下设有攒典一人，协助其办公。如果知县相当于如今的"县长"，那县丞就相当于"副县长"。

在《二刻拍案惊奇》中，凌濛初写过一个县丞。那是在"卷三十三"《杨抽马甘请杖 富家郎浪受惊》中，吴县的曹县丞。这位县丞很倒霉，出门碰上穿着僧服逛街的钦差少师姚广孝，还要威风打了少师二十板子，结果被下了狱，好在少师没怪罪他……书中没写县丞办什么公务，但写出了县丞在当地出行时的"威风"，以及受冲撞后的"恼怒"，可见该县丞的权力不小，架子也不小。

县丞的职务虽然不高，但权力范围很广，公务范围很宽，发挥的作用也不小。除了协助知县处理公文，县丞还要和各乡各里各家族的人打交道，和族长、里长等搞好关系，相当于朝廷的县衙和底层宗族的缓冲层。一些民事纠纷，县丞就有权裁决或是处罚，不用交到县衙处理，如果百姓觉得县丞的判决不公平，可以上诉，再由县衙处理。

凌濛初上任后，很快就在知县王大宪的指导下开始履职。

王大宪是江西万安人，与李瑞和是同科的进士，也刚刚上任知县不久。他知道凌濛初与李瑞和的关系，还知道在他的老家江西身居高位的潘曾纮是凌濛初的亲戚，更知道在皇帝身边工作的凌义渠是凌濛初的侄子，因此，他起初对凌濛初的工作大概是很支持的，相互的合作可能也是很愉快的。

为了熟悉工作环境，凌濛初白天很少在他的办公室"县丞廨"坐着，而是走街串巷，与各族各里的族长、里长接触，掌握辖区的情况。他还到陆家石桥、红栏杆桥、松雪街、虹桥头等商业重点区域巡视，到咸瓜街、洋行街、豆市街、花衣街、会馆街、芦席街、篾竹弄等专业街市考察，与商人们交流，为他们解决实际困难。

到了晚上，凌濛初总要加班到很晚，在"县丞廨"熟悉档案资料，掌握之前的粮马、征税等情况，以便更快进入角色。

凌濛初一心扑在工作上，按部就班地辅佐知县王大宪，处理全县的政务。他按照知县的要求，带领他的下属一起做事，勤勉又认真，任务总能完成得很好。

只是，凌濛初置身官场后，也更全面更深入地了解了当时官场的腐败甚至黑暗，每每为百姓鸣不平。他的为官态度和做官原则，也不可避免地触及了上司及同僚的利益，渐渐受到排挤和打压。再者，他是副贡出身谒选的县丞，这在重视出身的官场中，也很容易受到轻视。因此，他便开始有消极情绪，甚至偶尔会有远离官场的冲动。

崇祯九年（1636）九月，表兄潘湛在杼山买了一块地，建了一套宅院，邀请凌濛初去看一看。他正好在工作中受了一些气，便借机请假，回了一趟湖州，登览了杼山。

3. 杼山抒怀

杼山在湖州城南，因夏王杼巡狩至此而得名。南宋叶梦得在《避暑录话》中说："杼山，相传以为夏杼巡狩所至。杼，夏之七王也。禹葬会稽，则杼之至此固无足怪，庸俗之言未可为全无据也。"

早在两晋、南北朝时期，杼山就是乌程县的山水名胜，很多名人登临并撰文记载。东晋孝武帝时的吏部尚书、冠军将军、吴兴太守张玄之，撰有《吴兴山墟名》，内有对"杼山"的介绍；南朝文学家、诗人、任吴兴太守十多年的琅琊临沂人王韶之，也撰有《吴兴郡疏》，对杼山的记载已较为详细："乌程有墟，名东张，地形高爽，山阜四周，即此山也。其山胜绝，游者忘归，前代亦名稽留山。"南朝著名诗人鲍照来吴兴郡访友和旅游时，写了不少歌咏吴兴山水的诗篇，其中，《送盛侍郎饯候亭》《吴兴黄浦亭庾中郎别》写到了杼山。另外，东晋著名诗人谢灵运，南北朝时期的名人周兴嗣、江淹、萧统、释宝月等，也曾游历杼山，并留下了"谢临川写真堂""黄蘗涧"等遗迹，写下了《登杼山览古》《途次杼山》等诗篇。

到了唐代，杼山就更出名了。天宝末年，陆羽为避安史之乱，于上元初辗转流落到湖州。杼山妙喜寺方丈皎然邀请他来山上居住，他就住进了妙喜寺，与皎然一起品茶研茶，并考察了长兴顾渚山等地的茶叶，为撰写《茶经》奠定了基础。后来，他在这里一住就是三十多年，以毕生精力撰著《茶经》，全面论述茶的性状、功用、品位、产地、水质、采制、烹饮之法，以及茶具等与茶事有关的文史轶闻，三易其稿，写成了这部中国乃至世界最早、最完整、最全面的茶叶专著，也为他赢得了"茶圣"的美誉。最后，陆羽在这里逝世，长眠于杼山。

唐代大书法家颜真卿的到来，更为杼山增光添色。唐大历八年（773），颜真卿任湖州刺史后，于癸丑年癸卯月癸亥日筑"三癸亭"，组织东南名士五十余人编纂《韵海镜源》，树杼山妙喜寺碑并写了碑铭。他非常喜欢杼山，经常带着文友们在这里聚会，吟诗联句，流连忘返，张志和、孟郊、李季兰、李萼等都是诗会的常客。据董斯张《吴兴备志》记载，张志和的《渔父词》就是在这里聚会时写出来的。因此，当时的杼山发展成为"儒、释、道合流，诗、茶、禅合一"的文化圣地，许多高士名流都慕名来游，络绎不绝。

凌濛初登上杼山时，杼山已经是有着丰富文化遗产的风景名胜，他触景生情，自然有一番感慨。再看到表兄潘湛的大宅院，更是由衷地羡慕并赞美。于是，潘湛邀请他写一篇东西，他就顺水推舟，写了一篇

《游杼山赋》。他在"小序"中先写了个中缘由——

> 表兄潘朗士得地于杼山之阳，形势绝胜，构为别业。考颜鲁公碑文，则梁之妙喜寺，而鲁公刺湖时，集诸名士于此，辑《韵海镜源》者也。朗士博雅好古，虽圭组登朝而性耽丘壑，意甚乐之。凡亭台池馆皆自题识，各有笺解小纪，渊奥高旷，胜情雅韵，备于是矣。丙子季秋日，与余登览而属余为之赋，余乃撤述其意而成之。

在这段文字里，凌濛初不仅写了杼山的风景人文，还写了潘湛的宅院，里面亭台池馆众多，并赋予了丰富的含义。他与潘湛一起游览，边走边聊，聊出了一些灵感或情绪，他才在潘湛的要求下，写了这篇《游杼山赋》。

凌濛初基本是围绕"小序"的内容而展开。他先写了杼山周围的风景："湖澄鲜分始波，搴芙蓉分骋望。野以耕而命村，水夹山而成漾。古桂馥郁以流馨，浮图峥嵘而矗上。钟磬硈磕以激涛，橘柚青黄其殊状。睇赪霞之复幕，负苍弁以列障。"又借潘湛所言，写了杼山的历史人文："鲁公昔刺吾邦，实系遗迹。由此以达杼山，夏后之所巡历，梁武赐嘉名以妙喜，唐文赐御书而重辟。玄之疏为胜绝，鸿渐于焉载笔。鲁公著作其中，名流至者络绎。三癸名其亭，鸿章勒诸石。蔚西南之名区，怅榛莽之久没。"然后，沿着游览的路线，分别写了祈仙阁、饮马池、宣洒园、憩寂岩、音文阁、鸿蕊轩、塔照亭、古帆亭、南陔堂、藻影轩、犹龙馆等景点——

> 爰命舟师逐岸而移，草堂洸瀁而鱼乐，仙阁（祈仙阁）轩鬵而鹤飞。挹饮马之曲涧（饮马池），历列锦之长堤。睇茶烟袅于竹坞，谛人语隔于松溪……既寻胜而递揽，遂抉义以周咨。宣洒何园（宣洒园），译彼梵音，华称弟子，初乘居焉。植凤慧于二氏，粉吾契于禅玄。弄《音文》于《日种》，探《鸿

蕊》于《墨园》。搜文字之外获，作金汤之胜绿。言颜之阁（音文阁），言署之轩（鸿蕊轩）。断章取《淮南》之义而卢车名乎精舍，憩寂拈少陵之句而松子落于僧前。塔现道峰之影兮池满照（塔照亭），亭貌古帆之挂兮石孤悬（古帆亭）。虔视厘于六时兮，孝思寄于南陵（南陵堂）；汲藻影于三昧兮（藻影轩），公据在于西乾……希谷神之不死，防犹龙之真诠（犹龙馆）。

凌濛初侧重写了潘湛的院子，刻意渲染和诠释了主人赋予的文化气息。他借用主人给院内的楼亭馆舍的名字，引经据典，逐一解读。他先后写了选言室、城书楼、石叶斋、虹玉堂、宝经堂、鲁公泉、砚田庐、破墨庵、鼎教庵、画山楼、雪枝庵、话雨轩、珂日堂、水莲渡、穗书堂、绾春亭、竹主斋、情绮楼、霜叶亭、秋树湾、灵和馆、品水堂等，极尽赞扬铺陈之能事。

随后，凌濛初引经据典，细数历代先贤名人的住处，来反衬潘湛这个院子之意义——

已而纵目林表，任足所之。逖稽往迹，指掌诸奇。黄浦有明远之送别，黄檗见文通之赋诗。昭明著青宫之山，乐天留临水之矶。玄真以高人而来访，皎然以名宿而住持。陆生煮茗而葡萄泉出，坡翁摇竹而书堂名垂。况夫兜率名刹，起于杨隋。或祈唐以名庵兮，自鄂国之尉迟；或福先以名观兮，乃贞观之同时。中和有黄岩之建兮，绍兴有乐寿之题。和王之显忠而崇孝兮，思陵留御墨之淋漓。粤凤山之慈福兮，天如俨其肇基。泊及庵与石屋兮，瘗舍利而藏斯。行道而天湖存其遗址兮，习静而天人侍以军持。草庵入蟠桃之坞兮，峰取最胜而居之。咤五童之传心兮，列塔森如置基。系海印之静室兮，尚宗风之可稽。更石岩与杨坞兮，均檀馥之昭垂。庵何以号一昔兮，维魏国之造名师。石天洞龟，鹤睡崔崖朱草。山之本于张雨兮，林之得于黄痴。泃昔贤之幽赏，启来哲之余思。

凌濛初借景抒情，有感而发，洋洋洒洒写了近三千字，且对仗工整，韵味十足，算是一篇较长较细较讲究的"文赋"了。《游杼山赋》后来被收入《乌程县志》，编者还加了"此赋甚佳"的评语。

在《游杼山赋》中，凌濛初流露出一些消极情绪，可能与他屡试不第有关，也可能是初涉官场不太适应的缘故。一些研究者以此文为依据，推断凌濛初有归隐山林之意，可能有些牵强。文中写道的"余也不敏，丘壑成癖。披循故址，偶获捃摭。构数椽以容与，邀吾子于今夕"，他已经明确指出，是引述了潘湛说的话。他这样写可能是赞扬主人的意思，而不能说借主人之口表达自己的意思。文章的最后，也有一句潘湛的话："藉兹山之有灵，获君言以不朽。请勒之于摩崖，永保之为琼玖。"这也是他引述主人的话，更不能说是借主人之口表达自己的意思。

从凌濛初此后的动态来看，他一直在殚精竭虑做官做事，并没有任何退隐的行动或意图，足可以证明他在文章里写的，只是转述了潘湛的话。

相反，这时的凌濛初仍在思谋如何做官，如何做一个好官。由于在官场上受到轻视或者排挤，他更想以政绩证明自己，甚至想再考一次，以科举成绩证明自己。

只是，参加科考要等到两年之后的己卯科，且那时他已是花甲之年，能不能考中证明自己，凌濛初也没有信心。因此，他迫切希望能有一个更大的平台，更好的职位，让他能够按自己的想法去做事，并做出一番响当当的政绩。

机会很快就来了。就在凌濛初休假结束，回到上海之后。

4. 代理知县

凌濛初回到上海，就听到了一个好消息：知县王大宪因故不能履职，且可能时间很长，需要县丞代行知县职责，处理全县的公务。

尽管不是提升，凌濛初还是很兴奋，毕竟自己可以真正独当一面了。而且，有了决策权后，部属们的态度也明显改变了，吩咐下去的事情也都能较好地得到落实。

代理知县后，凌濛初才知道管理一个县有多么不容易，尤其是上海这样的经济大县。其中最棘手的，要算是收税粮，办理漕运，并输粟入都。

上海县虽然富裕，可是担负的税赋和粮赋比例都很高，甚至是全国最高的，所以收起来也不是件容易事。明代黄廷鹄在《役法原疏》中说："切维国家财赋，专倚三吴，而苏松独甲于天下，则其劬劳疾痛之状亦独倍于天下。第今民穷财匮，十室九空，无处不苦，而苏松为甚，以松较苏，幅员仅五之一，分邑亦三之一，而赋役不相上下，则松之苦尤甚。"松江人陆深也曾说："天下税粮共二千九百四十三万余，浙江一布政司二百七十五万二千余，苏州一府二百八十万九千余，松江一百二十万九千余，浙当天下九分之一，苏赢于浙，以一府视一省，天下之最重也。松半于苏，苏一州七县，松才两县，较苏之田四分处一，则天下之尤重者惟吾松也。"

由此可见，当时松江府的税粮，相当于浙江半个省，而松江府只有两个县，可以说是全国粮赋最重的地区。按后人统计，当时松江府输纳全国 4.1% 的税粮，而田地仅占全国田地的 0.67%。具体到上海县，总体面积较小，田地占比相对更少，如此高的粮赋，百姓的压力很大。而且，与粮赋配套的，还有称之为"粮役"的徭役。当时，在交纳额定税粮的同时，百姓还需要承担税粮以及税粮折物的催征、解运、交兑以及部分存留本地钱粮的收储之责，这些劳役负担附加于田赋正额之外，故有田赋"强半以饷役"之说。

上海县的民风比较纯朴，经济实力又比较强，凌濛初按惯例征收税粮及"粮役"，基本还算顺利。而且，在收税过程中，他一改过去例行公事的简单粗暴，变成主动与负责征收的粮长、里长、甲首等沟通，解决征粮纳粮过程中出现的矛盾和问题。他的勤勉和谦和赢得了部属及百姓的拥护，任务自然就很轻松地完成了。

可是，把征收的税粮运输到北京，历来是官员们最头痛的事，凌濛初也不例外。他早就听说，北运白粮有五苦：在家有收贮春办之苦；在途有风波剥浅之苦；到通州驳船、蟷闸、车运、倒仓有亏损之苦；交纳有损耗、铺垫、歇家勒掯盘缠、守候之苦；又途遇军船官船挨挤不前，隔年守冻之苦。因为有诸多不确定因素，漕运任务经常难以如期完成，还要受到严厉的惩罚。因此，官员们都不愿管运粮的事，大多由粮长全程负责。

李瑞和就任松江府推官后，进一步加强了对漕运的管理，并加大了惩罚力度。按旧例，漕运延误期限，由各府的推官负责，因为推官有一项职责就是督兑漕运。可是，他在实践中看到，推官督兑不能有效解决问题，必须逐级落实责任制，严格要求并加大惩罚力度。他向督抚建议，对漕运延误期限者，必须用军法处理。这样一来，延误期限的问题大幅减少，但很多官吏更不愿负责这件事了。

在这种形势下，凌濛初身为代理知县，完全可以安排其他官吏与粮长一起执行这个任务。但他考虑到自己本来就是县丞，也有责任去做这件事，便主动揽下了这份苦差事。

听说凌濛初要亲自办理漕运，输粟入都，很多有名望有学问的绅士纷纷劝阻，有些德高望重的老人还表示要向上级反映，请别的官员代替。凌濛初对大家的好意表示感谢，但他还是坚持亲自去，并自信能把事情按时办完，请大家放心。

岁首立春这天，大批漕船开始装载漕粮起运。凌濛初和县衙的其他官员一起，衣冠端正，郑重其事地到仓王庙拈香，去祭江亭设祭，拜仓王和护粮王，祈求开仓吉利、漕运安全，场面隆重而热烈。开仓后，漕船逐一装载漕粮，然后依次出发，首尾相衔，浩浩荡荡驶入京杭大运河，向遥远的北京通州进发。

他们一路风波千里，受尽各种苦，终于如期到达通州，按时完成了任务。一路上，凌濛初想方设法克服各种困难，并总结经验，吸取教训，摸索出一套切实可行的漕运方略。

回到上海，凌濛初就根据自己的切身体验，写成了《北输前赋》与《北输后赋》，分阶段详细述说了输粟入都的经验。他拿给李瑞和看，李瑞和又推荐给知府及松江府衙的其他官员，大家看过后，一致认为"可为松郡良法"。

这时，知县王大宪回来了。凌濛初如释重负，继续做他的县丞。

凌濛初代理知县前后历时八个月，很好地履行了一个知县应该履行的职责，受到松江府主要官员尤其是知府方岳贡和推官李瑞和的高度评价。由于他任县丞的时间还不够长，又仅仅是副贡出身，还不能考虑提升的问题。于是，松江府为了让他更好地发挥才能，让他兼职了一个相对独立的差事："署海防事"，也就是负责海防事务。

上海县的海防事务，需要做的事情并不多。朝廷已经实施了海禁政策，附近金山卫又有驻军，嘉定、宝山、川沙、吴淞江等地设有千户所，县衙只是做些配合工作，"署海防事"相对清闲。

凌濛初又有时间读起圣贤书。为了证明自己，也为了仕途更进一步，有更大的平台济世报国，他决定再参加一次科举考试。

于是，崇祯十二年（1639）己卯科，六十岁的凌濛初再次走进考棚，参加了他一生中的第五次乡试，也是最后一次。结果，他再次失望而归，从此也彻底死了心。

回到上海，凌濛初一门心思扑在履职上，千方百计做好自己的本职工作。他梳理了一下手头需要做的事情，觉得有必要加强他所负责的盐场的管理。

5. 妙招治理盐场

上海县经济发达，盐业也堪称发达。由于靠近沿海，上海县东部有大片的滩涂，被称作斥卤之区。

早在宋代以前，当地已设有盐场。元代立团定界，连续使用大型煎盘生产，盐场产量大幅增加。编纂《松江府志》的顾清曾说："昔至元盐荚之榷于两浙也，以引计凡四万耳。后浸益至四十八万，而松江之额十万有奇。"当时松江的盐产量如此之高，拥有松江乃至江苏最大盐场（下沙盐场）的上海县，盐业的发达程度可见一斑。

　　明代继承了元代盐业的生产方式，盐场数量也相应增加。永乐六年（1408）添设清浦场，正统五年（1440）将下沙场一分为三，新置下沙二、三场于上海县境内。后来，浦东地区海陆变迁，海岸线不断外推，海水不能顺畅地引入塘内，盐业生产受到直接影响，盐场不得不向海塘外转移。同时，塘内原本由盐场管辖的土地，逐渐远离海岸，虽丧失了煮盐功能，却有了被开垦成田的条件。于是，盐场所属土地被分为有司地和盐场地，盐民也分为滨海灶户和水乡灶户，滨海灶户依旧靠煎煮盐纳课，而水乡灶户虽仍属籍盐民，却不再从事盐业，改行种植、养殖业，只需要缴纳荡课，也就是负责为煮盐而种植柴薪的税。

　　明代成化年间，滨海灶户的盐课仍由盐课司征收，水乡灶户的荡课则改由州县催征，都开始折银缴纳。盐场的水乡灶户走向民户化，所属土地也不再需要专门种植柴薪，可自由决定种植何种作物。而且，由于盐场荡地比一般民田征税额低很多，遂成为各种利益集团的争夺对象。他们采取各种手段隐匿荡地，侵占荡地，乃至田、荡界限不清，税收难以落实。盐司、府县不断发起清丈田荡，企图分清各自所属，以各负其责，清丈之后，立刻又有人占用水乡荡地，治标不治本。"灶户奸商，交相蒙蔽，而吏胥弄法，莫可究悉"，加之"滩荡并无塍岸，难以丈量。册籍顷亩，俱是随意捏写"，清丈也就形同虚设了。

　　针对盐场多年来形成的"积弊"，凌濛初进行了详细的调查研究，了解掌握了盐场管理的历史及现状。他深入到盐场田荡，征求灶户们的意见，听取他们的建议，反复琢磨解决问题的办法。

　　有一天，凌濛初睡前读书，读的是本朝开化人江东伟的《芙蓉镜寓言》。他在之前就读过，但倾向于从中找"奇闻趣事"，这次再读，他更多的是体悟为官的方法。他看到卷二"捷悟"一章时，顿时眼前一亮——

> 程公同知温州，领上官檄，检校盐场，称度数日，茫无
> 绪次。有老翁献计，用井字法。言讫，即去。程即命画地作
> 井字，堆盐九区，高广相等，止称其一，而余八者悉定。不
> 三日，盐无遗数。壶公曰：简而确。

这则小故事，说的正是检校盐场的事，老翁献的计很简单，却取得了很明确的成效，作者还加了评语"简而确"，凌濛初不由拍案叫绝。他放下书，立即琢磨这种方法的可行性，很快就觉得可以试试。

于是，凌濛初把"井字法"移植到上海县的盐场，并在实践中获得了成功。在他的亲自指挥下，盐场进行了统一改造，"每盐作九堆为一井，其大小高下如一，每一井一场官守之，较其一而知其八"。这种办法不但量定速度快，而且"锱铢无爽"，使灶户、奸商、胥吏都不容易作弊，于是盐政为之一清，百姓拍手称快。

凌濛初的"井字法"效果很好，刚来上任的新知县章光岳大为赞赏，即将离任的李瑞和也冲他伸出了大拇指，已经做了十三年知府的方岳贡也在多场场合表扬了他。松江府还把他创办的"井字法"进行了推广，在沿海的很多盐场施用，都取得了很好的效果。

鉴于凌濛初的履职能力很强，取得的政绩也很突出，松江府向吏部推荐提升，并很快有了眉目。

可是，这时上海县却遭遇了百年不遇的大旱，凌濛初提升的事便暂时搁浅了。他自己也表示，要与上海的老百姓同甘共苦，一起渡过艰难的灾荒，并立即投入到抗旱赈灾工作中。

6. 提升与送行

这时是崇祯十四年（1641）的六月，山东、河南、浙江、湖广一带大旱，蝗虫起，上海县也受灾严重。

庄稼都被蝗虫吃完了，几乎颗粒无收，县城里的百姓很多没有粮

食吃，饿死的人不计其数。后来，清代的姚廷遴在《历年记》中记载：
"上海六门，日出数百尸，此城中死者，余所目见，不知村野之间又几
何也。"

天灾与人祸并降。农民起义及清兵入关等连年战争，致使南北阻
隔，经济困顿。几个月来，农民起义愈演愈烈，先是李自成带兵进入河
南，攻陷了洛阳，杀了福王朱常洵；后有张献忠出四川，攻克襄阳，杀
襄王朱翊铭和贵阳王朱常法；辽东战事也不容乐观，蓟辽总督洪承畴在
松锦之战中惨败，明军元气大伤。

凌濛初听到一个接一个的坏消息，忧心忡忡，却也只能在上海挨
饿，还要赈济百姓。他想方设法从仓库或民间筹集粮食，分发给挨饿的
百姓共渡难关，救了无数濒临饿死的人。

这年年底，社会更加动荡，起义军此起彼伏，战火不绝。李自成再
次带兵攻打开封，河南大部分地区宣告失守，紧临河南的徐州等地也紧
张起来。

进入崇祯十五年（1642），内忧外患的情况并没有好转。李自成杀
了陕西总督汪乔年，清军俘虏了蓟辽总督洪承畴，崇祯皇帝杀了兵部尚
书陈新甲，举国风声鹤唳，到处人心惶惶。

就在这时，凌濛初突然接到了提升的消息。他被提升为徐州通判，
并要求尽快上任，或许是那边"剿贼"的形势比较紧迫的缘故。

听说凌濛初提升要离开上海，不管是官吏同僚还是乡绅百姓，都舍
不得他走。他在上海近八年，功劳苦劳姑且不说，与方方面面相处得都
很融洽，与大家建立了深厚的感情。尤其是在灾荒时期，他与大家同甘
共苦，可以说是患难之交。

出发那天，凌濛初没有告诉大家，准备悄悄地离开。可是，大家不
知从哪里听说了，都纷纷来送行。很多老百姓也自发来送，"卧辙攀辕，
涕泣阻道者，踵相接也"。

凌濛初看着送行的人群，看着老百姓的眼泪，知道大家都依依不
舍，自己也不由心潮起伏，感动得流下了热泪。他安慰着大家，与大家
挥手告别，踏上了远行之路。

7. 徐州通判署房村

崇祯十五年（1642），六十三岁的凌濛初来到徐州，就任徐州通判。

通判是州府的长官之一，掌管粮运、家田、水利和诉讼等事项，对州府的其他长官有监察的责任。当时，每个州府设知州或知府一员，掌一州府之政令；设同知、通判、推官各一员，分理一州府行政业务，辅佐知州或知府处理行政业务。也就是说，知州、知府如果相当于现在的地级市长，通判则相当于副市长。

通判虽然算不上高层官僚，但在当地仍是重要的官员，要负相当人的责任。选任通判官职与大部分文官相同，进士、举人、监生、儒士、吏员等，均有任官资格，由吏部负责选任。而实际操作中，由两京各部低品级官员和各县的知县提升，占的比例最高。

根据明代官方编纂的编年体史书《明实录》记载，从洪武至正德年间，有一百三十七笔官员担任通判前的迁转纪录，当中仅有两位初次授官即任通判。这些迁转纪录，有按一般程序考核转调者，有因功绩加俸升品级但停留原职者，也有因贪渎等事降职者。担任通判前的职务，以两京各部的主事最多，有四十七人；其次是知县，有二十一人。

凌濛初以副贡的身份，能够从县丞直接提升为通判，应该算是很不容易的了。主要原因可能是他任县丞的时候政绩突出，松江府举荐力度很大；次要原因可能是当时形势不好，在抵抗外侵和内乱中殉职的官员很多，吏部选官更有弹性。还有一个重要原因，他的侄子凌义渠这时已经提升为南京光禄寺卿，并负责应天府尹事，在南直隶范围内有很大的影响力。

当时，徐州和松江府一样，都属于南直隶范围，是南直隶的四个直隶州之一。凌濛初由上海县丞提升为徐州通判，算是本系统官员的提升。

徐州和松江府相比，经济差距很大，但历史悠久、人文荟萃，地理位置特殊，自古是兵家必争之地。徐州"东襟淮海，西接中原，南屏江淮，北扼齐鲁"，位于南北二京的中间位置，既是中央容易控制的地区，又是传达南北信息的重要通道，更是保卫南京的北大门，有"北门锁钥，南国门户"之称。不仅如此，徐州还是重要的水上交通重镇，黄河和大运河在此交汇，素有"五省通衢"之称。

徐州作为兵家必争之地，频繁的战乱造就了这里民风彪悍、尚武好斗的性格，历来是农民起义的高发地区。从陈胜、吴广的大泽乡起义，到汉高祖刘邦的斩蛇起义，再到元末爆发的芝麻李起义，或由徐州人领导，或在徐州地区爆发，或波及徐州，可以说是一片难以治理之地，历来也极受统治者重视。

可想而知，凌濛初这个徐州通判，不是那么好当的，尤其在农民起义如火如荼的历史时期。

凌濛初上任后，正值黄河进入汛期，防汛形势很严峻。他便分署房村，投入到治理黄河的事务中。

房村历史悠久，自古就是水陆交通要道。南宋光宗年间，黄河大改道，浩浩荡荡从房村北部流过，地方官府利用黄河的水运优势，在南岸设码头，取名"方寸口"，当地的房姓大户利用字形字音，又把"方寸口"改称"房村"，后一直沿用。到了明朝，房村已经发展成一个人口稠密、商贾云集的大村镇，一个运河边上有名的驿站，兴盛于一时。正统年间的南京礼部侍郎陈琏经常来往两京，总愿意在房村住上两天，并留下《房村驿》一诗："馆舍最清幽，沙头暂舣舟。鸟归烟外树，人上水边楼。白浪长淮雨，黄花九月秋。醉来歌慷慨，此地惯曾游。"弘治年间的右副都御使、四川巡抚谢士元，也写有《过吕梁》一诗："扁舟泛泛过房村，滚滚河流势欲奔。疏凿尚传神禹绩，往来偏荷圣君恩。上洪舟楫牛牵缆，卖酒人家瓦作樽。才具济川俄顷事，晚来沉醉傲诗魂。"

房村的对岸，就是著名的运河咽喉要地吕梁洪，更是有悠久的历史和众多的人文传说，许多文人墨客留有诗文墨宝。据《庄子·外篇·达生》记载："孔子观于吕梁，县（通悬）水三十仞，流沫四十里，鼋鼍鱼鳖之所不能游也。"孔子曾到过这里，参观当时只是泗水咽喉的吕梁洪，看到飞逝的流水，感叹世间万物皆如逝水，留下了"逝者如斯夫！不舍昼夜"的千古名句。南宋著名爱国诗人文天祥，也写过一首名为《彭城行》的诗，其中有"连山四周合，吕梁贯其中"的描述。元代著名书法家赵孟頫，曾写有《吕梁洪关（羽）尉（迟恭）庙碑记》："舟行至此，百篙枝柱，负缆之夫流汗至地，进以尺寸数，其难也乃几于登天，舟中之人常号呼假助于神明"，极言船过吕梁洪之艰难。嘉靖年间疏凿吕梁洪，留下一块《疏凿吕梁洪记》碑，是当时的吏部侍郎、国子监祭酒徐阶撰文，刑部侍郎、河道总督韩邦奇篆额，著名书法家文徵明书写，号称"三绝碑"。

凌濛初到房村时，吕梁洪已经因疏凿河道失去了昔日的壮美，因漕运改走迦河而逐渐冷清，唯有历史与人文仍璀璨生辉。他一到房村，便在当地官吏的陪同下，考察黄河防洪情况，也顺便参观了这里的风景，领略和感受了这里的历史人文。

站在吕梁洪对岸，凌濛初看着滔滔的河水和远处的"金龙四大王"神庙，听当地官吏讲起他早已耳熟能详的谢绪显圣和被封"金龙四大王"的传奇故事。这个故事的主要内容，《金龙四大王碑记》有记载："元师顺流而下，我师将溃，太祖忽见空中有神披甲执鞭，驱涛涌浪，河忽北流，遏截敌舟，震动颠撼，旌旗闪烁，阴相协助，元师大败。"这段话已经赋予了神话色彩，当地人的说法更实际些："太祖朱元璋当夜梦见一儒生，自称是宋代的谢绪，在临安金龙山读书，因元军灭宋，痛感国破家亡，投水而死，现已沉冤百年，今率风雨二神，驱赶黄河倒流，水淹元军。朱元璋醒后，令人到杭州查访，得知百年前确有谢绪其人，因恨极元军入侵，决意一死，遂投钱塘江。死后钱塘江大潮涌起，全城人都看见谢绪端坐在潮头之上，面目如生，如坐云端，杭州人相信他已经成神，能帮助汉人自己的真龙天子消灭异族统治。后来，朱元璋敕令全国，封谢绪为黄河之神，号令黄河运河，主管河工漕运；隆庆年间追谥为'金龙四大王'，天启年间又加封为'护国济运金龙四大王'……"

说者无意，听者有心。凌濛初听着谢绪的受封故事，再遥想至圣先师孔子站在这里发出的慨叹，不由心潮起伏，思绪万千，对人生意义也有了更深刻的认识。他觉得，不管帝王将相如何渲染谢绪的圣迹，把河神、财神、龙神、龙王等标签都贴在"金龙四大王"身上，都改变不了谢绪的忠君爱国、舍生取义的儒家色彩。谢绪作为儒生，慷慨赴死，类似英雄史诗，彰显出他尊崇的仁义道德；作为神祇，秉持民族利益至上，显圣灭夷，彰显出他的民族大义和家国情怀。不论是人还是神，都与千古以来的儒家文化一脉相承。

这天，凌濛初想了很多。想来想去，最后他归结为一点，应该向自己的浙江同乡谢绪学习，忠君爱国，极端情况下也要舍生取义。

凌濛初在花甲之年来到房村，与谢绪这个同乡跨越时空产生交集，最后为保护百姓在这里舍生取义。这对一贯相信宿命的他来说，冥冥中不知是不是一种宿命。

经过实地考察，凌濛初知悉了这一段黄河的基本情况，并与管理黄河防汛的"防河主事"方允立一起商量，如何进一步加固堤防。

黄河水患在当时的徐州来说，几乎年年发洪水，只是有大有小而已。凌濛初在任的那段时间，沿岸的堤防得到了加强，有效地阻挡了洪水的冲击，得到总督漕运、巡抚淮阳的上司路振飞的多次赞扬与褒奖。

这年年底，内忧外患的形势更加严峻。李自成围困开封，决黄河淹城，又转攻襄阳；清军南下进入山东，攻占兖州，鲁王朱以派自缢而死，其弟朱以衍、朱以江等一并殉难。

如果崇祯十五年（1642）是风雨飘摇，那么转过年来的崇祯十六年（1643），更像是大厦将倾。春节刚过，李自成就攻破襄阳，改襄阳为襄京，称"新顺王"。张献忠攻入黄州，进驻黄州兵备道衙门，称"西王"。李自成在襄阳提出的一句"给牛种，赈贫困，畜孳生，务农桑"，让各地的贫苦农民趋之若鹜，纷纷加入起义军的队伍，起义军的势力越来越大。而明军一败再败，损兵折将，加之军饷不足，招兵很难，军力越来越弱。

在这种形势下，崇祯皇帝想到了发展地方武装，诏谕组织团练事：

"寨人等纠众抗贼，保守地方，远非得以。特颁诏书，遣官宣谕，赦罪录功。但能擒斩伪官即与授职，能收捕贼徒即与给赏，能恢城献俘即与超擢，其余部曲编成乡勇，一体团练。"

遵照这个诏谕的精神，淮阳巡抚路振飞也提出组建义勇军进行团练的要求：每家至少出一人，一坊组成一社，由生员担任社长、副社长，统领操练。于是，淮安的豪绅、文人纷纷脱下儒服，换上戎装，成为各级义勇军的大小头目，白天带着义勇军们操练，晚上还带着义勇军们巡逻。

凌濛初也在房村招募了一批义勇军，"分署练习乡兵"。他还认真分析当时剿寇的形势，积极研究剿寇的策略，摸索出一套剿寇理论，写成了名为《剿寇十策》的理论文章。

凌濛初这篇文章刚写完，就派上了用场，因为徐州本地的"寇"们又活跃起来了。

8.《剿寇十策》

徐州地区民风彪悍，"贼寇"很多，其中声势比较大的，要算一个叫程继孔的农民。

程继孔，字肖予，曾化名陈小乙，萧县梧桐村人。他不是穷人，相反，他的家境还比较宽裕，且读过书、练过武，算是综合素质比较全面的人。他为人豪爽，喜欢结交四方豪杰，且自己又有一身好功夫，在县城东南一带颇有影响。据《南明野史》载："徐州大盗程继孔者，字肖予，萧县健步也。其仇诬告肖予与宿州乾贼通，官兵不察、往擒激变。肖予不从乾贼，自据所居梧桐山为乱。"

程继孔造反的原因，跟当地的官兵不无关系。他家庭条件好，又挺有本事，被人嫉妒，诬告他通匪。官兵们不分青红皂白，就去抓他，把他逼反了。起初，他并没有和其他"贼寇"来往，只是筑寨于梧桐山，偶尔出来劫掠作乱。

按照凌濛初的观点，这种人应该因材施用，尤其国家内忧外患之际。可是，当地的官员不仅不用程继孔，还把他逼成了"贼寇"。

后来，农民起义此起彼伏，徐州附近形成了几股较大的势力，程继孔才与王道善、张方造等人联络，并一起率众攻破萧县县城，又焚掠徐州北关，给徐州一带造成极大震动。再后来，周边的张守业、张献策、朱世安、"反天王"魏豹、"扫地王"金梁等"贼寇"都依附于他，声势才越来越浩大，势力甚至越出了淮徐地区，扩大到山东、安徽等周边数县，方圆数百里行人不通，人心惶惶。

崇祯十六年（1643），程继孔再次率众攻破萧县县城，杀了秀才王基仁、王钦陛等人，在徐州一带又造成很大的震动。

这年六月，淮徐兵备道何腾蛟奉命征剿，秣马厉兵，誓师于吕梁洪。何腾蛟派徐州副总兵金声桓、游击刘世昌，归永参将丁启光、丁启胤会师围剿，漕运总督、淮扬巡抚路振飞命标将文怀忠等配合，凌濛初也受命参与配合。

当时，正遇大风扬沙，气候恶劣，官兵与"贼寇"打了几仗，都没有大的战果。

何腾蛟组织大家商讨对策，他的部下们议论纷纷，莫衷一是，讨论了半天也没拿出个好方案。在会上，他发现凌濛初几次想发言，都被武将们打断了，才选择了沉默，便于当晚单独召见了凌濛初，询问对策。

关于凌濛初与何腾蛟单独会面并交流的具体细节，后来郑龙采在《别驾初成公墓志铭》中有详细的记载——

> 及见，何公降阶迎之，俾长揖忽拜，目延之坐，曰："子非浙西凌十九耶？慕子才名素矣，何无一言开予也？"公对曰："某人微而位卑，向不敢阻挠众议。然知明公必有以询及者，谨已具稿呈览，惟明公留意焉。"于是献《剿寇十策》：一曰宽抚宥；二曰行疑间；三曰据形胜；四曰练乡勇；五曰信赏罚；六曰出奇兵；七曰置弩车；八曰伏地雷；九曰广应援；十曰出滞狱。何公阅竟，把臂呼曰："诚如君策，虽陇、蜀积寇，不难荡平，奚有徐方之小丑哉！"遂与公盟于私室，呼为十九兄。

公曰："明公不以拙谋见摈，脱略尊卑，待以诚赤，此身已许公死，敢不执鞭弭以从！"何公大喜。次日，将行事，祷于黄石公祠，卜筮皆吉。时天雨十日，何公曰："天赞我也。"欲署公为监纪，公曰："侍左右可也，何必专衔。"乃先行抚宥、疑间、应援、奇兵、赏罚五策，贼果败，望风而降者不计数。

何腾蛟出生于万历二十年（1592），岁值壬辰龙年，正好与凌濛初同一属相，比凌濛初小一轮。于是，两个属"龙"的人在吕梁洪的"金龙四大王"神庙前一见如故，开始称兄道弟。何腾蛟还郑重地表示，与凌濛初结盟，称呼凌濛初为十九兄。

何腾蛟字云从，是贵州黎平府（今贵州黎平）人，天启元年（1621）举人。初任山西榆次县教谕，后历任山西介休、汾阳，河南南阳，陕西大兴等县的知县。因镇压农民起义有功，受到了时任甘陕总督洪承畴的赏识，也发现了他的军事天赋，将他推荐到甘肃巩昌任兵备副使。不久，他又入朝任兵部主事、员外郎，再出京担任怀来兵备金事、淮徐兵备道。

何腾蛟的履历比较复杂，但他和凌濛初有不少共同语言。首先是二人的父亲都做过小官，都去世得早，家道中落；其次是二人学历都不高，都是靠实干提升起来的；最后就是二人对"剿寇"的看法很一致，主张安抚为主，他在南阳的时候，就是采用安抚的政策，劝降了很多"贼寇"。

因此，何腾蛟采纳了凌濛初的"十策"，并在实战中先用了抚宥、疑间、应援、奇兵、赏罚"五策"，节节取得胜利。七月，数路大军攻破张方造盘踞的吴家集，斩首千余人；九月，徐州副总兵金声桓又攻破程继孔的多座营寨。

眼看胜利在望，凌濛初又提出建议，最好"不战而屈人之兵"。他把他了解到的程继孔的情况，很详细地跟何腾蛟做了交流，觉得这个人还有救，甚至还有可以利用的机会。

何腾蛟明白凌濛初的意思，当时清兵已经占领了兖州，离徐州近在咫尺，确实需要像程继孔这样的文武双全的"人才"，如果能招降并利用，当然更好。

凌濛初与何腾蛟关于劝降的交流细节，以及凌濛初去"贼营"劝降的场景，郑龙采在《别驾初成公墓志铭》中也有详细的描述——

> 公曰："贼已破胆矣。某请单骑诣陈小一营，谕以祸福，使早降。"何公惊曰："何轻身乃尔耶！子诚义勇莫及，如不测何？"公曰："某之忠信，著徐久矣，贼必听我。倘不济，当以死报知己，明公图其后可也。"翌日，天甫明，单骑至丰，诣贼营。彼萧王者，踞高坐，左右执戟列待，叱公曰："尔来畏死乎？"答曰："畏死不来矣！"贼呼左右缚公，公叱之曰："杀则杀尔，缚何为！"延颈就刃无惧色。左右皆辟易。贼曰："尔果不畏死，来说吾降耶？"公厉声曰："有言直言，奚用说也。"言辞侃切，晓以祸福，贼俯首感悟，稽首惟命。

凌濛初自告奋勇，请求一个人去程继孔的营寨劝降。何腾蛟有所担心，怕凌濛初遭遇不测，便劝阻。凌濛初客观地分析了形势，觉得成功的概率很高，并郑重地表示，即使不成功，也愿意以死报知己。何腾蛟深受感动之余，也觉得凌濛初分析得有道理，就同意了凌濛初的想法。

于是，凌濛初单枪匹马赶往丰城，来到程继孔的大营。

程继孔听说徐州通判凌濛初来了，知道是来劝降，便在帐下排列了刀枪剑戟，吓唬凌濛初。看到凌濛初进了大帐，他不等凌濛初说话，就喝令左右，把凌濛初绑起来斩首。

凌濛初毫无惧色，慷慨陈词，不亢不卑地分析了当时的形势，劝程继孔"识时务者为俊杰"。

程继孔听了凌濛初一番话，低头深思，不得不承认凌濛初的分析有道理。他反复琢磨，觉得自己虽有数千人马，但终究不是官军的对手，与其战败被官军剿灭，还不如先投降，保存实力，再作他图。

于是，程继孔不仅放了凌濛初，还答应了投降的事。

凌濛初劝降回来，把情况一说，何腾蛟大喜，决定亲自去接受投降。

九月二十六日，何腾蛟带随从数人来到程继孔营中，与程继孔谈了话。他先责备程继孔以往的罪过，又安抚一番，并要求他自赎，把另一个"贼首"王道善擒来。程继孔为了取得何腾蛟的信任，只好答应。

十月初三，程继孔果真把王道善生擒，交给了何腾蛟。但是，王道善的旧部张凤梧等人坚决不投降，各路官军陆续率兵围攻，三天三夜后连破数寨，俘斩两千八百多人。何腾蛟又亲自带兵围攻萧县县城，把"贼寇"赶走，并俘获了另一个"贼首"张方造。至此，"贼寇"死的死、降的降，没死没降的，也都四散逃跑，"剿贼"行动大获全胜。

于是，何腾蛟在燕子楼大摆庆功宴，凌濛初和众多文官武将一起，参加了这场盛宴。郑龙采在《别驾初成公墓志铭》中，也详细描述了"庆功宴"的情况——

> 公乃会僚佐郡邑文武各官于燕子楼，何公命酒觞公曰："二十浦逃薮，一旦廓清，凌别驾之力也。"公避席而辞。众皆起觞何公，复觞公曰："别驾凤瞻倚马才，今日之事，不可无吟咏以志之"，何公曰："善。"公谦让未遑，乃即席赋《砀山凯歌》三十章、《燕子楼公宴诗》五十韵。防河方公亦即席赋长歌一篇赠公，有"小范胸中兵百万，大苏笔阵学三千"之句。酒酣，命军士能歌者各授《凯歌》一章，歌一阕，行酒一巡，尽醉极欢，达旦而罢。荐绅之士，咸歌咏其事，其征诗启有曰："分橐壮猷，勒纶绋于常卣之上；别骖奇计，镌歌颂于梨枣之中。"至于彭城之民，讴吟公德者，遍道路也。

何腾蛟剿贼有功，不久就升了官，提升为右佥都御史、巡抚湖广。

何腾蛟升官后，立即向吏部举荐凌濛初："平寇颠末，且以军中乏才，题请军前效用。"

吏部特事特办，很快就批准了何腾蛟的举荐，给凌濛初授了一个"监军佥事"的职务。这对凌濛初来说，无疑是一次重要的提升机会。

这个"监军佥事"虽然只相当于监军的副手，或者说何腾蛟的一个参谋，但职位是正五品，而且有很大的发展空间。

凌濛初当然很高兴，准备跟随何腾蛟一起赴湖北。可是，他的上司却明确表示不放。

庐凤总督马士英也很看重凌濛初的才能，以"萧寇甫平，河上方起，吕梁洪、百步洪一带，尤为要地，非凌某不能料理"为由，不放他走。马士英时任兵部右侍郎兼右佥都御史，总督庐凤等处军务，有此番表态，何腾蛟也不便多说，凌濛初只好留在房村，继续做他的徐州通判。

何腾蛟准备离开徐州，去武昌赴任。他担心程继孔再行叛乱，想把程继孔带在身边，但程继孔坚拒不从。

凌濛初也有些担心，但他还是选择了信任程继孔，便从中斡旋，让程继孔留下了。

可是，凌濛初没有想到，不久之后发生的变故，差点让程继孔丢了性命，并间接导致了自己以身殉职。

9. 飘逝的绝唱

何腾蛟走了，程继孔也老老实实地在家里待着，表面上相安无事。可是，"树欲静而风不止"，事情在不知不觉中发生着变化。

这段时间，程继孔虽然没有什么动作，但他以前的老部下却没消停。此前他们四散躲避，看官兵撤了，便又纷纷出来，回到了梧桐山，回到了程继孔身边。

程继孔进退两难，但骨子里还是"贼"，还是那个一呼百应的起义军领袖。于是，他继续经营他的队伍，声势又渐渐大起来。

听说程继孔又在聚众作乱，身为庐凤总督的马士英不高兴了。

马士英这个人，"剿贼"的理念与何腾蛟、凌濛初不一样，他主张赶尽杀绝，而且有时候不择手段。几个月前，他奉命进讨"贼寇"刘超，"围其城，连战，贼屡挫，筑长围困之"。刘超在贵州时，认识马士英，便以旧友之缘请求投降。马士英假装允许，把刘超骗来，却翻脸不认人，抓了刘超献给朝廷，后刘超被杀。因此，马士英对程继孔的态度，也是"除贼务尽"，并开始调兵遣将，准备一举擒获。

这时，已经是腊月，徐州地区已经很冷了。凌濛初仍在房村，治河的事因汛期已过，暂时放下了。他主要处理一些通判负责的日常事务，抓一下"义勇军"的训练，相对清闲了些。他不管军务，并不知道军方的部署，也不太清楚程继孔的动态。他怎么也没想到，他很快就会大难临头。

腊月中旬，马士英做出决定，派兵剿灭程继孔。腊月十八日，他命其副将杨振宗、庄朝梁，禁旅总兵马得功、参将王进功等，提兵五千，由宿州开拔；命副将金声桓统标中、左、右等营，和游击刘世昌一起，提兵三千，由萧县出发。二十四日，会聚在南岳集，一起攻向梧桐山。

经过两天两夜的激战，程继孔大败，奔窜到方圆寺洞中躲藏。可是，躲到二十九日，还是被官兵找到并擒获。

军事行动开始后，凌濛初就知道了。他听说很多"义勇军"也参与助战了，但他没有接到命令，房村的"义勇军"没有参与。

春节这天，凌濛初听说了程继孔被抓的事，心里很不是滋味。毕竟几个月前他还去劝降，并与之达成了共识，甚至还期望程继孔为国出力。他觉得，他安抚程继孔算是成功的，何腾蛟也这么认为，可马士英分明不这么看，否则就不会兴师动众来剿灭程继孔了。马士英既然抓了程继孔，那程继孔就凶多吉少了，他不由为程继孔惋惜，甚至有些同情，但他知道，在这种形势下，他已经无能为力。

崇祯十七年（1644）的这个春节，凌濛初在忧心忡忡中度过。一过春节，他又听说，马士英已经派人用木笼囚车押了程继孔，往北京送了，不由黯然神伤。

这时，程继孔的旧部也听说了这种消息，纷纷揭竿再起，营救程继孔。一时间，徐州地区再次乱起来。

正月初七，一支起义军队伍包围了房村。凌濛初组织义勇军坚守，并放出鸽鸽，点燃了烽火，希望官兵或其他地方的义勇军前来救援。

本来，凌濛初与各村已经约定，某处如遭"贼寇"攻击，即放鸽鸽作为信号，近处的乡兵即来救援；如果人数很多，即点燃烽火，各处乡兵都来救援。可是，这时到处都有起义军活动，各处乡兵都不敢来救援，凌濛初只得独自率众死守。

正月初九，农民起义军开始围攻房村，并点名要见凌濛初，并尊称他"凌公"。凌濛初这才知道，围攻房村的可能是程继孔的旧部，是来找他要"说法"的。可是，他不能也没有能力给"贼寇"说法，只能以死相搏。

这次起义军围攻房村的情况，以及当时凌濛初守城的具体细节，后来郑龙采在《别驾初成公墓志铭》中有详细的描述——

初九日黎明，贼大呼曰："我辈欲见凌公。"公在楼上叱之曰："汝等欲说我降耶？诚目我为何如人！我岂鼠辈偷生者耶！"发鸟铳毙数人。贼大怒，攻之益急。公谓百姓曰："岂可为我一人害合村百姓！我将坠楼而死，以保全汝众。"百姓俱号哭，愿同死守。公曰："我在此三载，无德于汝，讵可遗尔荼毒！我死，汝辈得全。"遂勺饮不入口。其仆皆劝公食，公曰："今干戈满地，他日觅一死所亦不可得。今没于此，得死所矣。"仆以职小为解，公曰："我自全我节耳，岂以爵之崇卑计耶！"即呕血数升，谓众曰："观贼呼我为'凌公'，彼尚有人心者。可扶我与贼面语。"乃呼贼，语之曰："我力已竭，明日死矣，万勿伤我百姓。"贼唯唯而退。十二早，呕血不止。公呼百姓谓曰："生不能保障，死当为厉鬼殄贼。"言与血俱，大呼"无伤吾百姓"者三而卒。众皆恸哭，自死以殉者十余人。次日，贼入楼，见公面色如生，咸叹异之，遂示众曰："我与凌公约，勿伤百姓。"乃斩一人，贯三人耳，余皆秋毫无犯。

郑龙采的这段铭文，把凌濛初临死的壮烈描绘得淋漓尽致。他不愿投降，但作为守村者，又担心顽抗无果，反致生灵涂炭，于是把自己的生死置之度外，坚定地对属下说："哪能因为我一个人，害了全村的百姓。我从楼上跳下去，坠楼而死，以保全大家"，只因"百姓俱号哭"阻止，才改为绝食，"勺饮不入口"。命在旦夕之际，他还让部属扶着他，到楼上对"贼寇"喊话："我已经不行了，活不过明天了，你们不要伤害村里的百姓。"正月十二日清晨，他呕血不止，还对百姓们说："我活着不能保护你们，死了也要变成厉鬼剿灭贼寇。"说完，他又连呼三声："不要伤我百姓"，才呕血身亡。

崇祯十七年正月十二日，甲申年丙寅月辛丑日（1644 年 2 月 19 日），凌濛初在徐州房村逝世，享年六十五岁。

凌濛初去世后，全村百姓皆痛哭失声，有十几人竟然自杀相随。"贼寇"入城后，见凌濛初面色如生，也为他的精神所震撼，"贼首"对房村的老百姓说："我与凌公有约，不伤害百姓。"并说到做到，除斩一人、抓三人外，其余皆秋毫无犯。

何腾蛟听说凌濛初去世了，非常悲痛，专门派人前来吊唁，还亲自写了一副祭联："文辞播宇宙，比眉山而多武略；忠义贯日月，媲睢阳更著蜚声。"这副祭联强调了凌濛初的文辞，说他堪比苏东坡，但比苏东坡更有武略；赞扬了他的忠义，说他可以和安史之乱中咬碎牙齿、力拒叛贼的张巡相媲美，但比张巡更有名。由此可见，何腾蛟给凌濛初的评价，已经达到了不能再高的高度。

作为一个传统文人，凌濛初把读书做官作为他的奋斗目标，把忠君报国作为他的人生追求。谒选为上海县丞后，他勤勉为政，尽心履职，并得以提升为徐州通判，可以说一定程度地实现了目标；在百姓生命财产受到威胁时，他忠于职守，慷慨殉职，以自己的生命换取了全村人的安全，彰显了他的品格节操。

可是，凌濛初没有想到，让他留名青史的，并不是他以生命为代价的忠烈壮举，也不是他呕心沥血写就的散曲杂剧，而是被他视为"绪余"的小说。作为拟话本小说创作的代表人物，他在中国文学史上留下了不朽的大名。

尾声

余音绕梁

1. 后世的评价

凌濛初逝世后，农民起义的烽火迅速烧遍了全国，烧向了北京。仅仅过了两个多月，李自成的大顺军就攻陷了北京城，崇祯皇帝在煤山自缢身亡。大明王朝轰然崩塌。又过了一个月，清军入关，大肆屠杀百姓，全国各地尸横遍野，民不聊生，人口锐减过半。这一年，史称"甲申国难"。

正如凌濛初自己说的一样，"今干戈满地，他日觅一死所亦不可得。今没于此，得死所矣"。他选择在"国难"之年的年初，在历史悠久、人文荟萃的房村，以他自己的意愿、自己的方式结束自己的生命，不能不说也算是"恰逢其时""死得其所"了。

凌濛初为百姓而死，死得很壮烈，自己大概也有成为"千古忠烈"的向往。他死后，得到了包括何腾蛟在内的很多官员的高度评价，在很长一段时间内也被当地的百姓传颂，甚至在某段时间像他所崇敬的谢绪一样有被"神"化的苗头。郑龙采在《别驾初成公墓志铭》中曾写道："斯时村落俱被焚烬，惟房村焚而遇雨者数次，民皆谓公神之所呵护，谋建祠而奉之。"可是，随着大明王朝的迅速灭亡，清政权的逐步稳固，他的事迹渐渐被人们遗忘，别说祠堂没建起来，后修的史书也很少提及。

如果不是他的湖州同乡郑龙采为他写了《别驾初成公墓志铭》，不是他的作品传诸后世，凌濛初大概也会像当时的大多数基层官员一样，只留下"以副贡授上海县丞，迁徐州通判署房村"等寥寥几个字的简单记录。

郑龙采是浙江归安人，字圣昭，天启元年（1621）辛酉科的举人，也是一个小有名气的诗人，著有《高密堂诗集》。如今，仍可以在网络上读到他写过的两首诗。一首名为《小雨复止》："小雨公然止，车薪水一杯。已经三伏尽，更得几时来。鹊尾摇晴树，萤光上湿苔。终宵仍不寐，倾耳听残雷。"另一首名为《采松花》："美人采松花，纷纷落黄雪。花落松枝轻，当风更摇曳。"

郑龙采是归安人，凌濛初是乌程人，而归安与乌程原本就是一个县。归安县是从乌程县东南的十五个乡分出来的，两个县还同城而治，后又一起合并为吴兴县。因此，郑龙采算是凌濛初地道的同乡。

郑龙采虽然和凌濛初是同乡，又是同时代的人，但他与凌濛初交往并不多，甚至说并不认识。不过作为同乡，他还是知道凌濛初的大名的，毕竟晟舍凌氏是当地的名门望族，凌濛初又是家族刻书的代表人物。再者，凌濛初著作那么多，又认识那么多当地的名人，他可能读过凌濛初的作品，最起码听人说起过。或者，他虽然不认识凌濛初，但与凌氏家族的其他成员有交往，甚至关系不错，凌濛初的儿子找他为凌濛初写墓志铭，就可以说明这一点。

郑龙采与凌濛初的渊源，最主要的还是他们俩有一个共同的朋友，那就是何腾蛟。他们俩都受到了何腾蛟的赏识，得到过何腾蛟的举荐。关于这一点，郑龙采在《别驾初成公墓志铭》中写得很清楚，还顺便把写这篇墓志铭的缘由作了陈述——

归安郑龙采，为婺川令，道过楚时，何公为楚抚军，以同举辛酉，相友善，因就谒焉。谈及凌十九同破丰寇事，津津不置。既而伤其节烈，悼悢再三，继之以泣。因欲留采为监纪，采辞曰："朝廷命合（令）婺川，不命恶公军事也。"遂慨然惜别。及采解组归，何公已殉难死矣。采遂剃发入弁山，不复与闻世事。忽凌公令嗣入山见访，袖中出一编，乃彭城殉节行略，属余为之志。余思焚笔砚已久，且菲材不足以述公之万一，然非余又无以为公述者。因不揣固陋，而为之志。

郑龙采和何腾蛟都是天启元年（1621）辛酉科的举人，当时的官场讲究"三同"（同乡、同门、同科），便在路过湖北时去拜访。何腾蛟听说他是归安人，便与他谈起了凌濛初，而且谈了很久，动了真感情，乃至于哭起来。这次谈话，分明拉近了他与何腾蛟的感情，何腾蛟想把他留在军中，他没同意，后来何腾蛟却也以身殉国了。他便削发为僧，上了弁山隐居。

突然有一天，凌濛初的儿子来拜访他，请他帮忙给凌濛初写墓志铭。凌濛初的儿子拿了些资料，其中就有在徐州逝世的情况，他不由又想起与何腾蛟的谈话，感慨竟然没有给凌濛初树碑立传的人。考虑到当时已改朝换代，找一个为凌濛初写墓志铭的人也不容易，他便不再推辞，写了这篇《别驾初成公墓志铭》。

在这篇洋洋三千余言的作品中，郑龙采详细记述了凌濛初的生平事迹，并给予了高度评价——

公为人豪爽俊逸，倜傥风流，学富五车，才雄八斗；乃至竺乾之学，无不精通；声技之微，无不究悉。稗官之说，可以为经史；笑谈之柄，可以为箴规。一时名公硕士，千里投契，文章满天下，交与遍寰区；莅事而忠信明决，临义而慷慨殉身；洵三吴之杰彦，百世之英烈也哉！所著书有《国门集》一二集、《诗逆》《诗经人物考》《言诗翼》《圣门传诗嫡冢》《左传合鲭》《选赋》《后汉纂评》《国策纂评》《十六国春秋删正》

《宋史补遗》《苏黄尺牍》《禅喜集评》等行于世。至若《赢滕三札》《燕筑讴》《己编蠹涎》《荡栉后录》等稿，《南音三籁》《红拂》诸北曲，《拍案惊奇》一二集，皆其余绪耳……

且作铭曰：维公之神，游于彭城；戴山之穴，实维公宅。生而倜傥，叱石成羊；没而英烈，埋江化碧。风清月白，鸾骖仿佛；万岁千秋，安于斯丘。

郑龙采这篇《别驾初成公墓志铭》，后来被收入《凌氏宗谱》，成为后人研究凌濛初的最重要文献之一。

此后，清代史学家、诗人、数学家汪曰桢编纂的《同治湖州府志》中，"卷七十八"有《凌濛初传》；清代周学濬等编纂的《光绪乌程县志》中，"卷十六"有《凌濛初传》；清代闵宝梁编纂的《晟舍镇志》中，"卷五"有《凌濛初传》。这些志书中收录的《凌濛初传》，都比较简略，信息量基本没超出郑龙采的《别驾初成公墓志铭》。

另外，后世对凌濛初的生平也有一些评论：

——清代藏书家、文学家范锴为凌濛初写过一首诗："胸罗经济为国用，乃击副车竟五中。剿寇淮徐十策陈，弃官入幕有余痛。贼锋啸聚纷狼犷，日色无光刀血殷。孤城誓与百姓守，孤臣独悲天步艰。生不能保障效职，死当为厉鬼杀贼。病榻但闻呼渡河，兄弟志同身许国。"

——清代文学家凌树屏也为凌濛初写过一首诗："茫茫寰海已生尘，独唱檀来众气振。岂料天公真破汉，遂令淮障竟忘巡。歌虞有客能穿圹，吊古何人为勒珉？一种丹心堪报国，可怜谁识两忠臣。"

——清代水利专家、文人凌介禧也写有一首诗："有才未大用，下位终浮沉。剿寇陈画策，十万扫地擒。嗟嗟殉国难，流贼彭城侵。生不能保障，呕血兼呕心。"

这几首诗，都对凌濛初屡败科场寄予深切同情，对凌濛初壮烈殉国给予高度赞扬。这几位诗人都是清代的乌程籍文人，甚至是凌氏家族的后人，只能算是小范围的回忆或缅怀。

凌濛初作为一名封建王朝的官吏，渐渐被人遗忘。而他的作品尤其是"二拍",却一直在悄悄地流传,即使屡遭禁毁也生生不息,且越传越广,越传越盛。

2. "二拍"广为流传

早在"二拍"问世之初,由于销量很好,就出现了很多版本。除了原刊并一再重印的尚友堂本,又先后刊刻了覆尚友堂本、消闲居本、聚锦堂本、松鹤斋本、万元楼本、同文堂本、鳣飞堂本、文秀堂本、同人堂本、细燕野堂本等十几种不同的版本。

清代虽然查禁"二拍",但优秀的文学作品总是禁而不绝。除了很多刊本被世界各地的图书馆和私人藏书家收藏,各种变通的选编本,客观上也助推了"二拍"的流传,扩大了"二拍"的影响。

在选编本中,影响最大的要算是抱瓮老人编选的《今古奇观》。

"抱瓮老人"到底姓甚名谁,至今无从考证,只知道他是苏州人,很可能是冯梦龙的朋友。《今古奇观》上题有"墨憨斋手定",意思是冯梦龙亲自选定的,那他最起码与冯梦龙有过交流。书里还有一篇《序》,作者署名是"笑花主人",也是苏州人,也不知道姓甚名谁,可能也是冯梦龙的朋友。他在《序》中大赞所选冯梦龙的作品,却只说凌濛初的作品"即空观主人壶矢代兴,爰有《拍案惊奇》两刻,颇费搜获,足供谈尘",可以看出明显的主观倾向性。

《今古奇观》刊行的年代,大致在崇祯十年(1637),郑振铎先生曾在《明清二代的平话集》中有所考评。这个时间,凌濛初已经在上海县丞任上,而且正在代理知县,全身心地"催科抚字",办理漕运事宜,基本已经把他视为"绪余"的小说抛于脑后了。

按"笑花主人"在《序》中的说法,"('三言二拍')合之共二百种。卷帙浩繁,观览难周;且罗辑取盈,安得事事皆奇?譬如印累累,绶若若,虽公选之世,宁无一二具臣充位。"也就是说,"三言二拍"卷数太多,买齐很不容易,而且内容良莠不齐,抱瓮老人从里面挑选了四十篇佳作，编成了《今古奇观》。

抱瓮老人挑选的四十篇佳作，有二十九篇选自冯梦龙的"三言"，其余十一篇选自凌濛初的"二拍"。编者对各篇作了一些文字上的加工，删去了一些男女情爱方面的描写，标题也改得相对简略了些。选自"二拍"的十一个故事，改成了如下的标题：《转运汉遇巧洞庭红》《诉穷汉暂掌别人钱》《刘元普双生贵子》《怀私怨狠仆告主》《念亲恩孝女藏儿》《女秀才移花接木》《十三郎五岁朝天》《崔俊臣巧会芙蓉屏》《赵县君乔送黄柑》《夸妙术丹客提金》《逞多财白丁横带》，也算是很有代表性了。

由于明末战乱，"二拍"的原刻本很多毁于战火，加之清初把"二拍"列为"禁书"，影响了"二拍"的传播。在这种情况下，《今古奇观》起到了重要的传播作用，让凌濛初的部分作品流传得更广，产生的影响更大。

在大清王朝，即使在大部分时间禁读"二拍"，民间还是有不少文人在偷偷地阅读甚至传抄，更有许多有识之士、胆大书商变通选编。

清代芝香馆居士编纂了《删定二奇合传》，计十六卷，选录了"二拍"作品十九篇，其中包括《今古奇观》所收的十一篇。芝香馆居士在《删定二奇合传·叙》中解释说："二奇者，《拍案惊奇》《今古奇观》也。合而辑之，故曰'二奇'也。"

清代还有书商编选刊刻过《绘图续今古奇观》三十卷，选取了初刻《拍案惊奇》中的作品二十九篇，再凑上《娱目醒心编》中的一篇，署名是"即空观主人"。这本书所选"二拍"作品，都是《今古奇观》没选过的，故取名为"续今古奇观"。

《二刻拍案惊奇别本》也是清代刻本，共三十四卷，可能是书商拼凑《二刻拍案惊奇》与《幻影》两书的残版编选而成的，其中选于《二刻拍案惊奇》的有十篇。现藏于法国巴黎国家图书馆。

"二拍"的流传还得益于改编。就像如今的小说一样，能够改编成影视剧，总会不同程度地提升知名度。

崇祯十五年（1642），就在六十三岁的凌濛初提升为徐州通判这一年，他的浙江同乡杭州人傅一臣创作完成了一部杂剧集，名为《苏门啸》。他当时并不知道，这部《苏门啸》中的全部十二篇杂剧，都是根据他的"二拍"改编的。他这时已经沉迷官场，可以说远离文化圈，加之当时社会不稳定，他也无暇回浙江，可能至死也没能读到这部《苏门啸》。

傅一臣，字青眉，号无技，别署西泠野史，浙江杭州人。他和凌濛初一样，也是怀才不遇，据说有"惊风泣鬼之才、雕龙吐凤之技"，是"天下称异敏无出其上者"，因此，他与凌濛初当初写"二拍"疏胸中磊块一样，改编了凌濛初的十二篇作品，以畅其胸中所欲言。

傅一臣创作《苏门啸》，是为弘扬正道、针砭歪风，书名叫《苏门啸》，就是借阮籍"苏门啸歌"的典故。当时的临清著名文人汪大年在《苏门啸·序》中说，傅一臣是借"阮步兵遇孙登于苏门山岭畔一啸作鸾凤音，逸情旷度更横绝千古，世遂传为苏门啸"之典，寄望"苏门一啸，聊当宗门一喝，唤醒人世黄粱"，作警世之音。

《苏门啸》包括十二部杂剧，分别是：《买笑局金》《卖情扎囤》《没头疑案》《截舌公招》《智赚还珠》《错调合璧》《贤翁激婿》《义妾存孤》《人鬼夫妻》《死生冤报》《蟾蜍佳偶》《钿合奇姻》，故事都取材于"二拍"，其中有十部取材于《二刻拍案惊奇》，其余二部取材于初刻《拍案惊奇》。

取材于初刻《拍案惊奇》的是《截舌公招》和《人鬼夫妻》。其中，《截舌公招》改编自"卷六"《酒下酒赵尼媪迷花　机中机贾秀才报怨》，改编的幅度比较大，仅保留了尼姑药倒娘子、丈夫使计报仇的情节，增加了很多细节，使之更合情理，也更具说服力；《人鬼夫妻》改编自"卷二十三"《大姊魂游完宿愿　小姨病起续前缘》，也在多方面作了改编和铺排，侧重写了一些适合演出的故事情节，以增加剧作的吸引力。

其他各篇都取材于《二刻拍案惊奇》：

——《买笑局金》改编自"卷八"《沈将仕三千买笑钱　王朝议一夜迷魂阵》，取的是故事内核，但在情节编排和叙事细节上都颇为不同，以直白、明确的情节和生活化的细节呈现故事。

——《卖情扎囤》改编自"卷十四"《赵县君乔送黄柑　吴宣教干偿白镪》，对情节和角色都作了一些改编，其中比较突出的，是加强了主角的人物性格描写。

——《没头疑案》改编自"卷二十八"《程朝奉单遇无头妇　王通判双雪不明冤》，但将表现重点放在案情发展上，特别在后半部分突出了官吏薛清的明吏形象。

——《智赚还珠》改编自"卷二十七"《伪汉裔夺妾山中　假将军还姝江上》，在多处做了情节或人物的删并，表达了对世道、人才的看法，对能官和人才的期望寄托。

——《错调合璧》改编自"卷三十五"《错调情贾母詈女　误告状孙郎得妻》，在人物上有调整和补充，对公堂审案的过程表现更为具体，体现了舞台表演的优势。

——《贤翁激婿》改编自"卷二十二"《痴公子狠使噪脾钱　贤丈人巧赚回头婿》，故事改编幅度不大，但表现姚公子豪奢等部分，处理则略有不同。

——《义妾存孤》改编自"卷三十二"《张福娘一心贞守　朱天锡万里符名》，表达故事的角度和想要表现的重点都有所改变，加重了"万里符名"的"奇"的部分。

——《死生冤报》改编自"卷十一"《满少卿饥附饱扬　焦文姬生仇死报》，情节有较多改动，谴责负心和彰显报应的用意十分明显。

——《蟾蜍佳偶》改编自"卷九"《莽儿郎惊散新莺燕　龙梅香认合玉蟾蜍》。

——《钿合奇姻》改编自"卷三"《权学士权认远乡姑　白孺人白嫁亲生女》，故事的主体改编幅度都不大，只是修改了主人公的名字，有些细节进行了调整。

傅一臣对"二拍"的改编，主要是选择了"二拍"故事中恰当的情节来敷演，对叙事结构进行了调整，提出重要的场景，删减次要的情节，缩整故事的空间与时间跨度，并在调整后补密针线，使情节更具连贯性，故事更能自圆其说。另外，他还发掘、利用"二拍"中提及的人和事，构筑了新的叙事线索，或改变信物、误会、巧合等在故事中出现的位置和轻重，利用杂剧可展现的特性，辅助叙事、伏线与表达观点。

在选材方面，傅一臣也很具匠心。他从"二拍"近八十篇故事里选取十二篇来改编，充分体现了他与凌濛初在创作思维和价值观念等方面的不同，已体现了他的编排意图和褒贬喜恶。《买笑局金》与《卖情扎囤》表现骗局，《没头疑案》与《截舌公招》表现断案，《智赚还珠》与《错调合璧》表现文人得愿，《贤翁激婿》与《义妾存孤》则表现家庭波折，《人鬼夫妻》与《死生冤报》表现幽冥与宿命，《蟾蜍佳偶》与《钿合奇姻》则表现信物与爱情。

傅一臣把"二拍"的故事搬上舞台，让观众喜爱《苏门啸》的同时，也对"二拍"产生更浓厚兴趣，间接扩大了"二拍"的影响。

另外，还有很多其他文人改编"二拍"的故事，或者以"二拍"的故事为主体创作新的作品，也间接助推了"二拍"的传播。其中，比较有代表性的有：李渔的《秦淮健儿传》、顾景星的《虎媒记》《玉蜻蜓》、张大复的《快活三》、王夫之的《龙舟会》、黄振的《十六记》，还有作者不详的传奇《龙凤钱》《通仙枕》《型世魔》《紫金鱼》《领头书》《撮合缘传奇》《失印救火盗银壶》等。

反复的选编和改编，不断扩大着"二拍"的影响，助推着"二拍"的流传。不仅国内屡禁不绝，还渐渐传到了国外，在世界上产生了广泛影响。

早在清初的雍正四年（1726），"二拍"就传到了日本，包括《拍案惊奇》的木刻尚友堂四十卷本和《二刻拍案惊奇》的尚友堂精刊本，至今仍在日本收藏。一七五五年，日本文人泽田一斋编选的《小说粹言》，就选译了《拍案惊奇》中的三篇作品，分别是：《转运汉遇巧洞庭红》《包龙图智赚合同文》和《怀私怨狠仆告主》。

雍正十三年（1735），法国波旁王朝的路易十五时期，巴黎勒梅尔西埃出版社出版了一套四卷本的《中华帝国全志》，其中就收录了"二拍"的《怀私怨狠仆告主》，是从《今古奇观》中翻译选编的。这是中国小说最早被译为西方语言的作品之一，出版后很快就畅销法兰西，不仅多次再版，还被再翻译成其他西方文字，在其他国家出版。一七三七年，英文本在伦敦出版；一七四七年，德文本在柏林出版。此后又出版了俄文版，在欧洲产生了很大影响。

嘉庆十九年（1814），日本一个署名"淡斋主人"的文人，翻译出版了"三言""二拍"的选本《今古奇观》，后由青木正儿校注后，一九三二年再版。

道光七年（1827），法国巴黎蒙塔迪埃出版社又出版了《中国短篇故事集》一书，收录"二拍"中的两个故事。这两个故事也是从《今古奇观》中翻译选编的，分别是《怀私怨狠仆告主》和《念亲恩孝女藏儿》，翻译时把标题意译为《被惩处的罪人》《揭开诽谤》。

道光八年（1828），日本出版的长篇小说《近世说美少年录》，第二十六—二十八回取材于"二拍"的《夸妙术丹客提金》。

光绪七年（1881），德国斯图加特出版社出版了《今古奇观》的选译本，收有"二拍"的《转运汉遇巧洞庭红》，翻译为《商人转运汉历险记》。

光绪九年（1883），英国爱丁堡和伦敦布莱克伍德父子公司分别出版了英文版的《中国故事集》，收录了"二拍"的三个故事，也是从《今古奇观》中翻译选编的。分别是：《怀私怨狠仆告主》《女秀才移花接木》《夸妙术丹客提金》。

光绪十年（1884），德国莱比锡蒂尔出版社出版了一本《中国小说》，收录了"二拍"中的《女秀才移花接木》。

光绪十一年（1885），法国巴黎欧内斯特鲁出版社又出版了《三种中国小说》，内收"二拍"中的《夸妙术丹客提金》和《诉穷汉暂掌别人钱》，分别被译为《炼金者》《看财奴刁买冤家主》。

光绪十八年（1892），巴黎梅松纳夫书局又出版了《六种中国小说》，收录了"二拍"的两篇作品，分别是《赵县君乔送黄柑》和《崔俊臣巧会芙蓉屏》，翻译为《敲诈》和《揭开屏风的秘密》。

　　一九二二年，德国慕尼黑海波利翁出版社出版了《赵夫人的黄柑子》，书名就取自"二拍"的《赵县君乔送黄柑》，并收录了"二拍"的三个故事，分别译作《在危险中》《一个中国女秀才》《情妇与炼金术》。

　　一九二六年，英国伦敦布伦和塔诺的沃纳劳里有限公司出版了《今古奇观》选译本，收录"二拍"的两个故事：《转运汉遇巧洞庭红》和《十三郎五岁朝天》，分别被译作《年幼的臣子》和《若虚的命运》。

　　一九四〇年，德国柏林施泰尼格尔出版社出版的《十三层塔》，收录了"二拍"的两个故事：《崔俊臣巧会芙蓉屏》和《夸妙术丹客提金》。

　　一九五八年，日本辛岛骁直接全文翻译了《拍案惊奇》，由东洋文化协会出版。

　　一九六四年，德国华裔学者张聪东也直接翻译了《拍案惊奇》，命名为《中国爱情园》，由"霍斯特埃德曼"出版。

　　一九六六年，苏联莫斯科文学出版社出版了《闲龙劣迹：十七世纪话本小说十六篇》，选译了"三言""二拍"中的十六篇作品，书名就是根据"二拍"中的《神偷寄兴一枝梅》而起。

　　一九七三年，英国伦敦纳普及惠廷出版社出版了《好色的院士凌濛初的故事》，这是凌濛初的名字第一次出现在"书名"中。

　　一九八〇年，德国慕尼黑海涅出版社出版了《拍案惊奇》选本，借用的名字是《金瓶梅：中国情爱小说》，一九八三年、一九八七年再版。

　　一九八二年，苏联科学出版社出版了两本话本选集《银还失主》和《道士之咒语》，其中有十一篇作品选译自"二拍"。

　　一九八四年，瑞士玛奈塞出版社出版了《来自〈今古奇观〉的古代中国小说集》，是旅居瑞士的德国汉学家勒泽尔翻译的。这本书选译了《今古奇观》中此前没被翻译成德语的全部十三篇作品，其中来自"二拍"的有四篇，分别是：《转运汉遇巧洞庭红》《刘元普双生贵子》《怀私怨狠仆告主》《逞多财白丁横带》。

　　此外，法国出版的书籍和杂志中，还有一些收录了"二拍"的作品。一九〇三年版《汉语入门》中，收录了《怀私怨狠仆告主》；一九一七年版的《中国文化教程》中，收录了《崔俊臣巧会芙蓉屏》；一九二一年出版的《中国》杂志第一卷中，收录了吴益泰翻译的《转运汉遇巧洞庭红》。

英国出版的杂志中，也发表了不少选译自"二拍"的作品。一九五五年第三期《中国文学》上，刊载有翻译成英文的《明代小说选》，其中包括"二拍"作品四篇：《转运汉遇巧洞庭红》《崔俊臣巧会芙蓉屏》《夸妙术丹客提金》《逞多财白丁横带》。

德国出版的杂志中，也有不少以《中国小说》名义选编的翻译作品，大多收录了"二拍"的故事，收录比较多的是《诉穷汉暂掌别人钱》《怀私怨狠仆告主》《赵县君乔送黄柑》《夸妙术丹客提金》《转运汉遇巧洞庭红》等。

意大利汉学家晁德莅译著的《中国文化教程》第一卷中，有拉丁文翻译的"二拍"作品《崔俊臣巧会芙蓉屏》。

韩国还发现了一本名为《啖蔗》的手抄本，其中七篇作品抄自"二拍"，分别是：《刘弘敬传》《芙蓉屏记》《刘从善传》《王文豪传》《合同文字记》《黄柑传》《移花接木记》。

"二拍"作品在亚欧一些国家广泛传播，深受各国民众欢迎，产生了巨大的影响。在国内，随着大清帝国退出历史舞台，"二拍"也自然解禁，重见天日。

一九三五年，上海杂志公司出版了张静庐校点的《拍案惊奇》的铅印本，后来中央书店、新文化书社等陆续翻刻。

一九五七年，上海古典文学出版社出版了"二拍"，初刻《拍案惊奇》以北京大学图书馆所藏"覆尚友堂本"为依据，《二刻拍案惊奇》则依据王古鲁先生抄录的日本内阁文库藏本，只删除了"卷三十四"《任君用恣乐深闺》。

一九六〇年，台北正中书局出版《拍案惊奇》，是李田意先生依据日本所藏的"尚友堂原刊四十卷"辑校而成的，是现在所能见到的《拍案惊奇》中最早最完整的版本。一九六七年，香港友联出版社再次出版。

　　一九八二年八月，上海古籍出版社出版《拍案惊奇》上、下两册。章培恒先生以日本广岛大学图书馆珍藏的"尚友堂原刊后印三十九卷本"为依据，又校以清刊本中较好的"覆尚友堂本"及"消闲居刊三十六卷本"。《二刻拍案惊奇》则出版于次年九月，以章培恒先生所拍摄的日本内阁文库藏本的照片为底本，保留了王古鲁先生的注释及相关文章。

　　一九八五年，上海古籍出版社又出版了"二拍"的影印本，依据仍是章培恒先生在日本得到的"尚友堂原刊后印三十九卷本"复印本，及他拍摄的日本内阁文库藏本照片。

　　一九九一年，中华书局出版《古本小说丛刊》第十三、十四辑，分别收录了"二拍"。其中《拍案惊奇》据日光山轮王寺慈眼堂法库所藏的"尚友堂原刊四十卷本"影印，《二刻拍案惊奇》据日本内阁文库藏本影印。

　　一九九一年八月，人民文学出版社出版《拍案惊奇》，由陈迩冬、郭隽杰校注，依据是日本游万井书房的影印本，而该影印本的底本是日光山轮王寺慈眼堂法库所藏"尚友堂四十卷足本"。

　　一九九六年，人民文学出版社又出版《二刻拍案惊奇》，仍由陈迩冬、郭隽杰校注，依据是上海古籍出版社的影印本。

　　至此，除《二刻拍案惊奇》有两卷存疑外，"二拍"的全貌大部分得到恢复，也基本固定下来。

　　此后，"二拍"的版本层出不穷，几乎每个社科类出版社都出版过，但依据基本没有超出前面的几个版本。

　　后来，随着传播方式的不断翻新，传播媒介的逐渐增多，"二拍"的传播也不断走向深入和广泛。除传统的文本、戏剧、曲艺和绘画外，还出现了影视、广播、网络等新兴的传播方式，也对"二拍"的传播起到了重要作用。

　　如今，"二拍"已经和"三言"一起，作为中国古典小说的代表作品之一，成为普通读者熟知的经典名著，书店、网站、图书馆到处都能买到或看到。人民文学出版社出版的《世界文学名著文库》，汇集了世界一流作家的两百种经典著作，中国文学作品仅择取了四十种，"二拍"就位列其中；中华书局出版的《中国古典小说十大名著》，"二拍"就占了两本，另外八本是《红楼梦》《三国演义》《水浒传》《西游记》《聊斋志异》以及"三言"，被国务院确定为国家常备礼品书之一。其他各级各类出版社出版的《中国古典文学名著文库》《中国古典小说名著丛书》《中华古典小说名著普及文库》等丛书或文库，都无一例外地把"二拍"收入其中。另外，"二拍"还被翻译成英语、法语、德语、俄语、日语、朝鲜语、拉丁语等十几种语言，以节译本、选本、全译本等多种形式，在世界各地广泛传播。

"二拍"一问世就"翼飞胫走"，经过两百多年的禁毁，仍能生生不息，并逐渐扩大影响。在这个过程中，很多专家学者都给予了密切关注，开展了相关的学术研究，并以极高的热情评价或推介，让"二拍"的名气越来越大，成为全世界公认的宝贵文学财富。

翻开中国文学史，凌濛初和他的"二拍"赫然在目。"二拍"虽然常与"三言"并列，但它被定位为中国最早的"独立创作"的拟话本小说集，凌濛初也被认为是中国最早从事短篇小说"创作"的文学家。可以说，在文学的星空中，他发出了耀眼的光芒，并持续闪耀着。

3. 闪耀在文学星空

凌濛初在文学上的成就，最初主要表现在他的戏曲杂剧创作及评论方面。与他同时代的许多著名文人，给了他的戏曲杂剧很高的评价，包括汤显祖、潘之恒、冯梦龙、祁彪佳、沈泰、汪柷等。沈泰认为，凌濛初的作品可以与明初著名戏曲家周宪王的作品相媲美；汪柷甚至说，凌濛初的成就不亚于关汉卿、白朴。这些评价，虽然有溢美的成分，但也客观反映了凌濛初在戏曲杂剧创作上的成就。

凌濛初去世后的很长一段时间里，他和他的作品能在史书上占有一席之地的，也只有戏曲杂剧，然而被后人称颂的，却是他的评论。清代康熙年间，袁园客重刊凌濛初的戏曲评论集《南音三籁》，并称赞《南音三籁》是"曲学"的经典之作，当时著名戏曲家李玉和袁于令都给予了高度评价，后又收入《续修四库全书》；他编撰评论的《圣门传诗嫡冢》《言诗翼》《诗逆》《禅喜集评》《合评选诗》《陶韦合集》等，很多都收入了《四库全书》。

在大清王朝的两百多年中，凌濛初的"二拍"被列为禁书，想读到都不容易，更别说受人关注了。好在有《今古传奇》代为传播，才使"二拍"以"星星之火"传播到世界各地，并越"烧"越旺，最终成"燎原"之势。

凌濛初生前怎么也不会想到，多年后喜欢他的作品且由衷说出来的，竟然是外国人，是一个很有名的德国作家。

这个人在德国文学史上的地位很高，仅次于伟大的作家歌德，是著名的"狂飙突进运动"的代表人物，名字叫席勒。席勒认识歌德后，就与歌德交往密切，几乎到了无话不谈的地步。歌德年龄大，却比席勒逝世得晚，临死竟然留下遗嘱，与席勒安葬在一个地方，可见二人关系之铁。

有一段时间，席勒看了德文版的《中华帝国全志》（一七四七年出版），顿时被书里的小说吸引住了。他在给歌德写信时，还特意强调说："对一个作家而言，……埋头于风行一时的中国小说，可以说是一种恰当的消遣了。"他读到的这些小说里，就有凌濛初的作品。

歌德虽然没有回应席勒的这句话，但分明受到了这句话的影响。他后来也关注了中国小说乃至中国文化，先后在图书馆借阅了十多种有关中国的书籍，写下了十四首题为《中德四季晨昏杂咏》的抒情诗，抒发了他对东方古国的憧憬。他在同助手爱克曼的谈话中，阐述了他对中国的理解："中国人在思想、行为和情感方面，几乎和我们一样；只是在他们那里，一切都比我们这里更明朗，更纯洁，更合乎道德……"

正因为歌德和席勒的关注，很多德国人也对中国小说产生了浓厚兴趣，凌濛初的作品也更多地被翻译到德国。后来，德国不仅出版了《今古奇观》的选译本，还全文翻译了凌濛初的《拍案惊奇》，命名为《中国爱情园》，由"霍斯特埃德曼"出版。这是西方国家最早翻译出版的《拍案惊奇》。

席勒和歌德之后，日本"文献学家"长泽规矩也、作家丰田穰也很早就关注了凌濛初的"二拍"。不过，长泽规矩也是把"三言"和"二拍"放在一起共同关注的，并写了论文《关于"三言二拍"》，发表在《斯文》杂志第十编九号和第十一编五号上。

《斯文》杂志是日本著名的汉学杂志，一九一九年二月创刊于东京，第十编出刊时间大概是一九二八年，第十一编出刊则是一九二九年。长泽规矩也的这篇《关于"三言二拍"》，可能算是最早评论"二拍"的作品之一。

丰田穰则把关注的目光重点投向了凌濛初的《拍案惊奇》。他的论文题目是:《明刊四十卷本拍案惊奇和水浒志传评林完整本的出现》，发表于《斯文》杂志第二十三编六号。

此后，越来越多的专家学者关注凌濛初和"二拍"。

一九六四年，美国印第安纳大学的一名研究生，更是直接把研究课题聚焦《拍案惊奇》。这名研究生名叫黑尔斯，他的博士论文题为《拍案惊奇:文学评论》，全面论述了"二拍"作品的主题、人物特点、故事来源与修辞手法等。后来，他又写出了《中国传统短篇小说中的梦与魔》，论述了"二拍"所描写的鬼怪，收入尼恩豪泽所编《中国文学评论集》，由香港中文大学出版社出版。

一九七二年，德国埃朗根大学的一名研究生也研究了《拍案惊奇》。这名研究生名叫沃尔夫·鲍斯，他的博士论文题为《凌濛初的〈拍案惊奇〉》，先在大学发表，后又正式出版。也是在这年，日本学者香坂顺一写了一篇评论文章，题为《拍案惊奇的语言》，发表于《人文研究》第二十二卷第十一期。

一九七三年，英国学者 Shih Chung Wend 编译的《好色的院士凌濛初的故事》，在伦敦纳普及惠廷出版社出版，这是英国第一部关于凌濛初的评传；苏联汉学家沃斯克列先斯基的研究论文《中国古典作家凌濛初著作的题材与版本》完成，收入《苏联中国文学研究》，由莫斯科出版社出版；美国汉学家韩南研究了"二拍"的著作权和成书过程，收入哈佛大学出版的《中国短篇小说的系年、作者归属与成书》一书；日本学者小川阳一的论文《通奸为什么有罪——"三言二拍"中的情形》，发表于《东洋学集刊》第二十九号，后又写有论文《"三言二拍"与善书》等。

一九七八年，美国汉学家韩南又专注研究了凌濛初的小说，通过对"二拍"与"三言"的比较，深入论述了"二拍"作品所体现出的喜剧和讽刺要素，所写论文题为《凌濛初小说的特质》，收入蒲安迪所编《中国叙事体文学评论集》，由普林斯顿大学出版社出版。

一九七九年，日本学者荒木猛的论文《二拍的娱乐性和游戏性》，发表于《东洋学集刊》第四十一号。

这时，在作家、评论家、汉学专家及学者的关注下，凌濛初和"二拍"的文学性、艺术性甚至思想性被不断挖掘，并受到高度评价。于是，凌濛初和"二拍"在相关国家的知名度越来越高，成为中国文学的代表人物和代表作之一。

然而，在中国，关注凌濛初和"二拍"的专家并不多，只有很少一些慧眼识珠者。

我国对凌濛初及"二拍"的研究，大致是从十九世纪二十年代开始的，郑振铎、孙楷第、赵景深、叶德均等专家，在查访和发掘原著、追溯凌濛初生平、考订作品本事与影响等方面，做了不少开拓性的工作，还实事求是地分析论证了"二拍"在文学史上的地位。

一九二〇年，著名作家、文学评论家郑振铎先生就对凌濛初及"二拍"进行了研究，考证了凌濛初的生平，评析了"二拍"的版本及内容，都写入他的论文《明清二代的平话集》。这篇论文后收入《中国文学研究》，由人民文学出版社出版。

一九三一年四月，古典文学研究专家、时任北平图书馆（即今北京图书馆）编辑的孙楷第先生也对"二拍"进行了研究，写有论文《三言二拍源流考》，发表于《国立北平图书馆馆刊》第五卷第二号。孙楷第先生对凌濛初及"二拍"评价很高，说凌濛初"化神奇于臭腐，易阴惨为阳舒，其功力实亦等于创作"，还说他"自非才思富赡，洞达人情，鲜能语此"，并把"二拍"与"三言"放在一起评价："取材宏富，体物装点，敷衍成文，与冯氏'三言'并蔚然为小说巨观。"孙先生的这篇论文，后收入其《沧州集》，由中华书局一九六五年出版。

一九三五年，出版家张静庐先生校点了《拍案惊奇》，在他创办的上海杂志公司出版。他在跋中评价道："才藻丰赡，颇为可诵，遂与冯氏'三言'为千秋瑜亮。"

一九三七年，复旦大学中文系教授、作家赵景深先生在《小说闲话》上发表了题为《〈拍案惊奇〉的来源》的论文；一九四六年，又在《文章》杂志上发表了《〈二刻拍案惊奇〉的来源和影响》。两篇论文对"二拍"的来源和演变作了进一步的稽考，后收入其《中国小说丛考》，由齐鲁书社一九八〇年出版。

一九四七年，时任湖南大学中文系副教授的叶德均先生，对凌濛初的生平进行了深入的研究，写出了题为《凌濛初事迹系年》的论文，分别发表在《平俗文学》一九四七年第四、七、八、九、十期上。这篇论文参考了嘉庆乙丑本《凌氏宗谱》，从总体上勾画出了凌濛初的人生轨迹，为后世的研究者提供了重要资料。后收入其遗著《戏曲小说丛考》，由中华书局一九七九年出版。

新中国成立后，王古鲁、谭正璧、柳无忌、章培恒、李田意、刘本栋、黄霖、孙逊、陈迩冬、刘世德等知名学者，也做了不少继续完善和恢复"二拍"原貌的工作，进一步论证了凌濛初及"二拍"在文学史上的地位。

一九五七年，时任北京师范大学教授的王古鲁先生把自己从日本内阁文库抄回的《二刻拍案惊奇》交由上海古典文学出版社出版，并撰文对"二拍"的版本、影响及思想艺术价值进行了考述和分析，附录于书后，对学术界研究凌濛初及"二拍"提供了重要参考。

一九六一年，时任华东师范大学教授的谭正璧搜集整理了一本《三言两拍资料》，对"二拍"的本事源流进行了详尽的述考，后由上海古籍出版社一九八〇年出版。

一九八三年，著名旅美诗人、印第安那大学中文教授柳无忌先生也研究了凌濛初，站在世界文学的高度重新认识和评价，写成了题为《关于凌濛初的〈拍案惊奇〉》的论文，发表在《读书》一九八三年第六期。柳先生高度评价凌濛初："从世界文学眼光来看，凌濛初也早于十九世纪欧美的短篇小说作家，如莫泊桑、陀思妥耶夫斯基、詹姆斯等有二三百年。"

此后，越来越多的专家学者开始关注凌濛初及"二拍"，相关研究也越来越深入。张兵、马美信、徐定宝、冯保善、赵红娟、徐永斌等，从不同角度稽考并丰富了凌濛初的生平，研究了他的"二拍"及其他更多作品。

随着新的考证材料不断被发掘，凌濛初的人生轨迹越来越清晰，包括他的生死时间、风流韵事、刻书经商、做官理政等，甚至连他的亲戚朋友也逐渐从研究者的笔端浮现出来；随着"二拍"的广泛传播，其文学意义和思想意义越来越被读者认可，专家学者把研究的目光投向了凌濛初创作的戏曲、杂剧等作品，甚至他编纂辑评刊刻的图书。

于是，学术界涌现出众多研究凌濛初的专著和论文。截至 2020 年底，已经出版的影响比较大的专著超过十部，发表的分量比较重的论文超过两百篇。

如今，凌濛初作为"中国古代独立创作白话短篇小说的第一人"，已经在中国文学史上留下了浓墨重彩的一笔，并跻身世界文学史的神圣殿堂。他和他的作品，必将被越来越多的人熟知并喜爱，世代相传，经久不衰，永葆令人"拍案惊奇"的文学魅力。

2016 年 6 月 16 日初稿于双林苑

2018 年 8 月 18 日二稿于总后大院

2020 年 12 月 20 日三稿于翠华山

2021 年 6 月 1 日定稿于万寿庄

附录一

凌濛初大事年表

万历八年（1580） 一岁

五月初七日，诞生于浙江省湖州府乌程县东晟舍铺（今属浙江省湖州市织里镇）。

万历十四年（1586） 七岁

入私塾读书，聪颖好学传佳话。

万历十九年（1591） 十二岁

经考试取入县学，成为一名生员（秀才）。

万历二十二年（1594） 十五岁

离晟舍很近的南浔发生民变，波及湖州其他巨族，他家因居产颇饶，也受到了百姓围困，但损失不大。

万历二十五年（1597） 十八岁

年初，补"廪膳生"，取得乡试资格。约于是年，与沈氏（贵州兵备副使同郡进士沈子来之女）结婚。

万历二十八年（1600）二十一岁

初秋，赴杭州参加乡试，仅中"副贡"。十二月初五，父凌迪知去世，享年七十二岁，父亲的很多好友前来吊唁，得以相识。

万历三十年（1602）二十三岁

与寓居杭州的嘉兴著名文人冯梦祯结为亲家，把女儿许配给了冯梦祯的孙子冯延生。十一月初八日，冯梦祯前来晟舍下聘，他邀请布衣诗人、"苕溪四子"之一的姑姥爷吴梦旸作陪，并请吕三班唱戏，演《香囊记》。

万历三十一年（1603）二十四岁

八月初九，在杭州第二次参加乡试，再中"副贡"。

万历三十二年（1604）二十五岁

离开家乡来到南京，上书时任国子监祭酒刘曰宁。刘曰宁看后很欣赏，又推荐给少司马耿定力看，耿定力的一句话使他名声鹊起，"一时公卿无不知有凌十九者"。
这年，他认识了丘蓘明、孙起都等戏曲家，开始写《北红拂》。

万历三十三年（1605）二十六岁

年初，杂剧《北红拂》诞生。六月，妻沈氏生下长子凌琛。九月，生母蒋氏卒于南京，享年四十六岁。

万历三十四年（1606）二十七岁

第一部学术著作《后汉书纂》在南京由周氏刊刻行世。

王稚登作序，在序中盛赞他删削编撰班固《后汉书》是截长补短，化腐朽为神奇。

万历三十七年（1609） 三十岁

八月，第三次参加乡试，又中"副贡"。秋冬间，他与朱无瑕、钟惺、林古度、韩上桂、潘之恒等人在秦淮河畔结社吟诗。

万历四十三年（1615） 三十六岁

离开南京回晟舍。开始弃儒经商，从事刻书业。得到冯梦祯秘藏的宋代刘辰翁、刘应登两家的《世说新语》批注本，刊刻梓行。

万历四十四年（1616） 三十七岁

十二月，妾卓氏生下次子凌葆。

万历四十七年（1619） 四十岁

八月，妾卓氏生下三子凌楚。

天启元年（1621） 四十二岁

用套版刻成《东坡禅喜集》与《山谷禅喜集》。二书都是"真实居士"冯梦祯多年前批点过的，他在评点的基础上进行了"辑增"。

天启二年（1622） 四十三岁

秋，他的学术著作《诗逆》刊行，书后附有《诗经人物考》。这本书由凌瑞森等参订，他自序。

天启三年（1623） 四十四岁

四月，赴京谒选。时朱国祯召拜为礼部尚书兼东阁大学士，也离乡赴京，因招他同舟，"访以经济之术"。六月，两人抵达北京。

天启四年（1624） 四十五岁

淹留京城。重阳日，他与茅维、谭元春、葛一龙、王家彦、周永年、程道寿、张尔葆等人，共集妓女郝月娟邸所，饮酒赋诗。

天启五年（1625） 四十六岁

编选南曲选本《南音三籁》。

天启七年（1627） 四十八岁

秋，在北京参加第四次乡试，再告失利。回南京后，开始撰写《拍案惊奇》。

崇祯元年（1628） 四十九岁

十月，《拍案惊奇》由苏州尚友堂刊行。十一月，妾卓氏生下四子凌囊。

崇祯二年（1629） 五十岁

沈泰编刊《盛明杂剧二集》，选入他的《虬髯翁》一剧。

崇祯三年（1630） 五十一岁

学术著作《孔门两弟子言诗翼》刊行，侄子凌义渠作序。

崇祯四年（1631） 五十二岁

游福建，通过在福建任职的亲戚潘曾纮的关系，他请到了福建提学副使何万化为自己的学术著作《圣门传诗嫡冢》作序。同年,这本书刊行,后附《申公诗说》一卷。

崇祯五年（1632） 五十三岁

初冬,撰成《二刻拍案惊奇》。十月,妾卓氏生下五子凌槃。

崇祯七年（1634） 五十五岁

潘曾纮巡抚南赣,聘他入幕。他觉得报效国家的时机到了,慨然有击楫澄清之志,遂再赴北京谒选,以"副贡"资格选得上海县丞一职。

崇祯八年（1635） 五十六岁

赴任上海县丞。

崇祯十年（1637） 五十八岁

代理知县八个月,"催科抚字,两无失焉"。办理漕运,输粟入都,也圆满完成任务。

崇祯十一年（1638） 五十九岁

署海防事,创立"井字法",清理盐场积弊,屡受上司嘉奖。

崇祯十二年（1639） 六十岁

赴南京乡试,仍以失败告终。

崇祯十四年（1641） 六十二岁

上海遭遇严重旱灾,他想方设法赈灾,救活了不少濒临饿死的百姓。

崇祯十五年（1642） 六十三岁

升任徐州通判，分署房村，治理黄河。

崇祯十六年（1643） 六十四岁

何腾蛟兵备淮徐，奉命围剿"流寇"程继孔。他上《剿寇十策》，并单骑赴程继孔营寨游说，使其心悦诚服，率众来降。在何腾蛟举办的庆功宴上，他即席赋《砀山凯歌》三十章、《燕子楼公宴诗》五十韵。因平叛有功，得到何腾蛟举荐，授"监军佥事"，未赴任，仍留房村治河。这年，侄子凌义渠升任大理寺卿。

崇祯十七年（1644） 六十五岁

正月十二日，有"流寇"攻打房村，他为救全村百姓，绝食吐血而死。何腾蛟送祭联："文辞播宇宙，比眉山而多武略；忠义贯日月，媲睢阳更著蜚声。"

附录二　参考文献

1.《湖州府志》，（清）同治本。

2.《乌程县志》，（清）光绪本。

3.《晟舍镇志》，（清）闵宝梁撰，（清）同治本。

4.《练溪文献》，（清）朱闻龙撰，岱云书社订。

5.《乌程县志》，（明）崇祯本，书目文献出版社 1991 年版。

6.《明史》，（清）张廷玉等撰，中华书局 1974 年版。

7.《凌氏宗谱》，（清）光绪甲辰重修本，1905 年刊。

8.《凌氏宗谱》，（清）顺治抄本。

9.《学林漫录》（五集），中华书局 1982 年版。

10.《拍案惊奇》《二刻拍案惊奇》，（明）凌濛初著，上海古籍出版社 1985 年影印本。

11.《拍案惊奇》《二刻拍案惊奇》，（明）凌濛初著，章培恒整理、王古鲁注释，上海古籍出版社 1982、1983 年排印本。

12.《喻世明言》《警世通言》《醒世恒言》，（明）冯梦龙编撰，岳麓书社 1993 年版。

13.《型世言》，（明）陆人龙编撰，江苏古籍出版社 1993 年版。

14.《话本小说概论》，胡士莹撰，中华书局 1980 年版。

15.《戏曲小说丛考》，叶德均著，中华书局 1979 年版。

16.《三言两拍资料》，谭正璧著，上海古籍出版社 1980 年版。

17.《中国通俗小说书目》，孙楷第著，人民文学出版社 1982 年版。

18.《南音三籁》，（明）凌濛初编，1963 年上海古籍书店影印本。

19.《盛明杂剧》，（明）沈泰编，中国戏剧出版社 1958 年版。

20.《暖红室汇刻传奇》，（清）刘世珩辑刻，江苏广陵古籍刻印社 1978 年版。

21.《太霞新奏》，（明）冯梦龙编，海峡文学出版社 1986 年影印本。

22.《吴骚合编》，（明）张楚叔、张旭初编，涵芬楼影印明崇祯刊本。

23.《中国古典戏曲论著集成》，中国戏剧出版社 1959 年版。

24.《东坡禅喜集》《选诗》，（明）凌濛初辑刊，《四库全书存目丛书》本，齐鲁书社 1997 年版。

25.《圣门传诗嫡冢》十六卷、《孔门两弟子言诗翼》七卷、《诗逆》四卷、《诗经人物考》一卷，（明）凌濛初编撰，《四库全书存目丛书》本，齐鲁书社 1997 年版。

26.《四库全书总目提要》，（清）永瑢、纪昀撰，中华书局 1965 年版。

27.《湖州市文化艺术志》，湖州市文化艺术志编委会，浙江古籍出版社 1994 年版。

28.《明代版刻综录》，杜信孚撰，江苏广陵古籍刻印社 1983 年版。

29.《明代版本图录初编》，潘承弼、顾廷龙编，开明书店民国 30 年影印本。

30.《中国善本书提要》，王重民撰，上海古籍出版社 1983 年版。

31.《中国印刷史》，张秀民著，上海人民出版社 1989 年版。

32.《中国古籍印刷史》，魏隐儒撰，印刷工业出版社 1984 年版。

33.《版本学研究论文选集》，中国图书馆学术委员会古籍版本研究组编，书目文献出版社 1995 年版。

34.《练溪集》，（明）凌震撰，清刻本。

35.《焚书》《续焚书》，（明）李贽撰，中华书局 1975 年版。

36.《涌幢小品》，（明）朱国祯撰，文化艺术出版社 1998 年版。

37.《五杂俎》，（明）谢肇淛撰，上海书店出版社 2001 年版。

38.《快雪堂集》，（明）冯梦祯撰，《四库全书存目丛书》本，齐鲁书社 1997 年版。

39.《静啸斋存草》，（明）董斯张撰，《续修四库全书》本，上海古籍出版社 2002 年版。

40.《亘史钞》，（明）潘之恒撰，《四库全书存目丛书》本，齐鲁书社 1997 年版。

41.《大泌山房集》，（明）李维桢撰，《四库全书存目丛书》本，齐鲁书社 1997 年版。

42.《负苞堂文选》，（明）臧懋循撰，《四库全书存目丛书》本，齐鲁书社 1997 年版。

43.《王百谷先生集外诗文》，（明）王稚登撰，缪荃孙手抄本。

44.《汤显祖全集》，徐朔方笺校，北京古籍出版社 1998 年版。

45.《汤显祖集》，（明）汤显祖撰，上海人民出版社 1973 年版。

46.《金陵琐事》，（明）周晖著，南京出版社 2007 年版。

47.《列朝诗集小传》，（清）钱谦益撰，上海古籍出版社 1983 年版。

48.《柳河东集》，（唐）柳宗元撰，上海人民出版社 1974 年版。

49.《袁宏道集笺校》，钱伯城笺校，上海古籍出版社 1981 年版。

50.《明刊本〈西厢记〉研究》，蒋星煜撰，中国戏剧出版社 1982 年版。

51.《茅坤集》，张大芝、张梦新校点，浙江古籍出版社 1993 年版。

52.《明代社会经济初探》，韩大成著，人民文学出版社 1986 年版。

53.《明清时期杭嘉湖市镇史研究》，陈学文著，群言出版社 1993 年版。

54.《明代商贾与世风》，陈大康著，上海文艺出版社 1996 年版。

55.《十七世纪江南社会生活》，钱杭、承载著，浙江人民出版社

1996 年版。

 56.《明清徽商与淮扬社会变迁》，王振忠著，三联书店 1996 年版。

 57.《人文织里》，叶银海、嵇发根编，方志出版社 2004 年版。

 58.《凌濛初与两拍》，张兵著，辽宁教育出版社 1992 年版。

 59.《凌濛初与两拍》，马美信著，上海古籍出版社 1994 年版。

 60.《凌濛初研究》，徐定宝著，黄山书社 1999 年版。

 61.《凌濛初》，冯宝善著，春风文艺出版社 1999 年版。

 62.《凌濛初考论》，赵红娟著，黄山书社 2001 年版。

 63.《拍案惊奇——凌濛初传》，赵红娟著，浙江人民出版社 2007 年版。

 64.《凌濛初研究》，冯保善著，人民文学出版社 2009 年版。

 65.《凌濛初考证》，徐永斌著，江苏人民出版社 2010 年版。

 66.《凌濛初全集》，魏同贤、安平秋编，凤凰出版社 2010 年版。

后记

与凌濛初"邂逅",应该说是"缘分"。最初,我想写一位出自故乡山东的历史文化名人,无奈山东的几位名气都太大,早已与几位著名作家结了缘。我回眸时,发现凌濛初在那里等着我,便顺其自然地牵了手。

走近凌濛初,我才惊讶地发现,他正是我最初想写的人。他的远祖籍贯,竟然就是我的故乡,而且离我家特别近。据《凌氏宗谱》记载,"溯三国时偏将军统,始为山东琅琊莒人,继迁吴郡余杭"。我作为"琅琊莒"人,看到这个记载顿生亲切,感觉上与凌濛初的距离一下子拉近了不少。

再看凌濛初的作品,追求"本色",质朴无华,正是我所喜爱的。而且,读到"二拍"里的一些故事,我竟然有似曾相识之感。追根溯源,我觉得可能是小时候听老姥爷(母亲的爷爷)讲过类似的故事。我从五岁开始,就与老姥爷一个被窝"通腿"睡觉,也就是在被窝另一头为他"暖脚"。老姥爷有点文化,是十里八村有名的"故事大王",曾被县市相关部门请去讲故事。每天睡觉之前,他总要给我讲一段,家长里短、妖魔鬼怪的故事都有,几乎不重样,而且长达八年之久。现在想来,很多故事都与"二拍"相关,大概老姥爷也是听别人讲的,民间的口口相传让"二拍"生生不息。因此,可以说,我很小的时候就读过"二拍",是用耳朵从老姥爷的嘴里读的。

带着"猎奇"的心理,我寻访了凌濛初生前留下的足迹。

我最先去的地方,是凌濛初的出生地、长期居住生活之地、读书刻书之地,浙江湖州市吴兴区织里镇。湖州有我鲁院的同学陈芳,热情地陪我一起去织里,并帮忙联系了吴兴区书法家协会副主席许羽,让我更方便了解当地的历史人文，更容易收集相关的文献资料。走进许羽家的院子，水塘聚灵气，绿植添生机，一壶龙井香四溢，让我恍然间仿佛看到了久居湖州的茶圣陆羽，仿佛进入了凌濛初的家。许羽带我们看晟舍的横塘溇港、古桥旧居，又到太湖边赏湖吃鱼，让我时而想象到凌濛初坐船出行的轨迹，以及他在这鱼米之乡的生活习惯。许羽还带我们参观了千年古刹利济寺，拜会了住持常进法师，听法师讲凌濛初及利济寺的渊源及故事，并获赠《晟舍利济禅寺志》。

利济寺的旁边，就是当时刚刚落成的凌濛初纪念馆，一座集中展示凌濛初生平及作品的宏伟建筑，一个研究凌濛初的权威平台。许羽介绍说，凌濛初纪念馆的建设用地，如果政府拿去开发，至少能有五个亿的收入，但现在却花了三个亿来建设纪念馆，可见政府对文化建设的重视程度。他还说，当经济发展到一定阶段，必然就会追求精神层面的东西，这片土地上，有凌濛初这样重量级的文化资源，是织里的福气……凌濛初在封建王朝屡遭封禁，却在如今的时代受到追捧并纪念，他应该会感到欣慰。

湖州一行，收获颇丰，让我找到了凌濛初的根，也找到了探索他生命轨迹与灵魂入口的钥匙。因此，要特别感谢陈芳同学和许羽老师，感谢常进法师、徐世尧先生、姚新民先生，为我走近凌濛初提供了方便，并提供了很多有价值的资料。还要感谢湖州的大学同学程立群、王众、杨国权，他们也让我感受到了凌濛初家乡人的热情，跟我谈了很多与凌濛初相关的话题，让我间接受益。

在凌濛初长期居住的南京，我寻访了珍珠桥、成贤街、国子监等遗迹。这里曾群贤毕至、名流汇集，如今也是南京大学、东南大学等重点大学的校区，堪称历代的文苑胜地，也是南京通连古今的文脉。从他居住的珍珠桥，走到他经常要走的成贤街，沿成贤街走到鸡鸣寺，再从珍珠河边走回来，寻找他的足迹，感悟他当时的所思所想，以及他写作"二拍"时的绞尽脑汁。再看秦淮河、夫子庙，想象他在这里邂逅红颜，对妓女动了真感情的风流韵事。

凌濛初工作生活了八年的上海，我也在那里生活过三年，但还是刻意去走了走他可能走过的三牌楼路、学院路及四牌楼路，参观了建于明代的城隍庙，再走到黄浦江边的十六铺，弄清当时上海县衙及县城的大致方位，感受当时步行为主的凌濛初可能留下的足迹。城隍庙的两副对联，凌濛初很可能看过，至少他心里一直有，并把其精神赋予到了"二拍"中。这两副对联是："阳世之间积善作恶皆由你，阴曹地府古往今来放过谁""世事何须多计较，神界自有大乘除"，虽有"糟粕"之嫌，分明也是传统文化的重要内容之一。

凌濛初"淹留"过的北京，是我居住了近二十年的城市，可之前对明代古城的情况关注并不多。鉴于凌濛初在这里学习，并参加过科举考试，我特意到孔庙和国子监博物馆参观，又去贡院西街、贡院东街转了转，想象他当年在这里考试的情景。

拜读了凌濛初的作品，寻访了他的足迹，我又查阅了众多关于他的研究成果。我欣喜地发现，很多专家学者已经做过大量的调研工作，并形成了不少专著和论文。通过各种渠道，我很快搜集到了几本重要专著，包括张兵的《凌濛初与两拍》，徐定宝的《凌濛初研究》，赵红娟的《凌濛初考论》及《拍案惊奇——凌濛初传》，冯保善的《凌濛初研究》，徐永斌的《凌濛初考证》，以及魏同贤、安平秋主编的《凌濛初全集》，这些专著从不同角度介绍了凌濛初，诠释了他的作品，为我的写作提供了大量的素材和重要的指引，在此一并表示感谢。尤其是赵红娟教授，身处凌濛初的家乡，掌握更多一手资料，对凌濛初的研究更全面更深入更透彻，也让我从她的作品里读到了更丰满更立体更性情的凌濛初，深表敬意并致谢忱。

然而，穿越三百余年回到风雨飘摇的晚明时代，还原凌濛初的人生历程，也不是件容易的事情。众多的文献资料繁复冗杂，诸多的研究成果众说纷纭，凌濛初自己的所著所述也时有反复（比如他有时称潘湛表兄，有时又称表弟），需要甄别、考证甚至辨析。于是，我在引用专家们的研究成果时，很多时候没有参照哪位专家的观点，而是综合了多家的看法，提出了我自己的分析和见解，甚至加入了合理的文学想象。因此，本书的不妥甚至谬误在所难免，请专家们多多谅解并不吝教正。我的邮箱是 biaojiu@126.com，敬请赐教，不胜感激。

最后需要感谢的，是传主凌濛初。在长达六年的追寻探索中，在不分日夜的心灵交会中，我渐渐走近他、熟悉他、理解他、崇敬他，甚至产生了同情与惋惜、悲伤或感动。凌濛初在他所处的那个内忧外患、腐败堕落的时代，能够成为一名引领业界的出版商，成为一名鞠躬尽瘁的好官吏，成为一名戏曲杂剧评论小说均有成就的文学家，已经算是很不容易了；他的作品有一定的时代局限性，但也有很多创新和突破，即使现在来看也有极大的思想和艺术价值。因此，在为他写传的过程中，我觉得自己俨然成了他的弟子、他的朋友，从他身上学到了很多东西，也迫不及待地想向朋友们推介他。但愿，这本书能让越来越多的人熟悉凌濛初，能让越来越多的人喜欢他的作品。

2021 年 2 月 12 日（辛丑年大年初一）于北京万寿庄

第一辑已出版书目	1	《逍遥游——庄子传》 王充闾 著
	2	《书圣之道——王羲之传》 王兆军 著
	3	《千秋词主——李煜传》 郭启宏 著
	4	《草泽英雄梦——施耐庵传》 浦玉生 著
	5	《戏看人间——李渔传》 杜书瀛 著
	6	《心同山河——顾炎武传》 陈　益 著
	7	《孤独的绝唱——八大山人传》 陈世旭 著
	8	《泣血红楼——曹雪芹传》 周汝昌 著
	9	《旷代大儒——纪晓岚传》 何香久 著
	10	《烂漫饮冰子——梁启超传》 徐　刚 著
第二辑已出版书目	11	《忠魂正气——颜真卿传》 权海帆 著
	12	《花红别样——杨万里传》 聂　冷 著
	13	《感天动地——关汉卿传》 乔忠延 著
	14	《西风瘦马——马致远传》 陈计中 著
	15	《此心光明——王阳明传》 杨东标 著
	16	《梦回汉唐——李梦阳传》 泥马度 著
	17	《天崩地解——黄宗羲传》 李洁非 著
	18	《幻由人生——蒲松龄传》 马瑞芳 著
	19	《儒林怪杰——吴敬梓传》 刘兆林 著
	20	《史志巨擘——章学诚传》 王作光 著

81　《天地放翁——陆游传》 陆春祥 著

82　《二拍惊奇——凌濛初传》 刘标玖 著

图书在版编目（CIP）数据

二拍惊奇：凌濛初传 / 刘标玖著 . -- 北京：作家出版社，2022.4

（中国历史文化名人传丛书）

ISBN 978-7-5212-1577-9

Ⅰ.①二… Ⅱ.①刘… Ⅲ.①凌濛初（1580-1644）- 传记 Ⅳ.①K825.6

中国版本图书馆 CIP 数据核字（2021）第 223391 号

二拍惊奇——凌濛初传

作　　者：刘标玖

传主画像：高　莽

责任编辑：江小燕

书籍设计：刘晓翔 + 韩湛宁

责任印制：李卫东　李大庆

出版发行：作家出版社有限公司

社　　址：北京农展馆南里 10 号　　　　邮　　编：100125

电话传真：86-10-65067186（发行中心及邮购部）

　　　　　86-10-65004079（总编室）

E-mail:zuojia@zuojia.net.cn

http://www.zuojiachubanshe.com

印　　刷：三河市紫恒印装有限公司

成品尺寸：152×230

字　　数：270 千

印　　张：19

版　　次：2022 年 4 月第 1 版

印　　次：2022 年 4 月第 1 次印刷

ISBN　978-7-5212-1577-9

定　　价：42.00 元